D1488770

THE ANGLO-SAXON POETIC RECORDS

A COLLECTIVE EDITION

———

V

THE PARIS PSALTER
AND
THE METERS OF BOETHIUS

THE PARIS PSALTER
AND THE
METERS OF BOETHIUS

EDITED BY

GEORGE PHILIP KRAPP

LATE PROFESSOR OF ENGLISH IN COLUMBIA UNIVERSITY

NEW YORK: COLUMBIA UNIVERSITY PRESS

LONDON: ROUTLEDGE AND KEGAN PAUL

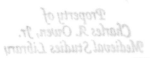
ISBN

Columbia University Press: 0-231-08769-1
Routledge and Kegan Paul: 0-7100-4935-8

10 9 8 7 6

CONTENTS

INTRODUCTION vii

TEXTS

THE METRICAL PSALMS OF THE PARIS PSALTER . . 1

THE METERS OF BOETHIUS 151

NOTES

ON THE PARIS PSALTER 207

ON THE METERS OF BOETHIUS 226

INTRODUCTION

A. THE PARIS PSALTER

I. THE MANUSCRIPT

The most extensive collection of Anglo-Saxon metrical translations of the Psalms is contained in the manuscript commonly known as the Paris Psalter. This manuscript is preserved in the Bibliothèque Nationale in Paris, its catalogue number being Fonds Latin 8824. It is a carefully planned and well executed volume, and is indeed a graceful example of medieval bookmaking. The manuscript contains 186 parchment leaves, of somewhat unusual shape, approximately 53.5 centimeters high and 18 centimeters wide, that is, $21\frac{1}{8}$ inches high and $7\frac{1}{8}$ inches wide. The folios of the manuscript are now numbered in arabic numerals on the upper right corner of the recto of each folio in a modern hand from 1 to 186. On a number of the folios an older numbering, also in arabic numerals, is visible, in an earlier but modern hand, from 1 to 196. The difference between the two numberings is explained by the fact that at some time, presumably since the older numbering was written in, eleven folios have been cut out of the manuscript as follows:

one folio between fol. 20 and fol. 21 (fol. 21 according to the old numbering),

one folio between fol. 26 and fol. 27 (fol. 28 according to the old numbering),

one folio between fol. 45 and fol. 46 (not counted in the old numbering),

two folios between fol. 63 and fol. 64 (fol. 66, 67 according to the old numbering),

one folio between fol. 79 and fol. 80 (fol. 84 according to the old numbering),

one folio between fol. 97 and fol. 98 (fol. 103 according to the old numbering),

two folios between fol. 113 and fol. 114 (fol. 120, 121 according
to the old numbering),

one folio between fol. 132 and fol. 133 (fol. 141 according to the
old numbering),

one folio between fol. 175 and fol. 176 (fol. 185 according to the
old numbering).

It will be seen that the folio between fol. 45 and fol. 46 was not
counted in the old numbering, and it may be that this folio was
cut out before the older numbering was written in. From de-
scriptions of the manuscript made in the early part of the
fifteenth century, we learn that at this time the manuscript had
at its beginning a picture of David playing the harp. Bruce
assumes that this illustration was detached from the manuscript
in 1562, on the occasion of the sack of Bourges, when the manu-
script reposed in the Sainte Chapelle at Bourges.[1] It is ex-
tremely probable that the frontispiece was detached from the
manuscript at the same time that the folios in the body of the
manuscript were cut out and that these lost folios also contained
illuminations. Exactly at what period these folios were cut out
it is impossible to tell, though it must have been at a time be-
tween the old and the new numbering of the folios, that is, in
comparatively modern times.

The list given above of the folios missing in the manuscript
has been made from the evidence of the two folio numberings,
but is also agrees very closely with the evidence afforded by the
amount of matter lost from the text when the folios were taken
out. For instance, after fol. 20, eight verses have been lost,
after fol. 26, two verses together with the argument of Psalm 26,
after fol. 45, four verses, after fol. 79, five verses, after fol. 97,
eight verses, after fol. 132, five verses, and after fol. 175, three
verses, that is, in none of these instances more than eight verses,
and in most cases considerably less. But after fol. 63, seven-
teen verses have been lost, and after fol. 113, eighteen verses.
These are the two instances where the evidence of the numbering
indicates the loss of two folios from the manuscript. The agree-
ment of the two sets of evidence is therefore complete. It has
been pointed out that these missing pages, and the illustrations

[1] *Publications of the Modern Language Association* IX, 52–53.

presumably on them, occur at places corresponding to a traditional method of division of Latin psalters into parts, a division made in the Paris Psalter, therefore, on the basis of the Latin, not of the Anglo-Saxon text.[1]

The contents of the manuscript are given in the following list. The title and beginning of each of the Latin canticles, and the beginning of each of the Latin prayers found at the end of the manuscript is given, with the expansions of the abbreviations in italics.

fol. 1a–63b. An Anglo-Saxon prose translation of Psalm 1 to Psalm 50, verse 8, with the corresponding Latin text.

fol. 64a–175b. An Anglo-Saxon metrical translation of Psalm 51, verse 7, to Psalm 150, verse 3, with the corresponding Latin text.

fol. 176a–186a. Liturgical texts in Latin, as follows:

    fol. 176a. Canticum Isaie prophete (Isaiah xii): Confitebor tibi domine quoniam iratus es michi.[2]

    fol. 176a–176b. Canticum Ezechie regis (Isaiah xxxviii. 10–20): Ego dixi in dimidio dierum meorum uadam ad portas inferi.

    fol. 176b–177a. Canticum Anne (1 Samuel ii.1–10): Exultauit cor meum in domino et exaltatum est cor meum in deo meo.

    fol. 177a–178a. Canticum Moysi (Exodus xv.1–19): Cantemus domino gloriose enim honorificatus est.

    fol. 178a–178b. Canticum Abbacuc prophetae (Habbakuk iii.2–19): Domine audiui auditum tuum et timui.

    fol. 178b–180b. Canticum Moysi ad filios Israhel (Deuteronomy xxxii.1–43): Adtende caelum et loquar et audiat terra uerba ex ore meo.

    fol. 180b–181a. Ymnus trium puerorum (Daniel iii.52–90): Bedicite [sic] omnia opera domini dominum.

    fol. 181a–181b. Ymnus ad matutinas dominica die (Te Deum): Te deum laudamus te dominum confitemur.

[1] See Ramsay, The Latin Text of the Paris Psalter, *American Journal of Philology* XLI, 162ff.

[2] Ramsay, *American Journal of Philology* XLI, 163, following Wildhagen, Festschrift für Lorenz Morsbach, p. 469, note, states incorrectly that this canticle is missing in the manuscript.

fol. 181*b*–182*a*. Canticum Zachariae prophete (Luke i.68–79):
Benedictus dominus deus Israhel quia uisitauit *et* fecit
redemptionem plebis suae.

fol. 182*a*. Canticum S*ancte* Mariae (Luke i.46–55): Mag-
nificat anima mea dominum.

fol. 182*a*–183*b*. Fides catholica Athanasi ep*iscop*i: Quicum-
que uult saluus esse ante omnia opus est enim ut teneat
catholica*m* fidem.

fol. 183*b*. Canticum Symeonis (Luke ii.29–32): Nunc
dimittis seruum tuum domine secundum uerbum tuum
in pace.

fol. 183*b*–185*a*. The Litany of the Saints.

fol. 185*a*–186*b*. Nine prayers, beginning as follows:

    fol. 185*a*. Aufer a nobis domine iniquitates nostras.

    fol. 185*a*. Scelera mea quibus iram merui dimitte.

    fol. 185*a*. Per horum omnium s*anct*orum d*om*ine *etc*.

    fol. 185*a*. Exaudi me d*om*ine s*anct*e pater om*nipoten*s
    aeterne deus.

    fol. 185*b*. De*us* qui uiuoru*m* es saluator omnium qui
    non uis mortem peccatoris *etc*.

    fol. 185*b*. Pietatem tuam d*om*ine peto ut orationem
    meam *et* uotum meum dignanter suscipias.

    fol. 185*b*. Adsit nobis d*om*ine q*uesumu*s oratio s*ancto*-
    ru*m* *etc*.

    fol. 186*a*. Sanct*ę* marie semp*er* uirginis s*anct*orumque
    omnium . . . tuorum domine suffragia implo-
    ramus.

    fol. 186*a*. Da quesumus domine deus indulgentiam
    meorum michi peccatorum.

The whole of the manuscript is written in double columns.
In the text of the Psalms the Latin version is on the left side of
each page and the Anglo-Saxon version on the right side. Each
verse of both the Latin and the Anglo-Saxon text begins with a
capital in color or in gold, though in some instances space for the
capital is left though the letter itself was not supplied. A
number of neatly executed pen drawings, on subjects suggested
by the verses which they accompany, appear at the ends of
verses in the early sections of the Latin text, but these illustra-

tions were discontinued after fol. 6a. Only one illustration occurs in the Anglo-Saxon part of the manuscript, at the top of fol. 4a, this being a place where the Anglo-Saxon text is shorter than the Latin. Perhaps these illustrations were an afterthought after the text was copied. The Latin text of the several verses ordinarily takes less space than its parallel Anglo-Saxon rendering. To maintain the parallelism, it was therefore often necessary to leave short blank spaces between the verses of the Latin text, and it was these spaces that were utilized for the purposes of illustration.

The Latin and the Anglo-Saxon texts of the Psalms were written by the same hand, and only one hand appears throughout the manuscript. The date of the handwriting is, according to Bright and Ramsay, *Liber Psalmorum*, p. 149, of the first half of the eleventh century. According to Förster, *Englische Studien* LXII, 129, the manuscript was written in the second quarter of the eleventh century, and as inferences based on its general style, in some small southern English monastery, not in Canterbury or Winchester.

The Anglo-Saxon translation of the first fifty psalms is in prose, extending from fol. 1a of the manuscript to fol. 63b of the manuscript. The Anglo-Saxon prose ends at the foot of fol. 63b, with a final, somewhat ornamental letter *n*, which apparently was intended to signify nothing more than the end of a verse and the end of a page. For this ending verse on fol. 63b of the manuscript is not at the end but at the middle of the fiftieth Psalm, according to the enumeration followed in the manuscript. In the manuscript as it now exists, fol. 64a begins at the top in the middle of the seventh verse of the fifty-first Psalm. The end of the prose version of the first fifty Psalms and the beginning of the succeeding Psalm, in verse, have therefore been lost from the manuscript. According to the evidence of the numbering of the folios, two folios have been lost here.[1]

The metrical translation of the Psalms extends from fol. 64a in the present numbering of the manuscript to the foot of fol. 175b, where they end in the middle of the third verse of Psalm

---

[1] On this so-called Irish division of the Psalms into fifties, see Ramsay, *American Journal of Philology* XLI, 168.

150. The remaining three verses of Psalm 150 were on the folio which at this place has been lost from the manuscript. After the Psalms, that is from fol. 176a to fol. 186a, the manuscript continues with a collection of canticles, a Litany of the Saints, and prayers, written in double columns like the rest of the manuscript, but only in Latin, without an accompanying Anglo-Saxon translation. All of the canticles in this collection are found also with an interlinear Anglo-Saxon gloss in the Lambeth Psalter (Lambeth Palace MS. 427), in Eadwine's Canterbury Psalter (Trinity College, Cambridge, MS. R.17.1), in the Cambridge Psalter (Cambridge University Library, MS. Ff.i.23), and in the Arundel Psalter (MS. Arundel 60 in the British Museum). All of these canticles except the Te Deum are found in the interlinear psalters of MS. Cotton Vitellius E. xviii and MS. Royal 2B.v, in the British Museum. The Vespasian Psalter (MS. Cotton Vespasian A.i, in the British Museum) contains nine of the canticles, that is, all except the Te Deum, the Fides Catholica of Athanasius, and the Canticum Simeonis. But in none of these interlinear psalters do the canticles occur in the same order as in the Paris Psalter, and the differences in the texts are sufficient to show that the canticles of the Paris Psalter and the Latin texts of the canticles in the interlinear psalters had no immediate common origin. The Litany of the Saints in the Paris Psalter contains, in addition to the usual names, many names of Anglo-Saxon saints, as, for instance, Cuthberht, Guthlac, Aidan, Dunstan, Swithun, Aetheldryth, Aelfgifu, and Sexburh.

At the end of the second column of fol. 186a the scribe of the manuscript gives his name as follows:

Hoc psalterii carmen inclyti regis dauid. Sacer dī wulf-
.i .cognom̄to cada.
winus. manu sua conscripsit. Quicumq: legerit scriptū Animę suę expetiat uotum.

At the foot of the page occurs the signature of the owner of the book:

Ce liure est au Duc de Berry
Jehan B

According to Bruce and several others,[1] the Wulfwinus Cada of the Paris Psalter is to be identified with the Wulfwi whose signature appears at the end of the Gospel of St. John in MS. Cotton Otho C.i. But the objections of Sisam[2] to this identification seem to be decisive. Nothing is therefore known about Wulfwinus Cada except what can be learned from his signature at the end of the Paris Psalter. On the basis of the identity of Wulfwinus and Wulfwi, Wildhagen, amplifying a suggestion of Bright,[3] makes an effort to prove the place of origin of the Paris Psalter as at Malmesbury, but there is nothing beyond this false identification to indicate that the Paris Psalter and MS. Cotton Otho C.i originated at the same place. The Duc de Berry whose signature appears as owner of the manuscript was John, Duke of Berry (1340–1416), who was an industrious collector of illuminated manuscripts and of objects of art. A useful summary of the history of the manuscript after it came into the possession of the Duke of Berry is given by Bruce, *Publications of the Modern Language Association* IX, 51–55.

The contents of the pages of the manuscript in terms of the line numbering of this edition are given in Table 1 of this Introduction.

II. THE NUMBERING OF THE PSALMS AND VERSES

The following numbers of Psalms are to be found in the Latin rubrics which precede the several Psalms in the manuscript: LXXVIII, LXXXV, LXXXVIII, CX, CXIIII, [C]XV, CXVI, CXXI, CXXII, CXXVIII, CXXXVII, CXXXVIII, CXL, CXLI, CXLII, CXLIII, CXLIIII, CXLVI (erroneously written at the beginning of Psalm 145; Psalm 146 is not numbered), CXLVII, CXLIX, CL. Although Psalm 118 is not numbered, it is divided into eleven sections, with rubrics, instead of twenty-two sections of eight lines each, as in the Vulgate,

---

[1] See Bruce, *Publications of the Modern Language Association of America* IX, 47–50, Wildhagen, *Morsbach-Festschrift*, p. 471.

[2] *Modern Language Review* XVIII, 253, note, supported by Förster, *Englische Studien* LXII, 129.

[3] *Gospel of St. John*, p. xix.

and these eleven sections are named as follows: Aleph, Gimel, He, Zai, Teth, Caph, Mem, Samech, Phe, Coph, Sen. The prose translations of the first fifty Psalms into Anglo-Saxon are preceded by expository passages in Anglo-Saxon prose giving, besides the numbers of the Psalms, a brief statement of their content and significance. The metrical translations of the second and third fifties of the one hundred and fifty Psalms have no arguments, and no headings or numberings of their own, either of Psalms or of verses. Psalm 101 begins on fol. 115*b*, and an unusually wide spacing between this Psalm and Psalm 100 perhaps indicates that the scribe wished thus to mark the division between the second and third set of fifty. The numbering of the several Psalms in this edition is supplied by the editor in accordance with the divisions as they are made in the manuscript. It has already been pointed out that in a few instances the Psalms in the Latin text are provided with their appropriate numbers. In the Vulgate and in the Authorized English Bible, Psalm 9 contains twenty verses and Psalm 10 contains eighteen verses. But in the Paris Psalter these two Psalms are combined into one Psalm of thirty-eight verses, the number of this Psalm being nine. This accounts for the fact that the last of the prose translations of the Psalms in the Paris Psalter is numbered fifty, though in the Vulgate and the Authorized Bible, this would be numbered fifty-one. According to the numbering of the Paris Psalter, the first of the metrical translations of the Psalms would be numbered fifty-one, but fifty-two in the Vulgate and the Authorized English Bible. Correspondence between the numbering of the Psalms in the Vulgate and English Bible and the sequence in the Paris Psalter is not established again until Psalm 148 is reached. In the Vulgate and in the English Bible Psalm 147 contains twenty verses, but in the Paris Psalter, these verses are divided into two Psalms, the second of which is numbered CXLVII in the manuscript.

The verses of neither the Latin text, the Anglo-Saxon prose, nor the metrical translation of the Psalms are numbered in the Paris Psalter. But the division into verses is always indicated by capitalization, or provision for capitalization. The verse-division in the Paris Psalter does not always correspond to that

in the Vulgate and the English Authorized Bible; in the text of
the metrical Psalms in this volume, the numbers of the verses
have been supplied by the editor, in accordance with the divi-
sions into verses as they appear in the manuscript. The verses
of the Latin text in the manuscript are not numbered, but are
indicated as in the Anglo-Saxon translations by capitalization.
That these capitals were inserted after the body of the text
was copied is indicated by the fact that space for them was
left where in some instances the capitals themselves were not
supplied, and also by the fact that the scribe occasionally in-
serted the wrong capital at the beginning of a verse, perhaps
following an incorrectly read indication, without taking the
trouble to read the text itself. For instance, in Psalm 82, at
the beginning of the sixth verse, the scribe of the capitals wrote
a *T* instead of the proper *S* at the beginning of *Selegesceotu*, and
in Psalm 84, at the beginning of the twelfth verse, he wrote *þ*
instead of the *H* of *Hine*. In Psalm 54, at the beginning of the
eighteenth verse, the *þ* of *þæt* has been omitted, but written
by error at the beginning of the seventeenth verse, instead of the
correct capital, which was probably *A*.

III. Capitalization, Punctuation and Abbreviation

Capitals appear in the metrical Psalms regularly at the begin-
nings of the verses, but not elsewhere. These capitals are all in
color. The scribe makes no use of capitals for emphasis or any
other purpose within the body of his text, and the small capitals,
frequent in other manuscripts, appear only four times in this
manuscript. They are a small capital *A* in *A*, 70,16,4, *Auster*,
77,26,2, *Ac*, 77,53,3, and *I* in *Iacobe*, 77,23,3.

No punctuation is systematically or even frequently employed
in the manuscript, except a dot or something like a semicolon
at the ends of verses. Occasionally the metrical division into
half-lines is indicated by a dot before and after a half-line, but
this is found only sporadically. Deletions are sometimes indi-
cated by underscoring, but these have all been recorded in the
notes at the foot of the text.

There are somewhat more than seven hundred accents in the
Anglo-Saxon text of the metrical Psalms, or .141 accents per

verse line. These accents generally occur on vowels which are etymologically long, but sometimes they occur on short vowels, as *súm*, 52,1,1; *íc*, 54,7,1; *dǽg*, 55,2,2, *etc.* On four occasions we find *uþþ*, 68,31,2; 88,11,3; 103,4,2; 148,13,3. These are the only accents which do not occur on vowels. The word *gōd*, "good," is frequently written with an accent, to distinguish it from *gŏd*, "God," which is not accented. We sometimes find an etymologically long vowel doubled, with an accent on each of the two letters, as in *góóda*, 51,8,3, *ááre*, 78,9,4, *áá*, 84,8,1, *wóó*, 106,16,3, *geláác*, 118,136,1. The accents in the manuscript vary to some extent in size and shape, most of them being long and straight, with a tag at the top, but some are scarcely more than a short pen stroke above the letter. Apparently there is no distinction as to the function of these accents of different form. A list of the accents in the Anglo-Saxon metrical Psalms of the manuscript will be found in Table 2 of this Introduction. The bars in certain words indicate ends of lines in the manuscript.

The abbreviations in the manuscript are almost always self-explanatory, and they have been resolved in the text without remark except in the few special instances that call for comment. The most common abbreviations are (1) 7 for *and*, (2) *þ* for *þæt*, (3) the tilde for *m* in dative and instrumental plurals of nouns, and dative singular and plural of adjectives and pronouns. Occasionally, however, the tilde is used to indicate an *m* which is not inflectional, as in *elebeā*, 51,7,1, *effrē*, 59,6,2; 107,7,2, *frā*, 71,8,3; 101,2,2; 118,150,3; 129,6,1, *hā*, 106,35,1, *becwō*, 104,19,1, *hierusalē*, 147,1,1, *grā lic*, 54,14,1, *grā hicgende*, 68,24,3, *grā hydige*, 85,13,1, *frēman*, 74,4,2 and similarly 57,3,1; 102,19,4, *frēsum*, 134,3,2, *hwōmas*, 58,6,3; 58,14,3, *gū rice*, 85,7,1, *dō*, 88,12,3; 98,3,4; 100,1,1, and *frū cynnes*, 104,31,3. The abbreviation *dædū* stands for *dædun*, a verb, in 61,3,2. The abbreviation *þoñ* stands for *þonne*, 54,6,3, and so also *ðonñ*, 55,8,2, *þonñ*, 57,6,2. For *drihten* the manuscript has *driħt* in 56,10,3; 57,5,3; 85,7,2, *etc.* In 62,10,1 it is doubtful whether *driħt* stands for *drihten* or *drihtne*. The abbreviation *æft* stands for *æfter*, 125,5,4. The abbreviation 7 as an element in composition appears in the noun 7 *wlitan*, 66,1,3; 88,13,2; 89,8,4; 95,12,4, in

7*gyt*, 66,2,1 and in 7*dettað*, 88,4,1; 99,3,3, where the abbreviation stands for *an-*, and similarly in *wlite* 7*dette*, 103,2,1, 7*dettan*, 106,14,2. The form *andwlita* occurs unabbreviated in 68,29,2, and *andwlitan* in 79,4,2; 101,2,1; 101,8,1. For *seaðe²*, the manuscript reading in 54,22,4, see the note on this passage.

IV. Date and Authorship

No direct information is available concerning the time or place of authorship of the metrical Psalms in the Paris Psalter. The language of the text as it now stands in the manuscript is prevailingly West Saxon, but certain forms in it were assumed by Sievers[1] to be of Anglian origin and to indicate that the translation was originally made in the Anglian dialect. Frequent errors of transcription in the manuscript are evidence that at least one and perhaps several transcriptions of the translation were made before it reached its present form. Certainly if the translation was originally written in the Anglian dialect, for which adequate proof is not forthcoming, one would not suspect the careless and uninventive scribe of the Paris Psalter to have been the person to remove so completely the traces of the original home of the translation. The very general metrical irregularity of the verse translation may be taken as indicating a relatively late time of origin, perhaps the latter ninth or early tenth century. It should be remembered, however, that metrical variations arc just as easily explainable on personal as on chronological grounds. It is noteworthy, moreover, that the style of the metrical translation is but very slightly colored by memories of traditional Anglo-Saxon epic narrative, and it may be that the translation was made by a person not well acquainted with or not interested in the traditions of Anglo-Saxon poetry. In this connection it may be noted that the poetical word *metod*, so common in older poetry as one of the designations of the Deity, occurs so rarely, perhaps only once, in the metrical parts of the Paris Psalter. A quotation in the *Menologium*, ll. 60–62, indicates that this metrical translation of the Psalms was in existence at the time the *Menologium* was written.[2]

[1] *Beiträge* X, 474, 483. See also Mather, *Modern Language Notes* IX, 155.

[2] See Bartlett, *The Metrical Division of the Paris Psalter*, p. 49.

The composite character of the whole manuscript throws little light on questions of authorship. The three separate parts of the manuscript, the Latin text, the Anglo-Saxon prose translation and the Anglo-Saxon metrical translation appear to have had separate and independent origins. The Latin text which occupies the left hand column on the pages of the manuscript was not the text used by the translator either of the prose or of the metrical translations of the manuscript.[1] Nor is there anything to indicate that the prose translation of the first fifty Psalms and the metrical translation of the second and third fifty bear any relation to each other. In fact there is no evidence to show that a prose translation of Psalms 51–150, supplementing and completing the prose translation of Psalms 1–50, ever existed. On the other hand the presence of certain metrical versions of verses from the first fifty Psalms in another document, described more fully in the following section, perhaps justifies the inference that the metrical Psalter originally contained translations of all the Psalms. The whole manuscript on its Anglo-Saxon side therefore has somewhat the character of a scissors and paste book, but why the compiler of it should have preferred prose for the first fifty Psalms, if a metrical version was available, must be left to surmise.

It has been maintained with some assurance by Wildhagen[2] that the "schmale taschenbuchartige" form of the Paris Psalter indicates that the manuscript was prepared for private use, and on the basis of a passage in one of the Latin texts that follow the Psalms, that the person for whom the manuscript was written was a woman. To call a book nearly two feet tall "taschenbuchartig" seems a little extreme, nor can the Latin passage in question bear quite so heavy a burden of interpretation as Wildhagen gives to it. The passage occurs on fol. 185*b* of the manuscript, repeated on fol. 186*a*, in a later part of the same prayer, and is as follows: te deprecor dñe miserere michi
        ło   ło
famule tuę. Ħ. & famulis ṭ& famulabus tuis. With the abbrevia-

---

[1] See Bruce, *Publications of the Modern Language Association* IX, 161–164.

[2] *Studien zur englischen Philologie* L (*Morsbach-Festschrift*), 468.

tions expanded, this passage reads: te deprecor, domine, miser-
ere michi famule, vel famulo, tuę, vel tuo, vel et famulis et
famulabus tuis. The insertions above the line were entered
by the scribe in order to make this prayer apply either to a
woman or a man, in harmony with the rest of the phrasing of
the prayer, but to infer from the words *famule tuę* that the whole
manuscript of the Paris Psalter was written for a woman is
scarcely justifiable. One might assume on the contrary that
the words *famule tuę* occurred in the text of this particular
prayer which the scribe was here copying, but that he was pre-
paring this manuscript for a patron who was a man and therefore
felt the necessity of giving the option of masculine readings for
these words.[1] It would be pleasant to accept Förster's picture
of a distinguished Anglo-Saxon lady commissioning and reading
this Anglo-Saxon manuscript,[2] to place beside the legend of
Alfred's mother and the book which she read to her sons, but the
one story seems scarcely better found than the other. Perhaps
the chief interest of the manuscript lies in the evidence it
presents of early concern with translations of the Scriptures into
the vernacular and of that special interest which the Psalms have
always had for this kind of literary exercise.

According to William of Malesbury,[3] Alfred began but did not
complete a translation of the Psalter. William's words are as
follows: *Psalterium transferre aggressus, vix prima parte expli-
cata vivendi finem fecit.* If this statement bears any relation
to any part of the texts contained in the Paris Psalter, the words
prima parte might most reasonably be taken as referring to the
Anglo-Saxon prose translation of the first fifty Psalms. But the
evidence is not sufficient to justify any positive assertion.

V. OTHER METRICAL TRANSLATIONS OF THE PSALMS IN ANGLO-
SAXON

In an Anglo-Saxon Benedictine devotional work of the early
eleventh century, contained in MS. Junius 121 in the Bodleian

[1] For a similar adaptation of a text from the feminine to the masculine
form, see Schröer, *Die angelsächsischen Prosabearbeitungen der Benedictiner-
regel*, p. xxix.
[2] *Englische Studien* LXII, 130.
[3] *De Gestis Regum Anglorum*, Lib. II, §123.

Library, intended for use in Benedictine monasteries,[1] in which parts of the service are given in metrical form, occur occasional metrical translations of verses from the Psalms. These verses, so far as they may be compared with the corresponding verses of the metrical Psalms in the Paris Psalter, are found to agree with the Paris Psalter so closely that all possibility of coincidence is ruled out and the conclusion seems necessary that the compiler of the Benedictine offices quoted Psalms in his work from the same metrical Psalter that underlies the metrical translation in the Paris Psalter. Metrical verses from the first fifty Psalms also occur in the Benedictine offices, but for these the Paris Psalter naturally offers no metrical parallel. It is, however, an extremely plausible inference from this fact that the compiler of the Benedictine offices was acquainted with a metrical Psalter which contained not only Psalms 51–150 in verse, but also Psalms 1–50. All those verses in the Benedictine offices which correspond to metrical verses in the Paris Psalter are recorded in the notes on the Psalms in this volume, for the purpose of immediate comparison. They will also appear, together with all the other metrical parts of the Benedictine offices, at their proper place in a following volume of this collective edition of Anglo-Saxon poetry.

In MS. Cotton Vespasian D.vi occurs also a metrical version of the verses of Psalm 50 (in the Vulgate numbering, Psalm 51). This metrical translation is preceded by a short account of David, extending through thirty metrical lines, and the Psalm is also followed by a short hortatory passage in verse. It would seem therefore that this Cotton Psalm was an independent and perhaps single effort, not a part of any plan for an extensive or complete metrical collection of the Psalms. It is quite different in style from the metrical Psalms of the Paris Psalter, and it was the work of a versifier possessed of an ampler art than that which appears in the Paris Psalter. The text of the Cotton Psalm will appear among the scattered devotional pieces reserved for a following volume of this edition.

Numerous Anglo-Saxon translations of Psalms appear as quo-

---

[1] See Feiler, *Das Benediktiner-Offizium*, Heidelberg, 1901.

tations in various works in Anglo-Saxon prose,[1] and by ingenuity, some of these quotations might be scanned as verse, without making it probable, however, that any metrical intention was present in the minds of the persons who made the quotations or the texts from which the quotations were taken.

VI. Tables

1. CONTENTS OF THE PAGES OF THE MANUSCRIPT

Folio	Line	to	Line
64a	51,7,1 fore		52,3,4 god
64b	52,3,4 wolde		52,8,2 bliðe
65a	53,1,1 On		53,7,3 ofersawe
65b	54,1,1 Gehyr		54,8,1 todælan
66a	54,8,1 drihten		54,14,1 heora
66b	54,14,1 gasthusum		54,20,3 garas
67a	54,21,1 Sete		55,4,1 herige
67b	55,4,2 and		55,9,4 ne
68a	55,9,4 me		56,4,4 leon
68b	56,4,4 hwelpum		56,12,1 mild-
69a	56,12,1 -heortnes		57,5,3 drihten
69b	57,6,1 Ac		58,1,4 geofe
70a	58,2,1 Genere		58,7,2 welerum
70b	58,7,2 wrað		58,13,1 wealdeð
71a	58,13,1 god		59,1,3 milde
71b	59,2,1 Eorðan (*MS.* Forðan)		59,8,2 beworhte
72a	59,8,2 Hwa		60,4,1 drihten
72b	60,4,2 hu		61,3,3 wah
73a	61,3,3 of		61,11,2 eow
73b	61,11,2 on		62,6,4 þinne
74a	62,6,4 naman		63,1,4 gescyld
74b	63,1,4 symle		63,8,3 godes
75a	63,8,3 wide		64,6,3 wuniað
75b	64,7,1 þinre		64,13,2 geswiru
76a	64,14,1 Hi		65,5,3 þa
76b	65,5,3 strangan		65,12,4 mine
77a	65,12,4 weleras		66,1,4 þuruh
77b	66,1,4 þine		67,2,2 weax
78a	67,2,2 floweð		67,8,3 onhrered
78b	67,9,1 For		67,16,3 liciend-
79a	67,17,3 -lic		67,22,3 blode

[1] See Cook, *Biblical Quotations in Old English Prose Writers* (1898), and also *Biblical Quotations in Old English Prose Writers, Second Series* (1903).

Folio	Line	to	Line
79b	67,23,1 Hundes		67,28,1 ðeoda
80a	68,1,1 Do		68,7,3 drihten
80b	68,7,4 þu		68,14,1 lange
81a	68,14,1 fæst		68,20,4 mihte
81b	68,21,1 Hi		68,28,3 awritene
82a	68,29,1 Ic		68,36,4 feore
82b	69,1,1 Wes		70,1,3 alys
83a	70,1,3 þuruh		70,8,3 hreðre
83b	70,8,4 ne		70,16,3 of
84a	70,16,3 geoguðhade		70,21,1 lofiað
84b	70,21,2 þonne		71,7,2 syb
85a	71,7,2 soðfæstnes		71,14,3 gebyrhted
85b	71,15,1 He		71,20,2 swa (2)
86a	72,1,1 Hu		72,8,1 hweorfcð
86b	72,8,2 þær		72,15,4 arise
87a	72,16,1 And		72,23,3 fæste
87b	72,24,1 And		73,6,2 eac
88a	73,6,2 gewemdan (MS. gewemdað)		73,13,3 Siglhearwum
88b	73,13,3 syððan		73,21,1 godra
89a	73,21,1 manna		74,7,2 waldendes
89b	74,7,2 handa		75,4,7 on
90a	75,4,7 handum		76,1,2 sona
90b	76,2,1 Ic		76,9,2 wenan
91a	76,9,2 ærest		76,16,2 stige
91b	76,16,2 ofer		77,7,3b and
92a	77,7,3 mærden		77,16,1 wolcen
92b	77,16,1 unlytel		77,24,1 woldon
93a	77,24,1 wordum		77,32,1 tid
93b	77,32,1 dædun		77,41,2 Israhela
94a	77,41,2 god		77,50,1 worhte
94b	77,50,1 wraðan		77,57,2 be-
95a	77,57,2 -foran		77,65,3 wine
95b	77,65,3 druncen		78,2,2 swa
96a	78,2,2 in (MS. hi)		78,9,2 us
96b	78,9,2 lifigende		79,1,3 gramum
97a	79,1,3 wiðlæddest		79,10,1 scua
97b	79,10,1 beorgas		79,18,1 mægena
98a	80,8,1 gif		80,15,3 wæron
98b	81,1,1 God		82,1,2 bewere
99a	82,2,1 Forþon		82,8,4 hlimme
99b	82,8,5 wurdan (MS. wurðan)		83,1,3 onn
100a	83,2,1 Heorte		83,8,2 on-
100b	83,8,2 -cnaw		84,4,3 on

Folio	Line	to	Line
101a	84,4,3 mode		84,12,2 gangas
101b	85,1,1 Ahyld		85,8,2 þa
102a	85,8,2 þe		85,15,2 milde
102b	85,15,2 on		85,5,3 eallum
103a	86,5,3 swylce		87,7,2 ealle
103b	87,7,2 gelæddest		87,14,3 þissum
104a	87,14,3 ealdre		88,3,4 benemde
104b	88,3,5 þæt		88,10,1 swylce
105a	88,10,2 eorðan		88,17,3 me
105b	88,17,3 on		88,26,2 him
106a	88,26,2 miht		88,33,2 hwile
106b	88,33,2 yldest		88,42,2 deað
107a	88,42,2 ne		89,3,3 onwende
107b	89,4,1 For		89,11,3 getealde
108a	89,11,4 wintra		89,19,2 godan
108b	89,19,2 godes		90,8,1 sceawadest
109a	90,8,2 gesege		90,16,4 hælu
109b	90,16,4 holde		91,7,2 bist
110a	91,7,2 heofonrices		92,1,2 begyrde
110b	92,2,1 Drihten		93,3,1 fyrenwyrh-
111a	93,3,1 -tan		93,11,2 sylfa
111b	93,11,2 getyhtest		93,18,2 ðu
112a	93,18,2 gefæstnast		94,5,2 worh-
112b	94,5,2 -te		94,11,3 eodon
113a	95,1,1 Singað		95,8,1 gangað
113b	95,8,2 on		96,1,4 garsæcge
114a	97,8,1 stundum		98,5,2 ellen-
114b	98,5,2 -cræfte (MS. -cræfta)		99,2,3 syndon
115a	99,3,1 We		100,4,4 nið
115b	100,4,4 ahofan		101,2,3 sy
116a	101,2,3 þu		101,6,4 ongunnon
116b	101,7,1 Forðon		101,15,2 heo-
117a	101,15,2 -ra		101,21,7 feore
117b	101,22,1 Æt		102,5,1 soðre
118a	102,5,1 miltse		102,12,3 betweonan
118b	102,12,3 þam		102,19,1 ecne
119a	102,19,1 drihten		103,6,1 fol-
119b	103,6,1 -dan		103,12,4 gefylled
120a	103,13,1 Swylce		103,20,2 georne
120b	103,20,2 secað		103,27,2 hi
121a	103,27,2 gedrefde		103,33,4 drihten
121b	104,1,1 Andetað		104,8,4 cneo-
122a	104,8,4 -risse		104,15,6 his
122b	104,15,6 worda		104,23,4 cneomagum

Folio	Line		to	Line
123a	104,23,4	cystum		104,30,4 wæstmas
123b	104,31,1	Syþþan		104,39,2 on
124a	104,39,2	agene		105,5,4 herige
124b	105,6,1	We		105,11,3 forgea-
125a	105,11,3	-ton		105,18,4 Chana-
125b	105,18,4	-nea		105,24,2 folce
126a	105,24,2	feondgyld		105,29,1 godes
126b	105,29,2	forðan		105,36,2 ge-
127a	105,36,2	-samna		106,4,1 hungor
127b	106,4,1	and		106,11,3 ænne
128a	106,12,1	Hi		106,19,2 hælde
128b	106,19,2	wæron		106,27,2 alysde
129a	106,28,1	He		106,35,2 ge-
129b	106,35,2	-setton		106,42,4 full
130a	106,42,4	gleawlice		107,6,5 nu
130b	107,6,6	and		108,1,3 inwitfulra
131a	108,1,3	muðas		108,9,2 wyrðe
131b	108,9,2	wydewe		108,16,4 acwealde
132a	108,17,1	He		108,24,1 cneowu
132b	108,24,1	Me (MS. e)		108,30,4 griman
133a	109,6,1	hefige		110,4,6 gesyllan
133b	110,5,1	Ys		111,3,1 wela
134a	111,3,1	wunað		111,8,4 wuldur
134b	111,9,1	Swa		112,7,1 ealdor-
135a	112,7,1	-dom		113,6,1 wæron
135b	113,6,1	bliðe		113,12,3 folmum
136a	113,13,1	þa		113,20,4 þearfe
136b	113,21,1	Weorð		114,2,3 mi-
137a	114,2,3	-num		115,2,1 cwæð
137b	115,2,1	þa		116,2,1 ofer
138a	116,2,1	us		117,7,2 fra-
138b	117,7,2	-cuþe		117,15,2 muðe
139a	117,16,1	Dyde		117,23,1 god
139b	117,23,1	do		118,2,3 eal-
140a	118,2,3	-le		118,10,2 huru
140b	118,10,2	me		118,18,2 scea-
141a	118,18,2	-wian		118,25,2 gecwician
141b	118,26,1	Ic		118,34,2 smea-
142a	118,34,2	-ge		118,41,3 spowendlice
142b	118,42,1	And		118,48,4 getreowige
143a	118,49,1	Gemun		118,56,2 georne
143b	118,57,1	Me		118,64,2 mihtig
144a	118,64,2	drihten		118,71,1 me
144b	118,71,2	heane		118,78,2 unrihte
145a	118,78,2	ahwær		118,85,1 manwyrhtan

Folio	Line		to	Line
145*b*	118,85,1	manige		118,92,3 on
146*a*	118,92,3	woruldlife		118,99,3 þæt
146*b*	118,99,3	ic		118,108,2 heah-
147*a*	118,108,2	-sælum		118,116,3 þæt
147*b*	118,116,3	ic		118,124,3 soðfæst
148*a*	118,124,3	word		118,132,3 naman
148*b*	118,132,3	þinne		118,140,2 ða
149*a*	118,140,3	þin		118,146,4 ge-
149*b*	118,146,4	-healde		118,154,2 spræce
150*a*	118,154,2	do		118,161,2 ealdur-
150*b*	118,161,2	-manna		118,168,2 gewitnesse
151*a*	118,168,2	wordum		118,174,3 æ
151*b*	118,174,3	þine		119,5,5 sawle
152*a*	119,5,5	swiðe		120,6,5 gehealde (*MS.* gealde)
152*b*	120,7,1	Utgang		121,7,1 fyr-
153*a*	121,7,1	-mest		122,5,1 wor-
153*b*	122,5,1	-dum		123,6,1 sawla
154*a*	123,6,1	samod		124,4,4 þam
154*b*	124,4,4	þe		125,5,3 and
155*a*	125,5,3	ferende		126,6,1 wer
155*b*	126,6,1	se		127,6,4 þines
156*a*	127,7,1	And		128,5,4 georne
156*b*	128,6,1	And		129,6,3 on
157*a*	129,6,3	drihten		131,2,2 teala
157*b*	131,2,3	wið		131,10,2 do
158*a*	131,10,2	æfre		131,16,3 fylle
158*b*	131,17,1	Ec		132,4,3 worulde
159*a*	133,1,1	Efne		134,4,2 Israeles
159*b*	134,4,2	cynn		134,12,2 yrfe
160*a*	134,12,2	eac		134,21,1 holdne
160*b*	134,21,1	drihten		135,7,2 bearnum
161*a*	135,8,1	Sette		135,21,1 þe
161*b*	135,2,1	æror		136,3,2 meldedan
162*a*	136,3,2	ða		136,8,5 eallum
162*b*	136,8,5	eac		137,5,4 drihtne
163*a*	137,6,1	Forþon		138,2,5 me
163*b*	138,2,5	inwit		138,9,4 bregde
164*a*	138,9,4	neahhige		138,15,3 me
164*b*	138,15,3	synd		138,21,1 geseoh
165*a*	138,21,1	gif		139,5,4 wundnum (*MS.* wundrum)
165*b*	139,5,4	rapum (*MS.* rawum)		139,11,2 ahwær
166*a*	139,11,3	unsoðfæstne		140,4,4 healde
166*b*	140,5,1	Ne		140,10,3 mine
167*a*	140,11,1	Geheald		141,5,1 ge-

Folio	Line	to	Line
167*b*	141,5,1 -dydan		142,2,1 dome
168*a*	142,2,2 forþon		142,7,4 earmum
168*b*	142,7,4 gelic		142,12,7 symble
169*a*	143,1,1 Drihten		143,7,4 deope
169*b*	143,7,4 syþþan		143,13,3 tiligean
170*a*	143,14,1 þara		144,1,3 worulde
170*b*	144,2,1 þuruh		144,9,1 is
171*a*	144,9,1 ure		144,15,2 gebrocene
171*b*	144,16,1 Eagan		144,21,5 feore
172*a*	145,1,1 Herige		145,6,5 ær
172*b*	145,6,6 hungur		146,3,2 and
173*a*	146,3,2 heora		146,11,2 þinum
173*b*	146,11,2 selegescotum		147,6,1 cristallum
174*a*	147,6,1 cynnum		148,4,3 drihten
174*b*	148,5,1 Forðon		148,12,2 geonge
175*a*	148,12,2 ealle		149,4,3 hælu
175*b*	149,5,1 þonne		150,3,1 beman

2. ACCENTS IN THE MANUSCRIPT

*fol. 64*a

51,7,1 úp
51,7,2 húse
51,8,2 hér
51,8,3 góóda
52,1,1 únhydig
    súm
*fol. 64*b
52,4,1 héo
52,4,3 gód
52,5,3 hláf
*fol. 65*a
53,1,2 á | lys
53,6,3 góódne
*fol. 65*b
54,5,2 niðgrím
54,7,1 íc
*fol. 66*a
54,9,2 mán
54,10,1 wéa
54,11,1 á
54,11,3 hýde
54,13,1 Hí
    ún | þinged

*fol. 66*b

54,14,2 mán
    inwit | stǽf
54,19,6 ǽfre
54,20,1 Hí
    híra
*fol. 67*a
54,23,1 wér
54,23,2 líf
55,2,2 dǽg
    ǽr | mergene
*fol. 67*b
55,4,3 spéd
55,7,1 góde
    líf
55,9,3 dǽg
*fol. 68*a
55,10,4 lóf
56,1,5 mé
*fol. 68*b
56,10,2 aríse
*fol. 69*a
56,13,3 wíde

*fol. 69*b

57,6,4 ón
57,10,2 góódes
57,10,4 hí
58,1,4 rǽd
*fol. 70*a
58,4,1 ge | swác
58,4,5 ǽghwær
58,6,1 Hí
    ín
*fol. 70*b
58,10,1 ǽtyw
    góód
58,10,4 ǽ
58,12,1 mán worda
58,12,4 hí
*fol. 71*a
58,15,1 ǽte
*fol. 71*b
59,5,4 bá
    ge dǽ | le
59,6,3 hér
59,7,1 ýs
59,7,2 hwér

fol. 72b[1]
60,5,1 Dǽg
60,6,3 gehát
   hér
60,6,4 dǽg
61,2,1 mín
61,2,2 mín
61,3,1 máne
fol. 73a
61,6,1 mín
61,7,1 mín
fol. 73b
61,11,2 híge
62,1,1 mín
   mín
62,3,4 scéawige[2]
62,4,2 líf
   ón
fol. 74a
62,7,1 ón
62,7,3 ǽr m | ergen
62,9,4 hí
fol. 74b
63,2,2 mán
63,4,2 ón
63,5,3 mán
   ún riht
63,7,3 nú
63,8,2 mán
fol. 75a
63,9,3 clǽne
64,2,2 ðé
64,5,1 hús
64,6,3 sǽ
fol. 75b
64,7,3 hlúde
64,7,4 mǽg
64,9,1 æfen tíd
64,12,1 hríng
64,13,2 wýnngrafe
fol. 76a
64,14,1 gód | re
64,14,2 ea | dílic

65,1,4 lóf
65,2,1 góódan
65,4,1 cýme
65,5,1 mǽg
65,5,2 sǽ
fol. 76b
65,6,2 áwa
   tó
65,6,3 hé
65,6,5 þá
65,11,1 þrým
65,12,1 hús
65,12,3 gehát
fol. 77a
65,12,4 ǽr
65,13,5 wís
65,16,1 áwiht
65,16,2 wíte
65,18,1 sí
65,18,3 mód
66,1,1 ús
66,1,2 nú
fol. 77b
66,3,1 gód
66,4,3 hí
66,6,3 gód
67,1,3 ǽr
67,2,1 hí
fol. 78a
67,3,1 Hí
67,4,3 þǽs
67,4,4 úp
67,6,1 ís
fol. 78b
67,10,2 sund | orýrfe
67,11,2 góód
67,13,1 ón
   cléro
fol. 79a
67,18,4 lác | geofa
67,19,3 góda
fol. 79b
67,25,1 sýnt

67,25,3 wǽs
67,25,4 éac
fol. 80a
68,4,1 ís
   má
68,4,2 nú
68,5,4 ǽr
68,7,2 hér
fol. 80b
68,7,5 ǽnige
68,9,1 ellen wód
68,9,3 ón
fol. 81a
68,16,1 Gehýr
fol. 81b
68,22,1 beód
68,26,3 sár
68,27,1 hím
fol. 82a
68,31,2 upþ
   agá
68,31,3 cléo
68,34,2 sǽ flodas
fol. 82b
69,3,2 mé
69,7,2 mín
fol. 83a
70,3,4 ǽ
70,8,2 ón
fol. 83b
70,10,4 hé
70,12,2 ǽr
fol. 84a
70,16,4 á
70,20,2 mín
fol. 84b
70,22,3 ǽr
71,1,2 hé
71,5,1 þá
71,5,3 hím
71,6,1 sé
   rén
71,6,2 hér

---

[1] There are no accents on fol. 72*a*.

[2] With *g* added above the line.

71,6,3 úp on
*fol. 85*a
71,7,3 móna
71,8,2 sǽ
71,8,4 út | gemæru
71,10,4 eác
71,14,1 Hé
eác
*fol. 85*b
71,15,4 dǽg
71,16,5 hég
71,17,3 ǽr
71,17,4 ǽr
*fol. 86*a
72,1,1 gód
72,3,1 ende stǽf
72,6,1 becóm
72,7,1 hí
*fol. 86*b
72,8,2 hí
72,9,1 hú
hú
72,11,3 íc
72,11,4 íc
72,12,3 ǽr
72,14,2 ǽr
72,15,1 hí
*fol. 87*a
72,16,1 hí
72,16,2 hí
72,17,4 ǽr
72,21,3 dǽl
72,23,1 ís
góód
íc
*fol. 88*a¹
73,7,2 ús
72,8,3 má
73,10,2 ús
73,12,2 sǽ
*fol. 88*b

73,13,3 tó
73,16,4 ún | wis
73,20,1 dém
*fol. 89*a
74,2,2 mǽg
74,4,3 hí
*fol. 90*a²
75,6,2 hío
75,8,2 gódan
75,8,4 góde
76,1,1 míd
*fol. 90*b
76,7,2 éce
*fol. 91*a
76,13,4 sw | ég
76,16,1 sǽ
*fol. 91*b
76,17,3 áárones
77,1,1 ǽ
77,6,2 góóde
77,6,3 ǽ
*fol. 92*a
77,11,3 ón
77,12,2 ǽ
77,15,1 sǽ
*fol. 93*a³
77,25,4 hláf
77,25,5 hláf
77,27,2 sǽs
77,28,1 wíc
77,30,1 hí
77,30,2 becwóm
77,32,1 Hí
*fol. 93*b
77,33,1 hí
sáre
hí
77,34,1 hí
77,36,2 hí
77,37,2 gedón

77,38,1 mán gewyrh-
tan
77,40,1 Hí
*fol. 94*a
77,46,2 lét
*fol. 94*b
77,51,3 chá | mes
77,54,2 begéat
77,55,2 wícum
77,57,1 na | lǽs
*fol. 95*a
77,58,2 úp
77,60,1 wið sóc
77,60,3 ǽr
77,63,1 líge
*fol. 95*b
77,67,2 ǽr
77,68,2 hús
77,71,1 hí
78,1,2 fǽle
*fol. 96*b⁴
78,9,4 ááre
78,12,2 hí
79,1,2 ðú
nú
*fol. 97*a
79,2,3 nú
79,8,1 út
*fol. 97*b
79,11,2 sǽ | streamas
79,11,3 hít
*fol. 98*a
80,15,1 hí
*fol. 98*b
81,1,2 hí
81,2,1 únrihte
81,5,1 hí
81,5,2 hí
81,6,2 úp | hea
81,7,2 án
81,8,1 dém

¹ There are no accents on fol. 87*b*.
² There are no accents on fol. 89*b*.
³ There are no accents on fol. 92*b*.
⁴ There are no accents on fol. 96*a*.

*fol. 99*a	87,2,2 ge | hýr	90,6,1 flán
82,3,1 Hí	87,5,3 né	90,6,2 gáras
82,5,1 hí	87,5,4 sýn	90,6,3 mǽre
*fol. 99*b	87,6,1 Hí	90,7,2 týn
82,9,4 án	*fol. 103*b	*fol. 109*a
82,10,4 líg	87,8,3 íc	90,9,2 friŏ stól
82,12,2 hí¹	87,9,1 ún | hale	90,11,1 hí
83,1,2 á	nú	90,14,1 mé
þǽs	87,9,3 dǽg	90,16,3 líf | dagas
*fol. 100*a	87,10,3 hí	90,16,4 hím
83,5,6 hér	87,11,3 sí	*fol. 109*b
83,6,1 ǽ	*fol. 104*a	91,1,1 Gód
83,7,1 Gehýr	87,17,1 Hí	91,3,2 íc
*fol. 100*b	*fol. 104*b	91,5,1 wér
83,12,1 góde	88,3,7 ón	91,6,5 hí
*fol. 101*a	88,4,2 þín	*fol. 110*a
84,8,1 ís	88,5,2 anlíc	91,12,1 húse
míd	*fol. 105*a	*fol. 110*b
áá	88,11,1 sǽ	92,6,2 sǽ str | eamas
84,10,1 Úp	88,11,3 úpp	93,2,2 hí
84,11,1 gód	88,16,1 án	*fol. 111*a
*fol. 101*b	*fol. 105*b	93,9,6 sí
85,3,2 dǽg	88,17,4 ǽr	93,10,2 hí
85,5,2 mín	88,23,2 sǽ | streamum	93,11,2 ǽ
*fol. 102*a	*fol. 106*a	*fol. 111*b
85,10,1 Gelǽd	88,27,2 hrór	93,13,1 gén a
wég	88,27,3 hér	93,13,3 mán
85,11,5 á	88,32,1 swór	93,14,1 mé
85,13,5 áwiht	*fol. 106*b	93,17,2 ǽr
85,15,1 nú	88,40,2 fýr	93,18,1 þé
mé	*fol. 107*a	*fol. 112*a
*fol. 102*b	88,45,2 þíne	93,20,2 hí
85,15,4 dó	*fol. 107*b	*fol. 112*b
85,16,2 gód	89,10,3 afǽre	94,6,3 ǽr
ǽr	*fol. 108*a	94,7,3 ǽr
86,1,3 wíc	89,11,4 gewínn	94,9,5 hí
góóde	sár	94,10,3 áá
86,2,2 cýmast	89,12,1 be | cwóm	94,10,4 hí
86,2,3 rááb	89,17,2 ús	94,11,1 Hí
86,4,1 síon	tó	94,11,3 hí
86,4,3 hí	89,19,2 gódan	*fol. 113*a
*fol. 103*a	*fol. 108*b	95,7,1 bú
87,2,1 mín	90,2,3 góda	95,7,2 áre
ín gebed	90,5,1 mín	95,7,4 hí

¹ With *i* altered from *a*.

95,8,1 lác
ín
*fol. 113*b
95,9,4 úre
95,11,3 sǽ str | eamas
95,12,2 hím
95,12,3 wýnda | gum
95,12,5 cwóm
96,1,4 út
*fol. 114*a
97,8,5 cóm
98,3,4 ááre
98,4,3 góde
*fol. 115*a¹
99,4,1 hé
ís
100,3,3 wýn gesið
100,4,3 tǽl | nessa
*fol. 115*b
101,1,2 mín
*fol. 116*a
101,4,5 hl | áf
*fol. 116*b
101,11,2 heah | sǽl
*fol. 117*a
101,17,3 hér
*fol. 117*b
101,24,2 sǽmran
101,25,1 bú
102,2,3 ǽr
*fol. 118*a
102,5,4 nú
102,6,2 hér
102,7,2 tíd
102,8,2 á
*fol. 119*a²
103,2,3 lím wǽdum
103,4,2 uṕṕ
*fol. 119*b
103,9,1 bó
103,9,2 hí

*fol. 120*a
103,13,2 líf
103,15,2 hláf
103,17,1 Vphebbe án
hús
103,18,1 mǽran
*fol. 120*b
103,20,3 ǽt
103,21,2 hí
103,21,3 hí
103,24,1 sǽ
103,24,2 un rím
103,26,3 góde
103,27,2 hí
*fol. 121*a
103,27,3 á | fyrred
103,29,1 sí
103,30,2 hí
103,32,1 mín
*fol. 122*a³
104,9,2 isááce
*fol. 122*b
104,15,6 ahóf
104,19,2 góda
104,19,3 khanáán
104,22,3 áá | ron
104,23,1 hí
*fol. 123*b⁴
104,32,1 góde
104,33,2 hí
104,35,1 hí
104,36,3 hí
*fol. 124*a
104,39,3 hí
104,40,1 hí
dómas
104,40,3 ǽ | bebod
105,5,2 wé
*fol. 124*b
105,6,1 ǽr

105,8,1 Hí
hí
brád
105,8,2 sǽ
105,9,1 sǽ
105,9,4 hí
105,10,1 hí
105,10,4 flód
105,11,1 hí
105,11,2 lóf sangum
*fol. 125*a
105,12,1 Hí
105,13,1 béen
105,14,1 hí
105,14,3 áá | ron
105,17,4 híg
105,18,1 ǽr
*fol. 125*b
105,18,5 sǽ
105,22,1 áre
*fol. 126*a
105,24,3 gehléat
105,26,2 ǽr
105,26,3 mán | fullum
105,26,6 ǽswyce
105,27,1 blótan
105,27,5 hí
105,28,1 máne
105,29,1 hí
*fol. 126*b
105,36,1 Dó
105,36,2 gó | da
*fol. 127*a
105,37,1 áá
106,1,2 góó | dan
106,2,3 hí
106,3,3 sǽ
*fol. 127*b
106,4,2 ón
106,5,2 hí
106,6,1 Hí

---

¹ There are no accents on fol. 114*b*.
² There are no accents on fol. 118*b*.
³ There are no accents on fol. 121*b*.
⁴ There are no accents on fol. 123*a*.

106,6,2 hí
*fol. 128*a
106,14,1 hí
   mód
106,15,1 ǽren
   dór
106,16,1 hí
106,16,3 hi
   wóó
   ǽr
106,17,1 Hí
106,18,1 hí
106,18,2 hí
*fol. 128*b
106,22,1 sǽ
106,23,1 Hí
106,24,3 úp
106,27,1 Hí
*fol. 129*a
106,28,2 hí
106,29,3 híg
106,31,2 lóf
*fol. 129*b
106,36,1 Hí
106,36,3 alóden
106,37,1 hí
   þá
106,38,3 hí
106,40,2 hí
106,42,3 mód
*fol. 130*a
107,2,1 mín
107,5,3 mǽre
107,6,3 hér
107,6,5 sýcimam
*fol. 130*b
107,6,6 mǽre
107,7,1 galáád
107,10,2 swá
*fol. 131*a
108,3,3 á
108,4,1 á
   góóde

*fol. 131*b
108,14,1 ǽr
*fol. 132*a
108,18,4 wýn | ele
108,20,1 mé
108,21,1 nú
*fol. 133*a[1]
109,7,2 dǽd from |
   ran
*fol. 133*b
110,6,3 hí
   á
110,7,3 góód
*fol. 134*a
111,3,3 dǽl
111,5,1 gód
111,5,2 dóm
*fol. 134*b
112,5,2 ón
*fol. 135*a
112,7,1 ealdor | dóm
112,8,2 hús
113,1,3 hús
113,2,2 hǽl
113,5,1 sǽ
*fol. 135*b
113,9,1 ús
   ús
*fol. 136*a
113,15,2 gó | des
113,19,1 Aárones
*fol. 136*b
113,21,4 áárones
   hús
*fol. 137*a
114,8,4 fǽr | slide
*fol. 137*b
115,3,1 góde
   gýldan
115,3,2 gó | dum
115,6,1 ésne
115,8,3 hús

*fol. 138*a
117,1,2 gó | dan
117,2,2 góda
117,3,1 áárones
117,3,2 góda
117,4,3 góda
117,6,1 fǽ | le
*fol. 138*b
117,8,1 Gód
117,9,1 Gód
*fol. 139*a
117,16,3 a | hóf
117,19,2 ínn
117,20,3 hǽlu
117,21,1 ǽr
117,21,2 ís
*fol. 139*b
117,27,3 wís
117,28,2 góda
118,1,2 ǽ
*fol. 140*a
118,3,1 mán wyrh |
   tan
118,9,2 rǽd
*fol. 140*b
118,12,2 lǽr
118,14,2 wát
118,17,1 góde
118,18,2 ǽ
*fol. 141*a
118,18,3 ǽr
118,23,4 þín
118,24,2 hí
*fol. 141*b
118,29,2 ǽ
118,34,1 ǽ
*fol. 142*a
118,35,1 Gelǽd
118,38,2 spéd
*fol. 142*b
118,44,1 ǽ
118,47,2 rǽd
118,47,3 hí

---

[1] There are no accents on fol. 132*b*.

118,48,1 hóf
118,48,2 brýce
*fol. 143*a
118,50,3 spr | ǽc
118,51,2 hí
118,51,3 ǽ
118,53,3 hí
ǽ
án forleton
118,55,3 ǽ
*fol. 143*b
118,57,3 ǽ
118,59,3 gefére
118,61,3 ǽ
118,63,1 dǽl neomend
*fol. 144*a
118,64,3 lǽr
118,66,1 lǽr
118,68,1 Gód
gód
118,68,2 gelǽr
118,69,1 mán
118,70,1 hér
118,70,3 ǽ
*fol. 144*b
118,77,4 ǽ
*fol. 145*a
118,85,1 mán wyrhtan
*fol. 145*b
118,85,3 ǽ
118,88,4 þú
118,92,1 ǽ
án
*fol. 146*a
118,96,1 wát
118,97,1 ǽ
*fol. 146*b
118,100,1 á
118,102,2 ǽbebod
118,103,1 gód
118,104,3 ǽ
118,106,1 swór

*fol. 147*a
118,109,2 ǽ
118,113,2 ǽ
*fol. 147*b
118,117,1 hál
*fol. 148*a
118,126,3 ǽ be | bod
*fol. 148*b
118,135,2 lǽr
118,136,1 geláác
118,136,3 ǽr
118,136,4 ǽ
118,140,2 hát
*fol. 149*a
118,140,3 þín
118,142,4 ǽ
118,146,1 dó
*fol. 149*b
118,147,1 fo | re cóm
118,149,3 dó
118,150,1 áá
118,150,2 hí
118,150,3 ǽ
118,152,2 hí
118,153,2 belǽg
118,153,3 ǽ
118,154,1 dóm
*fol. 150*b¹
118,163,3 ǽ
*fol. 151*a
118,170,1 bén
118,170,3 dó
118,173,1 hǽlu
118,174,3 ǽ
*fol. 151*b
118,176,3 lá
119,5,2 ge wát
*fol. 152*b²
121,1,2 tó
121,6,2 góde
*fol. 153*a
121,9,1 húse

121,9,3 gód
122,1,1 hóf
122,3,4 gódan
*fol. 153*b
123,2,2 wén
123,3,3 wén
*fol. 154*a
124,3,2 tán
*fol. 154*b
124,4,5 góde
*fol. 155*a
126,1,1 hús
126,3,4 hláf
126,5,2 á | scyrped
*fol. 155*b
127,1,3 tíd
*fol. 156*a
128,1,2 nú
128,4,1 híge
*fol. 156*b
129,4,2 ǽ
*fol. 157*a
130,5,2 nú
131,1,2 góóde
*fol. 157*b
131,9,2 gó | de
*fol. 158*a
131,10,3 út
131,11,3 ǽr
131,13,2 á
131,15,3 ǽr
*fol. 158*b
131,17,2 góde
131,19,2 scír
132,1,1 gód
*fol. 159*a
134,2,3 gódan
*fol. 159*b
134,5,1 gód
134,5,2 dóm
134,5,3 gódu
134,6,2 heo | fon ríce

---

¹ There are no accents on fol. 150*a*.
² There are no accents on fol. 152*a*.

134,6,3 sǽ	*fol. 168*a⁴	*fol. 172*b
134,8,3 slóh	142,6,4 hǽl	145,8,2 líf
*fol. 160*a	*fol. 169*b⁵	146,1,1 góód
134,18,2 gó | des	143,9,1 mán idel	*fol. 173*b⁷
*fol. 160*b	*fol. 170*a	147,2,2 bedón
135,1,2 gód	143,16,2 rúmlice	*fol. 174*a
*fol. 161*a	*fol. 170*b	147,8,1 ǽr
135,15,2 sǽ	144,7,3 rǽd	147,8,2 gó | dum
*fol. 162*a¹	*fol. 171*a	*fol. 174*b
136,7,2 ón	144,12,4 rǽd fæst	148,8,2 ís
édom	144,15,1 ǽr	*fol. 175*a⁸
*fol. 163*a²	*fol. 172*a⁶	148,13,3 úpp
138,2,2 fóre	145,3,4 ǽr	148,14,4 hí
*fol. 166*a³	145,6,5 ǽr	
139,12,1 góde		

VII. BIBLIOGRAPHY

1. COMPLETE TEXTS

1835 THORPE, BENJAMIN. Libri Psalmorum Versio Antiqua Latina; cum Paraphrasi Anglo-Saxonica, partim soluta oratione, partim metrice composita. . . . Oxonii . . . MDCCCXXXV.

1858 GREIN, CHRISTIAN W. M. Bibliothek der angelsächsischen Poesie. 2. Band. Göttingen, 1858. The Paris Psalter, pp. 147–276.

1898 ASSMANN, BRUNO. Die Handschrift von Exeter, Metra des Boetius, Salomo und Saturn, Die Psalmen. (Bibliothek der angelsächsischen Poesie, herausgegeben von Richard Paul Wülker, 3. Band.) Leipzig, 1898. The Paris Psalter, pp. 332–476 (also numbered 2d part, pp. 86–230).

2. PARTIAL TEXTS

1836 [THORPE, BENJAMIN.] Appendix B to Mr. Cooper's Report on Rymer's Foedera. London, printed 1836, published 1869. Psalm 150, 2–3.

¹ There are no accents on fol. 161*b*.
² There are no accents on fol. 162*b*.
³ There are no accents on folios 163*b* to 165*b*.
⁴ There are no accents on folios 166*b* to 167*b*.
⁵ There are no accents on folios 168*b* and 169*a*.
⁶ There are no accents on fol. 171*b*.
⁷ There are no accents on fol. 173*a*.
⁸ There are no accents on fol. 175*b*.

1838 LEO, HEINRICH. Altsächsische und angelsächsische Sprach-
proben. Halle, 1838. Psalms 72, 102, 126.

1923 CRAIGIE, W. A. Specimens of Anglo-Saxon Poetry. I.
Biblical and Classical Themes. Edinburgh, 1923. Psalms
104,19–33; 105,7–31.

3. CRITICAL DISCUSSION

1852 DIETRICH, FRANZ. Hycgan und hopian. *Zeitschrift für
deutsches Altertum* IX, 214–222. Discussion of the author-
ship of the Paris Psalter.

1884 TANGER, GUSTAV. Collation des Pariser altenglischen Psal-
ters mit Thorpe's Ausgabe. *Anglia* VI, Anzeiger, pp. 125–
141.

1885 SIEVERS, EDUARD. Zur Rhythmik des germanischen Alli-
terationsverses. II. *Beiträge* X, 451–545. Textual and
metrical notes.

1888 WICHMANN, JOHANNES. König Aelfred's angelsächsische
Übertragung der Psalmen I–LI excl. Halle, 1888.

1893 BRUCE, J. DOUGLAS. Immediate and Ultimate Source of the
Rubrics and Introductions to the Psalms in the Paris
Psalter. *Modern Language Notes* VIII, 72–82.

1894 BRUCE, J. DOUGLAS. The Anglo-Saxon Version of the Book
of Psalms commonly known as the Paris Psalter. *Publica-
tions of the Modern Language Association* IX, 43–164. Also
separately, Baltimore, 1894.

1896 BARTLETT, HELEN. The Metrical Division of the Paris
Psalter. Baltimore, 1896.

1897 GLÖDE, OTTO. [Review of Bruce, The Anglo-Saxon Version
of the Book of Psalms.] *Englische Studien* XXIII, 78–85.

1898 COOK, ALBERT S. Biblical Quotations in Old English Prose
Writers. [First Series.] London, 1898. Note on the Paris
Psalter, pp. xxxiv-xliii.

1901 FEILER, EMIL. Das Benediktiner-Offizium, ein altenglisches
Brevier aus dem 11. Jahrhundert. Heidelberg, 1901.

1908 TSCHISCHWITZ, BENNO. Die Metrik der angelsächsischen
Psalmenübersetzung. Breslau, 1908.

1912 HOLTHAUSEN, FERDINAND. Zur altenglischen Literatur.
XIII. *Anglia*, Beiblatt XXIII, 83–89. Textual note on
Psalm 149,8,2.

1913 WILDHAGEN, KARL. Studien zum Psalterium Romanum in
England und zu seinen Glossierungen (in geschichtlicher
Entwicklung). *In* Festschrift für Lorenz Morsbach (Stu-
dien zur englischen Philologie, Heft L), pp. 417–472.

1918   KOCK, ERNST A.   Interpretations and Emendations of Early
       English Texts.   IV.   *Anglia* XLII, 99–124.
1920   HOLTHAUSEN, FERDINAND.   Zu alt- und mittelenglischen
       Texten.   *Anglia*, Beiblatt XXXI, 190–207.
1920   RAMSAY, ROBERT L.   The Latin Text of the Paris Psalter:
       a Collation and some Conclusions.   *American Journal of
       Philology* XLI, 147–176.
1921   KOCK, ERNST A.   Interpretations and Emendations of Early
       English Texts.   VIII.   *Anglia* XLV, 105–131.
1921   BRÜNING, ELISABETH.   Die altenglischen metrischen Psalmen
       in ihrem Verhältnis zur lateinischen Vorlage.   Abstract of
       dissertation, Königsberg, [1921].
1923   KOCK, ERNST A.   Interpretations and Emendations of Early
       English Texts.   XI.   *Anglia* XLVII, 264–273.
1924   HOLTHAUSEN, FERDINAND.   Zu altenglischen Dichtungen.
       Anglia, Beiblatt XXXV, 276–277.
1927   FÖRSTER, MAX.   Die altenglischen Texte der Pariser National-
       bibliothek.   *Englische Studien* LXII, 113–131.

B. THE METERS OF BOETHIUS

I. THE MANUSCRIPTS

The surviving Anglo-Saxon versions of the *De Consolatione Philosophiae* of Boethius are contained in two parchment manuscripts, MS. Cotton Otho A.vi, in the British Museum, dating from the second half of the tenth century, and MS. Bodley 180, in the Bodleian Library, dating from the beginning of the twelfth century, and in a paper transcript, MS. Junius 12, in the Bodleian Library, made from the two parchment manuscripts by Franciscus Junius in the latter part of the seventeenth century.   These three manuscripts may be referred to as C (= Cotton Otho A.vi), B (= Bodley 180), and J (= Junius 12). To these may be added a parchment leaf of the first half of the tenth century, containing part of the Anglo-Saxon prose version, found in MS. Bodley 86 by A. S. Napier in 1886.[1]

The two parchment manuscripts, MS. Cotton Otho A.vi and MS. Bodley 180, represent two stages in the history of the Anglo-Saxon versions of Boethius.   The first version, generally as-

---

[1] Napier, *Zeitschrift für deutsches Altertum* XXXI, 52–54.

cribed to King Alfred, contained the text of Boethius, verse and prose alike translated, with some omissions, from the original Latin into Anglo-Saxon prose. This is the text represented by MS. Bodley 180. Then someone, perhaps Alfred, made an Anglo-Saxon metrical version of the Latin Meters. This metrical version, which is not found alone in any existing manuscript, was made, not directly from the Latin text, but from the earlier Anglo-Saxon prose translation of the Latin Meters, several of the Meters being omitted. After the metrical version had been made, the several Meters in their new form were available for substitution for the corresponding texts of the older prose version. A resulting composite text of the Anglo-Saxon Boethius, with the Latin prose represented by Anglo-Saxon prose, as in the older version, and the Latin Meters represented by Anglo-Saxon verse, is found in MS. Cotton Otho A.vi.

MS. Bodley 180 (B) does not contain any of the Anglo-Saxon verse, but since it contains the Anglo-Saxon prose version of the Latin Meters, from which the Anglo-Saxon verse translation was made, it furnishes some indirect assistance in the establishment of the Anglo-Saxon verse text.

MS. Cotton Otho A.vi (C), our chief source for the text of the Meters, was very much damaged in the Cottonian fire of 1731, and for a long while was believed to be entirely lost. But in 1844 the loose leaves which had survived were carefully assembled and mounted, each parchment leaf being surrounded by a frame of paper, and the whole was bound into a large octavo volume. How many leaves the manuscript contained in its uninjured state cannot now be told. At present it contains 169 folios, of which fol. 1a- fol. 129b contain the Anglo-Saxon version of Boethius, the prose text and the Meters alternately. On fol. 130a begins a Latin life of Edward the Confessor, in a twelfth century hand, which runs to the end of the manuscript. The first half of the text of Boethius has suffered most from the fire, some of the leaves, such as fol. 14, fol. 15, and fol. 56, being reduced to small fragments, and others, such as fol. 9 and fol. 21, being rendered almost illegible. All the leaves have lost something through the scorching of the edges, those at the beginning of the manuscript having lost more than the rest, but from fol. 64 on, the loss from this cause has been relatively slight. All the leaves have been torn, and unevenly shrunk by the action of fire or water. About six or seven leaves, containing the Proem and all of the first four Meters, together with some of the prose, have been entirely lost at the beginning of the manuscript, one leaf, which however did not contain any verse, between fol. 11 and fol. 12, two leaves, containing Meter 22, between fol. 79 and fol. 80, and one leaf, containing Meter 31 as far as *under*, l. 12, between fol. 127 and fol. 128. That these leaves were lost after the Junius transcript was made in the seventeenth century, is shown by the fact that their contents were copied into J along with the rest of the text. Thus the Proem and five of the Meters, 1, 2, 3, 4 and 22, have been entirely lost, and numerous smaller losses have occurred throughout the rest of the text. At the present time about three-fourths of the whole text of the Boethius as it was contained in C is left, most of it legible under good light conditions. It is vexing to observe that the Latin life of Edward the Confessor is in a much better state of preservation.

The largest and most perfect of the leaves of the C manuscript of Boethius measure about 18.5 centimeters by 11 centimeters, that is, approximately $7\frac{1}{4}$ inches by $4\frac{1}{4}$ inches. With proper allowance for the shrinking of the parchment, it is not probable that the manuscript measured more than 8 inches by 5 inches in its uninjured state. There are regularly 27 lines to the page, sometimes 26 or 28. The entire text of the Boethius is written in one hand of the tenth century. Sweet[1] assigned this hand to the first half of the tenth century, as Wanley had done before the fire, but Sir E. M. Thompson thought it was of 960–970.[2] The letters are somewhat angular, large and well shaped, where they have not been distorted by the uneven shrinking of the parchment. The contents of the pages of the Cotton manuscript in the terms of the line-numbering of this edition are given in Table 1 of this Introduction.

There are no systematic divisions into sections in the manu-

---

[1] *Anglo-Saxon Reader*, p. 43.
[2] See Sedgefield, p. xiii.

script, except as noted below, no numberings, and no headings of any sort, and no attempt is made, in the form of the manuscript, to differentiate between the verse and the prose. The first surviving leaf of the manuscript, fol. 1a, is in the middle of a prose passage, the first of the Meters, Meter 5, begins on fol. 3a, and from this point on, Meters and prose passages occur in alternation. At the beginning of each of the Meters, as well as of each of the prose passages, space was left for a large capital, but none of these large capitals have been written in. On fol. 108a, at the beginning of Meter 28, and on fol. 128a, at the beginning of a prose passage, a small letter has been written in the margin, to indicate the proper large capital. Whether these two marginal letters were written by the scribe of the manuscript, for the guidance of a second scribe who was to insert the large capitals, or whether they were added by a reader at some later time, is of course uncertain, but in view of their extreme infrequency, the latter supposition is the more probable. Frequently the first letter following the space for the large capital is a small capital, but this is not always the case. A complete list of the contents of the text of Boethius in the Cotton manuscript in its present state follows. Since the transcript in MS. Junius 12 follows the order of MS. Bodley 180, it is impossible to reconstruct with certainty the order of the pieces missing at the beginning of the Cotton manuscript. In the following list, after each item the corresponding passage of the Latin text is indicated in italics.

fol.   1a–3a[1]   Prose   *Bk.I, pr.5, met.6, pr.6.*

       3a–4a   Meter 5   *Bk.I, met.7.*

       4a–9b   Prose   *Bk.II, pr.1,2, met.2, pr.3.*

       9b–10a   Meter 6   *Bk.II, met.3.*

       10a–13b[2]   Prose   *Bk.II, pr.4.*

       14a–15a   Meter 7   *Bk.II, met.4.*

       15a–20a   Prose   *Bk.II, pr.5.*

       20b–21b   Meter 8   *Bk.II, met.5.*

       21b–27a   Prose   *Bk.II, pr.6.*

       27a–28a   Meter 9   *Bk.II, met.6.*

---

[1] About seven leaves have been lost at the beginning of the manuscript, containing the Proem, Meters 1–4, and at least two prose passages.

[2] One leaf lost between fol. 11 and fol. 12.

28a–34a   Prose   *Bk.II, pr.7.*
34a–35a   Meter 10   *Bk.II, met.7.*
35a–36b   Prose   *Bk.II, pr.8.*
36b–38b   Meter 11   *Bk.II, met.8.*
38b–40a   Prose   *Bk.III, pr.1.*
40a–40b   Meter 12   *Bk.III, met.1.*
40b–44b   Prose   *Bk.III, pr.2.*
44b–46a   Meter 13   *Bk.III, met.2.*
46a–48b   Prose   *Bk.III, pr.3.*
48b   Meter 14   *Bk.III, met.3.*
48b–52a   Prose   *Bk.III, pr.4.*
52a   Meter 15   *Bk.III, met.4.*
52a–64b   Prose   *Bk.III, pr.5.*
54b–55a   Meter 16   *Bk.III, met.5.*
55a–56a   Prose   *Bk.III, pr.6.*
56a–56b   Meter 17   *Bk.III, met.6.*
56b–57b   Prose   *Bk.III, pr.7.*
57b–58a   Meter 18   *Bk.III, met.7.*
58a–59b   Prose   *Bk.III, pr.8.*
59b–60b   Meter 19 *Bk.III, met.8.*
60b–64b   Prose   *Bk.III, pr.9.*
64b–69a   Meter 20   *Bk.III, met.9.*
69a–74b   Prose   *Bk.III, pr.10.*
75a–75b   Meter 21   *Bk.III, met.10.*
75b–79b[1]   Prose   *Bk.III, pr.11.*
80a–84a   Prose   *Bk.III, pr.12.*
84b   Meter 23   *Bk.III, part of met.12.*
84b–87b   Prose   *Bk.III, rest of met.12, Bk.IV, pr.1.*
87b–88b   Meter 24   *Bk.IV, met.1.*
88b–93b   Prose   *Bk.IV, pr.2.*
93b–95a   Meter 25   *Bk.IV, met.2.*
95a–97b   Prose   *Bk.IV, pr.3.*
97b–99b   Meter 26   *Bk.IV, met.3.*
99b–106a   Prose   *Bk.IV, pr.4.*
106a–107a   Meter 27   *Bk.IV, met.4.*
107a–108a   Prose   *Bk.IV, pr.5.*

[1] Two leaves lost between fol. 79 and fol. 80, containing Meter 22, which corresponds to Bk. III, met. 11 of the Latin text.

108a–109b   Meter 28   *Bk.IV, met.5.*
109b–117b   Prose   *Bk.IV, pr.6.*
117b–119b   Meter 29   *Bk.IV, met.6.*
119b–123a   Prose   *Bk.IV, pr.7, met.7, Bk.V, pr.1,2.*
123a–123b   Meter 30   *Bk.V, met.2.*
123b–127b   Prose   *Bk.V, pr.3,4,5.*
128a[1]   Meter 31   *Bk.V. met.5.*
128a–129b   Prose   *Bk.V, pr.6.*

Small capitals are very infrequent in the Cotton manuscript. Leaving out of consideration the small capitals at the beginning of some of the Meters, there are only twenty-seven small capitals visible in the text of the Meters in the present state of the manuscript. Frequently these small capitals mark new sentences, as in the case of *Ac*, 6,11, *Swa*, 11,31, *Hwy*, 19,10, *etc.*, but they also occur in the middle of sentences, where no reason for their use can be discovered, as in the case of *Willað*, 5,22, *Ða*, 8,17. A list of the small capitals in the Cotton manuscript will be found in Table 2 of this Introduction.

The abbreviations in the Cotton manuscript are relatively infrequent, especially toward the beginning of the manuscript, but those which we find are of the usual types. The conjunction *and* is always represented in the Meters by the abbreviation 7. In the prose this word is written out only eight times, three times as *and* and five times as *ond*, according to the record in Sedgefield's glossary. The word *þæt*, both as conjunction and as pronoun, is usually abbreviated *þ̄*, but not always; exceptions are *þæt*, 7,4a, and *ðæt*, 9,24; 25,61; 26,27, *etc.* Besides the usual abbreviation as *þ̄te*, as in 19,13, we have *ðætte*, 20,185. The word *þonne* is regularly written out, and in the Meters is abbreviated only once, as *þonñ*, 29,72. An inflectional final *m* is frequently abbreviated by means of a horizontal stroke over the preceding vowel, as in *hī*, 5,15, *eorl ge byrdū*, 10,27, *for ðǣ*, 17,28; 25,60, *sædū*, 29,64, *etc.*, but the *m* is more frequently written out. The same abbreviation is sometimes used for *m* in the middle of a word, or for a final *m* which is not inflectional, as in *ȳbe*, 28,24; 29,40, *sȳle*, 28,47, *cē pan*, 20,73, *frȳþe*, 29,37,

---

[1] One leaf lost between fol. 127 and fol. 128, containing the beginning of Meter 31.

frā, 24,2, and *þrȳ cyning*, 20,205. This abbreviation is never used for *n*. In a few instances it is used for final *er*, in *æfl*, 10,70; 19,33; 20,47; 21,33, *etc.*, the only other word abbreviated in this way being *winl gerimes*, 28,27.

In the Meters of the Cotton manuscript, accents are very infrequent, and those that are found correspond in general to vowel-length. But in Meter 20 there are two occurrences of accented *ón*, where vowel-length cannot be intended. An instructive example of accents used for semantic distinction is found in *ís*, "ice," 28,60, and *ís mere*, "frozen pool," 28,63. Here the accent was undoubtedly used to distinguish *īs*, "ice," from the verb form *is*. Both as adjective and as substantive, *gōd*, "good," is regularly spelled *good* to distinguish it from *gŏd*, "God." Exceptions to this rule are *good*, "God," 7,45; 20,32; 26,37; 29,73, and *godes*, "of good," 9,62. The word *gōd* has an accent once instead of the doubled vowel, in *gódra*, 27,29, and *gŏd*, "God," has an accent once, 26,50. At the present time twenty-one accents are visible in the Meters of the Cotton manuscript, and these are listed in Table 3 of this Introduction. The only mark of punctuation used in the Cotton manuscript is the point, which occurs very infrequently in the Meters.

The Junius transcript, in MS. Junius 12 (J), comprises a copy in Junius' hand of the Anglo-Saxon prose translation of the Latin meters and the Latin prose, from MS. Bodley 180, with variants from the prose of the Cotton manuscript. Inserted throughout the volume in the appropriate places are copies of the several Meters from the Cotton manuscript, written on odd-sized leaves of paper and pasted in. This transcript of the Anglo-Saxon Meters is indispensable in the establishment of the text, and for the parts of the Cotton manuscript which are now lost, it is our only authority. By a systematic comparison of the Meters in the Cotton manuscript, so far as they have been preserved, with the corresponding parts of the Junius transcript, it is possible to determine the exact value of Junius' work, and the reliance which may safely be put on it. The results of such a comparison show that Junius was a careful transcriber, who achieved a high degree of accuracy in his work, and in his entire text of the Meters, as far as they can be compared with the Cotton manuscript, there are not more than a dozen errors of transcription which would be seriously misleading in the establishment of the text. In addition there are about twenty places where Junius has silently emended an incorrect reading in C. All the other errors of transcription, not more than forty in all, are merely orthographical and of no semantic importance. Among the seriously misleading errors of transcription may be mentioned *yrsungere* for *irsung sie*, 20,186, *swetmetann* for *swet mettum*, 25,40, and *æst ror* for *ær for*, 29,26, all three of which can be explained only as mental lapses of the kind which occur at times to the best of transcribers; *tihtest* for *stihtest*, 20,178; *hinan* for *Innan*, 5,44, where Junius was misled by the capital *I* in C; and several errors in the inflectional endings, as *wundriaðˉ* for *wundraðˉ*, 28,67, *gelicne* for *gelice*, 26,2, *he* for *hi*, 24,61, and the converse error, *hi* for *he*, 25,29. In two instances a word is omitted in J, *þæt* in 7,4a, and *on* in 24,28. In C's reading *þonn̤e*, 29,21, Junius failed to see the significance of the two dots under the second *n*, and wrote *þonne* instead of the proper *þone*, but this is hardly to Junius' discredit, for at least one modern editor has done the same thing. Among Junius' silent emendations of incorrect readings in C are *wind* for *winðˉ*, 28,59, *-torht* for *-torh*, 28,61, *gebolgene* for *gebogene*, 25,45, *eac* for *ac*, 10,55, *Bootes* for *boetes*, 28,28, the name of the star in C being influenced apparently by the name of Boethius, *morðˉres* for *moðˉres*, 9,33, *Apollines* for *apo lines*, 26,32, *hæftedome* for *hæfde dome*, 25,65, *secge* for *secgge*, 9,42, and *mæge* for *mægge*, 28,65. In 20,112 Junius supplied the necessary *ne*, and in 20,134 he omitted a superfluous *þæm*. In 20,134, where C has *geþruen* altered to *geþuren*, J reads *geþruen*, perhaps in error, but more probably in intentional preference for the original form in C. In 26,116 Junius inserted *mæg*, demanded by the context, though perhaps not justified in the place where he added it. In 29,75, where C has *þone anwald deðˉ*, Junius emended to *þone anwaldeðˉ*, which is hardly correct, Grein's *þonan waldeðˉ* being probably the proper reading. In a number of places Junius has retained an incorrect reading of C, without any attempt at emendation, as in 11,13; 11,97; 19,41; 20,44;

25,48; 26,21; 28,24; 29,9; 29,17; 29,83. The spelling with *G* in *Grecas, Grecum*, etc., which occurs a number of times in the first few Meters, apparently represent an attempt by Junius to normalize this word on the basis of modern spelling, which he later abandoned. But by far the largest part of the errors of transcription are orthographical, and of these the greater number are the result of the tendency to unconscious normalization to which all transcribers of manuscripts fall victim. For instance, we find *hefona* for *heofona*, 29,70, *worulde* for *weorulde*, 28,18, *steorra* for *stiorra*, 29,12, *cyning* for *cining*, 20,246; 26,22; 26,59, *ðurh* for *þurg*, 20,254; 24,40, and similarly *burh* for *burg*, 26,20; also *yfemest* for *yfemesð*, 13,63, *ealdor* for *aldor*, 29,6, and similarly *anwealde* for *anwalde*, 13,4, but *waldend* for *wealdend*, 21,36, *waldeð* for *wealdeð*, 21,33. Other errors of transcription are *glas hluðre* for *glas hlutre*, 5,8, *scyft* for *scyfð*, 13,57, and similarly *drift* for *drifð*, 29,47, *bit* for *bið*, 27,13, *næft* for *næfst*, 20,36, *þ* for *þ te*, 28,20, *on inna* for *on innan*, 29,53, *hiðer* for *hider*, 20,235, *tungel* for *tungl*, 24,23, *ym* for *ymb*, 26,3, *ofermeta* for *ofermetta*, 25,44, *mearc* for *mearce*, 20,71, and *earfod-* for *earfoð-*, 20,147. In his use of *þ* and *ð* Junius differs widely from C. He does not normalize the use of these letters in any way, but uses them without any apparent distinction and without any consideration of their use in the corresponding places in C. For instance, in Meter 10 he reads *ðince* for *þince*, l. 10, *þonne* for *ðonne*, l. 14, *þæt* for *ðæt*, l. 17, *ðinges* for *þinges*, l. 32, *forðy* for *forþy*, l. 35, *Ðeah* for *þeah*, l. 63, *for þæm* for *for ðæm*, l. 66, *hæleða* for *hæleþa*, l. 68, and *ðissum* for *þissum*, l. 70. These nine examples constitute less than one-tenth of all the occurrences of *þ* and *ð* in the C text of Meter 10, and therefore Junius' alterations in the use of these letters do not bulk very large, but nevertheless it must be said that in the use of *þ* and *ð* Junius is not as accurate as in other respects. Junius capitalizes according to modern usage, without regard to the usage in C, and in the use of accents he differs widely from C. Of the twenty-one accents now visible in C, Junius reproduces only seven, but he has twelve others in his text, seven of which are in the part of text no longer preserved in C. Although these twelve accents in Junius are of slight textual value, they may conveniently be enumerated here, as follows: *fón*, Proem 9; *mánes*, 1,44; *wó*, 4,40; *máne*, 4,48; *á*, 7,39; *á*, 9,34; *á*, 13,40; *fón*, 19,11; *á*, 21,30; *á*, 24,40; *á*, 25,56; *á*, 26,81.   Throughout the text of the Meters Junius has attempted to introduce metrical pointing at the ends of half-lines, which has not counterpart in C, but this pointing is neither consistently carried out, nor very accurate where it does occur, and it is, of course, of no textual value.

The material outlined above indicates that Junius' work of transcription was carefully and, on the whole, accurately done, but with all its virtues, J cannot be regarded as equivalent in value to C, and it has not been so treated in the establishment of the text of this edition.

The text of this edition of the Meters rests upon the following authorities:

(1) A first hand examination of C, made by Mr. Elliott Van Kirk Dobbie in the summer of 1931, and also photostats of C. In some instances the photostats are clearer than C.

(2) The Junius transcript.

(3) Sedgefield's report of C as contained in his *King Alfred's Old English Version of Boethius*, 1899.

(4) Krämer's *Die altenglischen Metra des Boetius*, 1902.   Krämer does not systematically indicate what parts of his text are derived from C and what parts from J; his readings in C can therefore be determined only in those instances in which he calls particular attention to them in his notes.

The text of this edition is derived from C, wherever C is legible. Where C is not legible, the reading of J is given, but all words and letters taken from J, and the few emended readings of J, are printed in italics.   Roman type therefore normally indicates that such text is legible in C; emended readings of C are also printed in roman type, in accordance with the custom of this edition, but the record of C on which the emendation is based is always given at the foot of the page.   In making use of Sedgefield's and Krämer's readings of C in constructing this text, the editor wishes to state that so much of C lies in a twilight zone of doubtful legibility, that it seemed advisable to give more weight to the reports of others who have examined C than would be necessary in the case of a manuscript better preserved.   Sedgefield's examination of the manuscript was made some thirty-five years ago, and it is possible that the legibility of parts of the manuscript was slightly greater at that time than it is now. The editor has therefore preferred to agree with Sedgefield and Krämer wherever it is possible in order not to multiply dubious variations in the reading of this difficult manuscript. It may be that further study of the manuscript under exceptionally favorable conditions will rescue a letter here and there, but it is not probable that such gains will repay the effort.

II. AUTHORSHIP, DATE AND SOURCE

On the question of the authorship of the Anglo-Saxon Meters of Boethius no complete agreement has ever been achieved. On the basis of external evidence in the form of testimony by later writers that Alfred translated Boethius, and of internal evidence, especially the literary form and style of the translation, it is generally accepted that the prose translation of Boethius is from the pen of King Alfred. Since it is also accepted that the verse translation of the Meters was based not directly on the Latin text, but on the earlier Anglo-Saxon prose translation, it would not seem rash to go one step further and to assign to Alfred the verse translation also. The Proem prefixed to the prose version, in MS. Bodley 180, furnishes additional evidence of Alfred's authorship of the verse, in the statement that he translated the book "of lædene to engliscum spelle . . . , and geworhte hi eft to leoðe." The verse Proem in the Cotton manuscript is not so definite, for although it begins with: "Ðus Ælfred us ealdspell reahte, . . . cræft meldode, leoðwyrhta list," which seems to imply poetic composition, the change of person at the end of the Proem might raise a question. This, however, may be nothing more than the usual convention of Anglo-Saxon style. Although in both of these Proems, King Alfred is mentioned in the third person, this is by no means a certain indication that Alfred did not write them. The word *us* in the first line of the verse Proem may mean nothing more than "for his people." In any case, whether these Proems were written by Alfred or by someone else, there can be little doubt of the accuracy of the information contained in them. We have, therefore, definite statements asserting Alfred's authorship of the Meters. On the other hand, there are errors and signs of confusion in the Meters which indicate that the versifier was unfamiliar with his material, as for instance in Meter 26, line 7, *He wæs þracia þioda aldor*, where *þracia* is written for the *Iþacige* of the prose text. Since *þracia* occurs three times in Meter 26, the possibility of a scribal error is very slight, and it has been justly argued that Alfred, familiar as he was with the text, would not have confused the two names in this way. Such evidence, however, cannot be taken as conclusive in view of the positive statements of the Proem.

In the year 1882 appeared three studies of the authorship of the Meters, in which the most ingenious arguments were brought forward to prove that Alfred was, or was not, the person who made these metrical versions. Hartmann[1] and Zimmermann[2] came independently to the conclusion that the evidence at hand justified the ascription of the verse translation of the Meters to King Alfred. On the other hand, Leicht[3], basing his argument on the literary characteristics of the two translations, decided that Alfred was not the author of the Meters. Three years later, Sievers[4] expressed the opinion, based on the Kentish forms in the text of the Meters, that the metrical version was made by a Kentishman who followed a Kentish version of the Anglo-Saxon prose text. But these Kentish forms can hardly be of weight in settling the question of the authorship of the Meters, for they are common to the whole of the Cotton manuscript, prose as well as verse. More recently the tendency has been to resolve the doubt in favor of Alfred's authorship, and this is the attitude held by Sedgefield and Krämer in their editions. J. H. Kern, however, in 1905, in a review of Krämer,[5] expressed himself as still unconvinced that Alfred was the versifier of the Meters. At the present time the question is still

---

[1] *Anglia* V, 411–450.

[2] *Über den Verfasser der altenglischen Metren des Boetius.* Greifswald, 1882.

[3] Anglia VI, 126–170.

[4] *Beiträge* X, 197, note.

[5] *Museum* XII, 94.

debatable, and it may be that unless new evidence is discovered, the slight doubt that Alfred was the author of the metrical version of the Meters cannot be removed.

The date assigned to the verse translation of the Meters depends to a large extent on the decision as to authorship. The question of date is further complicated by the impossibility of establishing the date of the older prose translation. If we accept Alfred as the author of the Meters, then the date of their composition would necessarily lie in the latter half of the last decade of the ninth century, and if we accept Wülker's date 897 for the prose translation,[1] then the Meters would probably have followed shortly after. If Alfred did not compose the Meters, then no definite posterior limit can be set except the date of the manuscript, about 970. But the most probable date is 897 or shortly afterwards.

It has already been stated that the Anglo-Saxon verse translation of the Meters was made from the earlier prose translation, and has no direct relationship to the Latin text. No detailed analysis of the relationship between the Anglo-Saxon and the Latin texts need be undertaken here, and it will suffice to say that Alfred, in the words of the Proem, "hwilum . . . sette word be worde, hwilum andgit of andgite, swa swa he hit þa sweotolost and andgitfullicast gereccan mihte," and that he exercised great ingenuity in adapting Boethius' Latin to the traditions and understanding of the English people. It has been established, however, that many of the additions and explanations found in the Anglo-Saxon prose text, formerly supposed to be Alfred's own work, were taken from Latin commentaries on the text of Boethius.[2] Alfred prefixed to his prose translation a narrative of the life of Boethius and the circumstances under which the *De Consolatione Philosophiæ* was written, and this narrative, rewritten in verse, was carried over to the later text of the Cotton manuscript. In the prose version six of the Latin Meters were omitted, as follows: Book I, Meters 3 and 4, Book II, Meter 1, Book V, Meters 1, 3 and 4. When the

---

[1] *Grundriss zur Geschichte der angelsächsischen Litteratur*, p. 415. Sedgefield follows Wülker.

[2] See Schepss, *Archiv* XCIV, 149–160.

Meters of the prose translation were rewritten in verse, three of them were not rewritten, but were left in their original prose form, and in the Cotton manuscript these three prose versions appear instead of the expected verse translations. These are the texts corresponding to the Latin Book I, Meter 6, Book II, Meter 2, and Book IV, Meter 7. Thus of the thirty-nine Meters in the five books of the Latin, nine are not found in Anglo-Saxon verse, but the Proem and the historical account of Boethius have been added at the beginning, making a total of the Proem and thirty-one Meters in our text, the historical account, in accordance with the usual custom, being counted as the first Meter.

When the Meters were put into verse form, no extensive changes or additions were made. The one important addition is in Meter 20, lines 169ff., where the earth is compared with the yolk of an egg. But for the most part, the wording of the older prose version was retained, being altered only to satisfy the demands of meter and of poetic diction. The first line of Meter 11, *An sceppend is butan ælcum tweon*, was taken over word for word from the prose text, and although this is an isolated instance of identity between the two texts, it was frequently possible to convert the prose into verse with only minor alteration of the text, as in Meter 11, line 12, where *Se us gesette sido and þeawas . . . unawendendne* was taken over from the prose with only an inversion. Even where the two versions differ more widely in phraseology, it is often possible to reconstruct or correct a missing or corrupt passage in the verse by reference to the prose. The prose text is therefore of considerable value to an editor of the Meters, and in this edition, wherever a passage of the prose is found to be of use in the criticism of the text of the Meters, it will be found quoted in the Notes.

III. Tables

1. CONTENTS OF THE PAGES OF THE COTTON MANUSCRIPT

Folio	Line	to	Line
3a	5,1 -u		5,15 innan
3b	5,16 midda-		5,42 tosomne
4a	5,43a -an		5,45 weorðen
9b	6,1 se		6,15 beateð

Folio	Line		to	Line	
10a	6,16	Eala		6,17	worulde
14a	7,1	fylgan		7,22	wile
14b	7,26	-rfoða		7,49	-nd
15a	7,53	-eah		7,54	-recce
20b	8,2	he		8,29	wyl-
21a	8,30	-geblond		8,51	wide
21b	8,52	forþæm		8,59	-ruld-
27a	9,7	and		9,26	and
27b	9,33	morðres (MS. moðres)		9,46	hæfde
28a	9,53	he		9,63	hafað
34a	10,1	-e hlisa-		10,27	eorlgebyrdum
34b	10,28	geweorð-		10,53	sindon
35a	10,54	se		10,70	þissum
36b	11,1	-an ælcum		11,15	þa þa
37a	11,18	-ill-		11,44	gesceaft
37b	11,45	winnað		11,70	foldes
38a	11,70	-ran mo-		11,97	gesælig
38b	11,99	-aðolfæst		11,102	hit
40a	12,1	-bære		12,19	betere
40b	12,21	-nða		12,32	hi
44b	13,1	-le		13,10	wrigað
45a	13,11	swiðe		13,39	treowum
45b	13,41	wolde		13,66	on-
46a	13,71	rest		13,80	wæs
48b	14,1	-wæt		14,11	brohte
52a	51,1	-eah		15,15	oððe þ-
54b	16,1	-e þe		16,12	an
55a	16,13	-t on		16,24	sprecað
56a	17,1	-æt		17,10	ðære
56b	17,18	-ne nænigne		17,30	cymð
57b	18,1	ðæt		18,10	ær
58a	18,11	hreow		18,11	heortan
59b	19,1	-ala		19,4	ðæm
60a	19,6	gold		19,34	sam-
60b	19,36	selfa		19,47	hæbben
64b	20,1	-ala		20,14	unstilla
65a	20,14	agna		20,45	þe
65b	20,46	fæder		20,78	æl-
66a	20,78	-greno		20,108	-ætre-
66b	20,109	ænige		20,138	eorð-
67a	20,138	æfre		20,166	haldeð
67b	20,168	feal-		20,197	gesceadwisnes
68a	20,197	sceal		20,228	gehwelcre
68b	20,230	hadre		20,258	ðinra
69a	20,258	mægna		20,281	gesceaf-

Folio	Line	to	Line
75a	21,1 -dangeard	21,28	æg-
75b	21,29 sindon	21,44	saulum
84b	23,1 -ie	23,11	saula
87b	24,1 -c hæbbe	24,15	sunnan
88a	24,16 faran	24,44	rih-
88b	24,45 up	24,64	ondrædæð
93b	25,1 -eher	25,10	geglengde
94a	25,11 and	25,39	wiste
94b	25,39 and	25,67	nyle
95a	25,68 wið	25,72	sceolde
97b	26,1 -c þe	26,21	hæfde
98a	26,22 Ðracia	26,51	wesa-
98b	26,51 Apollines	26,80	ac
99a	26,80 hio	26,106	lic-
99b	26,106 -homan	26,119	wile
106a	27,1 -wy	27,3	hrerað
106b	27,3 iscalde	27,31	monnan
107a	27,31 mode	27,33	mæge
108a	28,1 -a is	28,14	norð-
108b	28,14 -ende	28,41	ne
109a	28,41 wundrige	28,69	his
109b	28,70 -staðolfæste	28,83	þynceð
117b	29,1 -if	29,4	heofones
118a	29,4 singale	29,32	tungol
118b	29,33 ær	29,61	æfter
119a	29,61 þæm	29,93	wundor
119b	29,93 for-	29,96	mærum
123a	30,1 -merus	30,2	cræftgast
123b	30,3 Firgilies	30,18	lease
128a	31,12 -lcnum	31,23	upweard

2. SMALL CAPITALS IN THE COTTON MANUSCRIPT

5,22 Willað	11,88 Ac	20,186 Oðer
5,41 Innan	13,56 Swa	20,204 Hwæt
5,44 Innan	19,10 Hwy	21,20 Ac
6,11 Ac	19,20 Is	26,95 Hæfde
8,17 Ða	20,19 Ne	26,98 Hwæt
9,37 Ac	20,22 Ac	27,22 Ac
11,20 Of	20,31 Ac	27,25 Ac
11,31 Swa	20,122 Þæt	28,18 Hwa
11,74 Ac	20,161 Þu	28,76 Ac

3. ACCENTS IN THE COTTON MANUSCRIPT

13,62 á	20,180 ón	25,69 á
17,29 á	20,219 úp	26,50 gód
20,17 á	21,18 stów	27,29 gódra
20,19 þín	23,6 á weorpan	28,60 ís
20,61 fýr	25,19 áhæfen	28,63 ís mere
20,156 úp	25,27 nú	29,10 á
20,163 ón	25,63 á	29,81 ǽ

IV. BIBLIOGRAPHY

1. COMPLETE TEXTS

1698 RAWLINSON, CHRISTOPHER. An. Manl. Sever. Boethi Consolationis Philosophiæ libri v. Anglo-Saxonice redditi ab Alfredo, inclyto Anglo-Saxonum rege. Ad apographum Junianum expressos . . . Oxoniæ . . . MDCXCVIII. Based on J.

1835 FOX, SAMUEL. King Alfred's Anglo Saxon Version of the Metres of Boethius, with an English translation, and notes. London, 1835. Based on J.

1858 GREIN, CHRISTIAN W. M. Bibliothek der angelsächsischen Poesie. 2. Band. Göttingen, 1858. The Meters of Boethius, pp. 295–339. Based on J.

1864 FOX, SAMUEL. King Alfred's Anglo-Saxon Version of Boethius de Consolatione Philosophiæ: with a literal English translation, notes and glossary. London, 1864. Based on C, supplemented by J. Contains a verse translation of the Meters by Martin F. Tupper.

1898 ASSMANN, BRUNO. Die Handschrift von Exeter, Metra des Boetius, Salomo und Saturn, Die Psalmen. (Bibliothek der angelsächsischen Poesie, herausgegeben von Richard Paul Wülker, 3. Band.) Leipzig, 1898. The Meters of Boethius, pp. 247–303 (also numbered 2d part, pp. 1–57). Based on J, with readings from C.

1899 SEDGEFIELD, WALTER J. King Alfred's Old English Version of Boethius De Consolatione Philosophiae. Oxford, 1899. Based on C, with the parts taken from J in italics.

1902 KRÄMER, ERNST. Die altenglischen Metra des Boetius herausgegeben und mit Einleitung und vollständigem Wörterbuch versehen. Bonn, 1902. (Bonner Beiträge zur Anglistik, Heft VIII.) Based on C, supplemented by J.

2. PARTIAL TEXTS

1705 HICKES, GEORGE. Linguarum Vett. Septentrionalium The-
saurus Grammatico-Criticus et Archæologicus. Oxoniæ
. . . MDCCV. Contains Meters 2, 3, 4, 6, 9, and Meter
20, ll. 210*b*–224*a*.

1826 CONYBEARE, JOHN J. Illustrations of Anglo-Saxon Poetry.
London, 1826. Contains Proem, Meters 2, 7, and Meter 20,
ll. 1–40*a*, with Latin translations.

1829 CARDALE, J. S. King Alfred's Anglo-Saxon Version of Boe-
thius De Consolatione Philosophiæ: with an English transla-
tion, and notes. London, 1829. Contains Meter 26, with
a literal translation.

1847 EBELING, FRIEDRICH W. Angelsæchsisches Lesebuch. Leip-
zig, 1847. Contains Meters 2, 4, 6, 9.

1850 ETTMÜLLER, LUDWIG. Engla and Seaxna Scôpas and Bôceras.
Quedlinburg and Leipzig, 1850. Contains Meters 2, 3, 4, 6,
7, 9, 17, 21, 26.

1854 BOUTERWEK, KARL W. Cædmon's des Angelsachsen biblische
Dichtungen. 1. Theil. Gütersloh, 1854. Contains Me-
ter 26, ll. 21–54, with a German translation (pp. l–li).

1870 MARCH, FRANCIS A. Introduction to Anglo-Saxon. An
Anglo-Saxon Reader, with Philological Notes, a Brief
Grammar, and a Vocabulary. New York, 1870. Contains
Proem, ll. 1–5, Meter 6, and Meter 10, ll. 33–70.

1875 CARPENTER, STEPHEN H. An Introduction to the Study of
the Anglo-Saxon Language. Boston, 1875. Contains
Meters 2, 6, 8, 10, 14, 16, 24, 27.

1880 KÖRNER, KARL. Einleitung in das Studium des Angelsäch-
sischen. 2. Theil. Heilbronn, 1880. Contains Meter 11,
with a German translation.

1923 CRAIGIE, W. A. Specimens of Anglo-Saxon Poetry. Vol. I.
Edinburgh, 1923. Contains Meters 1, 2, 9, 26.

1928 SEDGEFIELD, WALTER J. An Anglo-Saxon Prose Book.
Manchester, 1928. Contains Proem.

1929 KRAPP, GEORGE P., and ARTHUR G. KENNEDY. An Anglo-
Saxon Reader. New York, 1929. Contains Meters 26, 30.

3. TRANSLATIONS

1826 CONYBEARE, JOHN J. See under II.
1829 CARDALE, J. S. See under II.
1835 FOX, SAMUEL. See under I.

1863 GREIN, CHRISTIAN W. M. Dichtungen der Angelsachsen
      stabreimend übersetzt. 2. Band. Göttingen, 1863. The
      Meters of Boethius, pp. 159–207.

1864 TUPPER, MARTIN F. See Fox's edition of 1864, under I.

1880 KORNER, KARL. See under II.

1900 SEDGEFIELD, WALTER J. King Alfred's Version of the Conso-
      lations of Boethius, done into Modern English, with an
      introduction. Oxford, 1900.

                    4. CRITICAL DISCUSSIONS

1705 WANLEY, HUMPHREY. Antiquæ literaturæ Septentrionalis
      Liber Alter. Seu Humphredi Wanleii Librorum Vett.
      Septentrionalium, qui in Angliæ Bibliothecis extant, nec non
      multorum Vett. Codd. Septentrionalium alibi extantium
      Catalogus Historico-Criticus, cum totius Thesauri lingua-
      rum Septentrionalium sex Indicibus. Oxoniae . . .
      MDCCV. Description of the Cotton MS., p. 217.

1865 GREIN, CHRISTIAN W. M. Zur Textkritik der angelsäch-
      sischen Dichter. Germania X, 416–429. Textual notes on
      the Meters of Boethius, p. 427.

1877 KERN, H. Een paar bedorven plaatsen. Taalkundige
      Bijdragen I, 210–214. Textual note on Meter 28, 82.

1880 COSIJN, P. J. Geþawenian. Beiträge VII, 454–456. Tex-
      tual note on Meter 31,4.

1882 ZIMMERMANN, OTTO. Ueber den Verfasser der altenglischen
      Metren des Boethius. Greifswald, 1882.

1882 HARTMANN, K. A. MARTIN. Ist Koenig Aelfred Verfasser
      der alliterierenden Uebertragung der Metra des Boetius?
      Anglia V, 411–450. Also separately, Halle, 1882.

1882 LEICHT, ALFRED. Ist König Ælfred der Verfasser der alliterier-
      enden Metra des Boetius? Anglia VI, 126–170. Also
      separately, Halle, 1882.

1884 LEICHT, ALFRED. Zur angelsächsischen Bearbeitung des
      Boetius. Anglia VII, 178–202.

1885 SIEVERS, EDUARD. Zur Rhythmik des germanischen Allitera-
      tionsverses. II. Beiträge X, 451–545. Textual and metri-
      cal notes to the Meters of Boethius, pp. 518–519.

1886 LENZ, PHILIPP. Der syntaktische Gebrauch der Partikel ge
      in den Werken Alfreds des Grossen. Darmstadt, 1886.

1887 HÜLLWECK, ADOLF. Ueber den Gebrauch des Artikels in den
      Werken Alfreds des Grossen. Dessau, [1887].

1890 HARSTRICK, AUGUST. Untersuchung über die Praepositionen bei Alfred dem Grossen. Kiel, 1890.

1894 HUBBARD, FRANK G. The Relation of the Blooms of King Alfred to the Anglo-Saxon Translation of Boethius. *Modern Language Notes* IX, 321–342.

1894–1901 WÜLFING, J. ERNST. Die Syntax in den Werken Alfreds des Grossen. 2 vols. Bonn, 1894–1901.

1895 SCHEPSS, G. Zu König Alfreds Boethius. *Archiv* XCIV, 149–160. Discusses Alfred's dependence on Latin commentaries.

1896 WÜLFING, J. ERNST. Zum ae. Boethius. *Anglia* XIX, 99–100. Letters from Cardale to Bosworth, and from Bosworth to Fox.

1901 FÖRSTER, MAX. Zum altenglischen Boethius. *Archiv* CVI, 342–343.

1902 KRAWUTSCHKE, ALFRED. Die Sprache der Boethius-Uebersetzung des Königs Alfred. Berlin, 1902.

1904 KERN, J. H. [Review of Krämer, Die altenglischen Metra des Boetius.] *Museum* XII, 92–96.

1905 KERN, J. H. Zu altenglisch mǽrsian. *Anglia* XXVIII, 394–396. Meaning of *mærsian* in Meter 1,16b.

1908 OLBRICH, RICHARD. Laut- und Flexionslehre der fremden Eigennamen in den Werken König Alfreds. Strassburg, 1908.

1910 RAUERT, M. Die Negation in den Werken Alfred's. Kiel, 1910.

1911 EXTER, OTTO. Beon und wesan in Alfreds Übersetzung des Boethius, der Metra und der Soliloquien. Eine syntaktische Untersuchung. Kiel, 1911.

1918 KOCK, ERNST A. Jubilee Jaunts and Jottings. 250 Contributions to the Interpretation and Prosody of Old West Teutonic Alliterative Poetry. *Lunds Universitets Årsskrift*, N. F., Avd. 1, Bd. 14, Nr. 26.

1920 BROWNE, G. F. King Alfred's Books. London, 1920. Discussion of the Boethius, pp. 263–390.

1920 KOCK, ERNST A. Interpretations and Emendations of Early English Texts. VI. *Anglia* XLIV, 97–114.

1922 COHN, MARTIN. Die Rolle der Metra des Boethius im Streit um die Datierung der Denkmäler der angelsächsischen Poesie. Abstract of dissertation, Breslau, [1922].

1922 KOCK, ERNST A. Plain Points and Puzzles. 60 Notes on Old English Poetry. *Lunds Universitets Årsskrift*, N. F., Avd. 1, Bd. 17, Nr. 7.

1922 KOCK, ERNST A.   Interpretations and Emendations of Early
      English Texts. IX.   *Anglia* XLVI, 63–96.

1923 KERN, J. H.   A Few Notes on the Metra of Boethius in Old
      English.   *Neophilologus* VIII, 295–300.

1923 KOCK, ERNST A.   Interpretations and Emendations of Early
      English Texts. XI.   *Anglia* XLVII, 264–273.

THE METRICAL PSALMS
OF THE
PARIS PSALTER

THE METRICAL PSALMS OF THE PARIS PSALTER

PSALM 51

fore ænigre   egesan næfde,
ne him fultum þær   fæstne gelyfde;
ac he on his welan spede   wræste getruwode,
and on idel gylp   ealra geornost.

7 Ic þonne swa elebeam   up weaxende
on godes huse   ece gewene,
and on milde mod   mines drihtnes,
and me þæt to worulde   wat to helpe.

8 Ic þe andette   awa to feore
on þære worulde   ðe þu geworhtest her;
forþan þu eart se gooda,   gleaw on gesyhðe,
þe þinne held curan,   þara haligra.

PSALM 52

1 On his heortan cwæð   unhydig sum,
ungleawlice,   þætte god nære;
heo onsceoniendlice   syndon gewordenc
and heora willan   wraðe besmitene.

2 Næs þa goddoend   se þe god wiste,
ne an furðum   ealra wære.

3 Þa of heofenum beseah   halig drihten
ofer manna bearn,   hwæðer his mihta ða
andgyt ænig   ealra hæfde,
oððe god wolde   georne secan.

4 Ealle heo on ane   idelnesse
symle besegan;   þa wæs soð nan mann
þe god wolde   georne wyrcan;
ne an furþum   ealra wære.

5   Ac ge þæs ealle ne magon   andgyt habban
þe unrihtes   elne wyrceað
and min folc fretað   swa fælne hlaf,
ne hio god wyllað   georne ciegan;
þær hio forhtigað,   frecnes egesan
æniges ne þurfon.

6   Forþam manna ban   mihtig drihten
liste tosceadeð,   þa him liciað;
beoð þa gehyrwede   þe forhycggeað god.

7   Hwylc Israela   ece hælu
syleð of Sione   nymðe sylfa god,
þonne he his folc   fægere alyseð
of hæftnyde,   halig drihten?

8   Þonne Iacob byð   on glædum sælum
and Israelas   ealle bliðe.

PSALM 53

1   On þinum þam haligan naman,   gedo me halne, god;
alys me fram laðum   þurh þin leofe mægen.

2   God, min gebed   gearuwe gehyre,
and earum onfoh   min agen word.

3   Forþam me fremde oft   facne gestodon,
sohtan mine sawle   swiðe strange,
and na heom god setton   gleawne on gesyhðe.

4   Efne me þonne god   gleawe fultumeð,
is andfengea   ece drihten
sawle minre;   he me swican ne wile.

5   Afyr me fæcne yfel   feonda minra,
and hi soðfæst toweorp   syððan wide.

6   Ic ðe lustum   lace cweme,
and naman þinne   niode swylce
geara andette,   forðon ic hine goodne wat.

7   Forþon þu me alysdest,   lifes ealdor,
of earfoðum   eallum symble,
ealle mine fynd   eagum ofersawe.

52,6,2 liste] lisne   52,6,3 gehyrwede] gehyrnede   53,6,2 niode]
mode

PSALM 54

1 Gehyr min gebed, halig drihten,
ne forseoh æfre sariges bene;
beheald me holdlice and gehyr me eac.

2 Grimme ic eom begangen; forðon ic gnornige
and me forhtige feondes stefne
and fyrenfulra fæcne niðas.

3 Forðam me on sah unrihtes feala;
wurdon me þa on yrre yfele and hefige.

4 Ys me on hreðre heah heorte gedrefed
and me fealleð on fyrhtu deaðes.

5 Egsa me and fyrhtu ealne forcwomon,
and me beþeahton þeostru niðgrim.

6 Ic þa on mode cwæð, hwa me sealde
to fleogenne fiðeru swa culfran,
and ic þonne ricene reste syððan.

7 Efne ic feor gewite, fleame dæle,
and on westene wunode lange,
bide þæs beornes þe me bete eft
modes mindom and mægenes hreoh.

8 Hat nu todælan, drihten usser,
heora geðeode geond þas woruld wide;
forðon ic þær on unriht oft locade,
and wiðercwyda wearn gehyrde;
drugon þæt on burgum dæges and nihtes.

9 Þunie him gewinnes wearn ofer wealles hrof
and heom on midle wese man and inwit
and unsoðfæstnys ealle wealde.

10 Næfre on his weorþige wea aspringe,
mearce mansceat, man inwides;
forþon gif me min feond fæcne wyrgeð,
ic þæt abere bliðe mode.

11 Þeah þe þa ealle ðe me a feodon,
wordum wyrigen and wearn sprecan,

54,7,3 bete] bote   54,7,4 modes] *Not in MS.*   54,8,4 wearn] wea^{r}n
54,9,1 þunie] þume   54,10,2 mearce] mearc^e mansceat] ma scyte
54,10,3 me] min *with* mi *corrected to* me *and the* n *made part of the* m *of* min

ic me wið heora hete   hyde sneome.

12 Þu eart se man   þe me wære
on anmede,   and æghwæs cuð
latteow lustum;   and wyt gelome eac
æton swetne mete   samed ætgædere,
and on godes huse   gangan swylce
mid geþeahtunge   þine and mine.

13 Hi ofer cume   unþinged deað,
astigon heo on helle   heonan lifigende.

14 Forðam on heora gasthusum   is gramlic inwit,
and on hiora midle   man inwitstæf.

15 Ic soðlice   to sylfum drihtne
cleopode on corðre, and me cuðlice
gehyrde   hælend drihten.

16 Ic on æfenne,   eac on mergenne
and on midne dæg,   mægene sæcge
and bodie,   þæt þu bliðe me
mine stefne   stiðe gehyre.

17 A ðu symle   sawle mine
lustum alyse,   laðum wiðferige,
forðon me manige ymb   mægene syrewað.

18 Þæt gehyreð god   and hi gehyneð eac,
þe ær worulde wæs   and nu wunað ece.

19 Nis him onwendednes   on woruldlife,
ne him godes fyrhtu   georne ondrædað.
Heo besmitað   swylce his sylfes
þa gewitnesse,   þær hi woh fremedon;
forðon hi synt on yrre   ut adælde,
ne hi sylfe wel   geseon æfre,
forðon hit wæs his heortan   gehygde neah.

20 Hi word hira   wel gesmyredon
ele anlicast;   eft gewurdon
on gescotfeohta   scearpe garas.

21 Sete on drihten   þin soð gehygd;
he þe butan fracoðum   fedeð syððan.

54,12,6 þine] mine corrected to þine   54,17,1 A] Þ (see Note)   54,18,1
Þæt] æt with initial capital omitted   54,19,5 adælde] todælde with t
dotted below for deletion and o altered to a

22 Ne syleð he soðfæstum syððan to feore
þæt him yþende mod innan hreðre;
ðu arlease ealle gelædest
on soðe forwyrd seaðes deopes.

23 Se blodhreowa wer bealuinwites
fæcne gefylled ne fæger lif
on middum feore gemeteð ahwær;
ic me on minne drihten deorne getreowige.

<h2 style="text-align:center">PSALM 55</h2>

1 Miltsa me drihten, forðon me man tredeð,
and me ealne dæg mid unrihte
fynd onfeohtað þurh facensearu.

2 And me fæcne tredað feondas mine,
doð þæt ealne dæg fram ærmergene.

3 Forðon monige synd ðe to me feohtað;
wene ic me wraðe to ðe, wuldres drihten.

4 Ic wealdend god wordum herige,
and on god swylce georne gelyfe,
þæt minre spræce sped folgie
æghwæs ealne dæg; eac ic swylce
on god drihten gearewe gewene;
nis me ege mannes for ahwæðer.

5 Hwæt, me ealne dæg mine agen word
sylfne socon, swyþe oncuðon,
and wiðer me wæran georne
on yfel heora geðeaht ealle onwende.

6 On eardiað, þa ðe swa þenceað
þæt heo gehyden hælun mine,
swa min sawl bad þæt ðu swylce heo
for nahwæðer nowiht hæle;
on yrre þu folc eall geðreatast.

7 Ic nu leofum gode lif min secge,
sette on ðinre gesyhðe sarige tearas,

swa ic ðe on gehate   hæfde geneahhige.
   8 Þonne on hinderling   hweorfað mine
feondas fæcne,   ðonne ic me freoðu to ðe
wordum wilnige;   ic wat and can,
þæt þu min god   gleawe wære.
   9 Ic on god min word   georne herige,
and on god swylce   georne gelyfe,
and ic ealne dæg   ecne drihten
wordum weorðige;   ne me wiht an siteð
egesan awiht   æniges mannes.
   10 On me synd, mihtig god,   þæt ic þe min gehat
on herenesse   hyldo gylde;
forþon ðu mine sawle   of swyltdeaðes
laþum wiðlæddest,   dydest lof stunde,
aweredest mine eagan   wraðum tearum
and mine fet   fæle beweredest,
þæt ic gearewe   gode licode
on lifigendra   leohte eallum.

PSALM 56

   1 Miltsa min, god,   and me milde weorð,
forþon min sawel on þe   swyðe getryweð,
and ic on fægerum scuan   fiðera ðinra
gewicie,   oðþæt gewite forð
and unriht me   eall beglide.
   2 Heonan ic cleopige   to heahgode
and to wealdendgode,   ðe me wel dyde.
   3 He þa of heofenum   hider onsende
þe me alysde,   laþum wiðferede,
sealde on edwit   þe me ær trædan.
   4 Sende mihtig god   his milde gehigd
and his soðfæst mod   samod ætgædere,
and mine sawle   sona alysde
of leon hwelpum   reðe gemanan;
wæs ic slæpende   sare gedrefed.
   5 Synd me manna bearn   mihtigum toðum
wæpenstrælas,   þa me wundedon;

wæron hyra tungan getale   teonan gehwylcre
and to yfele gehwam   ungemet scearpe.

6 Ahefe þe ofer heofenas,   halig drihten;
is wuldur ðin   wide and side
ofer ðas eorþan   ealle mære.

7 Fotum heo minum   fæcne grine
grame gearwodon,   and geornlice
mine sawle   swyðe onbigdon.

8 Hi deopne seað   dulfon widne,
þær ic eagum   on locade,
and hi on ðone ylcan   eft gefeollan.

9 Gearo is min heorte   þæt ic gode cweme;
gearo is min heorte   þæt ic gode swylce
sealmas singe,   soðword sprece.

10 Aris, wuldur min,   wynpsalterium,
and ic on ærmergene   eac arise
and min hearpe   herige drihten.

11 Ic þe on folcum   frine drihten
ecne andete,   eac geond þeode
sealmas singe   swiðe geneahhige.

12 Forðon þin mildheortnes   is mycel wið heofenas,
is ðin soðfæstnes   swylce wið wolcnum.

13 Ahafen þu eart ofer heofenas,   halig drihten;
is ofer ealle   eorðan swylce
þines wuldres wlite   wide and side.

PSALM 57

1 Gif ge soð sprecan   symble wyllen,
demað manna bearn   domum rihtum.

2 Eft ge on heortan   hogedon inwit,
worhton wraðe;   forþan ðæs wite eft
on eowre handa   hefige geeode.

3 Ge firenfulle   fremde wurdon,
syððan hi on worlde   wæron acende
and heo on life   lygeword spæcon.

4 Yrre heom becume   anlic nædran,

56,13,2 swylce] swylc   57,1,1 sprecan] sprecaðn

ða aspide   ylde nemnað;
seo hi deafe deð,   dytteð hyre earan,
þæt heo nele gehyran   heahgaldor sum
þæt snotre men   singað wið attrum.

5   God heora toðas   grame gescæneð,
þa hi on muðe   mycle habbað;
tolyseð leona mægen   lungre drihten.

6   Ac hi forweorðan   wætere gelicost,
þonne hit yrnende   eorðe forswelgeð;
swa his bogan bendeð,   oðþæt bitere eft
adl on seteð,   swa his geearnuncg byð.

7   Swa weax melteð,   gif hit byð wearmum neah
fyre gefæstnad,   swa heo feallað on þæt;
hi sunnan ne geseoð   syððan æfre.

8   Ærðon eowre treowu   telgum blowe,
wæstmum weaxe,   ær him wol becimeð,
þæt heo beoð on yrre   ealle forswelgene.

9   Soðfæst blissað,   þonne he sið ongan,
hu þa arleasan   ealle forweorðað,
and his handa ðwehð   on hæþenra
and þæra fyrenfulra   fæcnum blode.

10   And þonne man cweþeð   on his modsefan:
"Þis is wæstm   wises and goodes,
þe his soðfæst weorc   symble læste;"
hi on eorðan god   ealle gedemeð.

PSALM 58

1   Ahrede me, halig god,   hefiges niðes
feonda minra,   ðe me feohtað to;
alys me fram laðum   þe me lungre on
risan willað,   nymðe þu me ræd geofe.

2   Genere me fram niþe   nahtfremmendra
þe her unrihtes   ealle wyrceað,
and me wið blodhreowes weres   bealuwe gehæle.

3   Þi nu mine sawle   swiþe bysige
feondas mine   fæcne ofþryhtun,

57,8,1 Ærðon] rðon *with initial capital omitted*   58,3,2 ofþryhtun] of
at the end of a line, þryhtum *at the beginning of the next line*

and me strange eac   stundum ongunnon;
ne me unrihtes on   awiht wistan,
ne ic firene eac   fremde drihtne.

   4 Gif ic on unriht bearn,   ic þæs eft geswac;
on minne geanryne,   aris ðu, drihten, nu,
and ðu sylfa gesyhst,   þæt ic swa dyde;
þu eart mægena god,   mihtig drihten,
and Israela god   æghwær æt þearfe.

   5 Beheald holdlice,   hu þu hraðe wylle
geneosian   niða bearna
ealra ðeoda   æghwær landes;
ne þu hweðere on mode   milde weorðest
eallum ðe unriht   elne wyrceað.

   6 Hi æt æfene eft   in gecyrrað,
þonne hy heardne   hungor þoliað,
swa hundas ymbgað   hwommas ceastre.

   7 Efne hi habbað on muðe   milde spræce,
is him on welerum   wrað sweord and scearp.

   8 Þonne gehyreð hwylc,   hwæt hyra hyge seceð?
And ðu hi, drihten, dest   deope to bysmre;
nafast þu for awiht   ealle þeoda.

   9 Ic mine strengðe on ðe   strange gehealde,
forðon þu me god eart   geara andfencgea,
and mildheortnes   mines drihtnes
me fægere becom,   þær me wæs freondes þearf.

   10 Min se goda god, ætyw me   þin agen good
for minum feondum,   þe me feale syndun;
ne do hy to deadan,   þy læs hi dollice
þinre æ geban   anforlæton.

   11 Ac þu hi wide todrif   þurh þines wordes mægen,
and hi wraðe toweorp,   wealdend min drihten.

   12 Ys hyra muðes scyld   manworda feala,
ða hi mid welerum   wraðe aspræcan;
wærun hi on oferhygde   ealle gescende,
þa hi on lige   lange feredon;
forðon hi on ende   yrre forgripeð

58,7,2 scearp] scea͡p

and hi syþþan ne beoð   samod ætgædere.

13 Syððan hi wisslice witon,   þætte wealdeð god
ofer middangeard   manna cynnes
and ealra eac   eorðan gemæru.

14 Hi on æfenne   eft gecyrrað
and heardne eac   hungor ðoliað,
swa hundas ymbgað   hwommas ceastre.

15 Efne hi to æte   ut gewitað,
þær hi towrecene   wide hweorfað;
gif hi fulle ne beoð,   fela gnorniað.

16 Ic þonne ðine strengþu   stundum singe
and ðin milde mod   morgena gehwylce.

17 Forðon þu min andfengea   æghwær wære
and ic helpe æt ðe   hæfde symble,
þonne me costunge   cnysedon geneahhige;
þu eart fultum min,   ic ðe fela singe.

18 Forðon þu me, god, eart   geara andfengea
and mildheortnes,   mihtig drihten.

PSALM 59

1 Þu us todrife,   drihten user,
and us towurpe   geond werþeoda,
yrre us wurde   and eft milde.

2 Eorðan ðu onhrerdest,   ealle gedrefdest;
hæl hyre wunde,   nu heo ahrered is.

3 Feala ðu ætywdest   folce ðinum
heardra wisan   and hi hraþe æfter
mid wynsume   wine drenctest.

4 Þu becnuncge   beorhte sealdest
þam þe ege ðinne   elne healdað,
þæt hi him gebeorgen   bogan and stræle
and wæron alysede   leofe þine.

5 Do me þin seo swyðre hand   symle halne;

58,17,1 æghwær] æghær   59,2,1 Eorðan] Forðan   59,2,2 ahrered]
a hreded   59,3,1 Feala] Eeala   59,5,1 Do me] þonne   symle]
symle *with a stroke somewhat like a heavy* i *above the line between* y *and* m,
probably an incompleted l

gehyr me, halig god. Hwæt, ðu holdlice
on ðinre halignesse her aspræce:
"And ic blissie, ba gedæle
Sicimam et Conuallem, ða samod wæron
on Metiboris mihtum spedige.

6 Min is Galaad, gleaw Mannases
and Effrem ys æðele strengþu
heafdes mines her on foldan.

7 Cyninc ys me Iuda cuð;
is me Moab mines hyhtes hwer,
and ic aðenige eac on Idumea,
min gescy sende, and me syððan gedo
Allophilas ealle gewylde."

8 Hwylc gelædeð me leofran on ceastre
weallum beworhte? Hwa wyle swylce me
in Idumea eac gelædan?

9 Ac ne eart þu se sylfa god, ðe us swa drife?
Ne ga ðu us on mægene, mihtig drihten.

10 Syle us nu on earfoðum æðelne fultum,
forðon hælu byð her on eorðan
manna gehwylces mægene idel.

11 Us sceal mægenes gemet mihtig drihten
soðfæst syllan, and he sona mæg
ure fynd gedon fracoþe to nahte.

Psalm 60

1 Gehyr, halig god, hraþe mine bene,
beheald mine gebed holde mode.
Nu ic of eorðan utgemærum
cleopige to þe, nu me caru beateð
heard æt heortan, help min nu þa;
ahefe me holdlice on halne stan.

2 Þu me gelæddest mid lufan hyhte,
wære me se stranga tor stið wið feondum.

3 Ic eardige awa to feore
on ðinum selegesceote; þær me softe byð,

59,5,6 on] om 59,9,1 sylfa] ᔆylfa 60,2,2 wið] *Added above the line*

þær ic beo fægere beþeaht   fiðerum ðinum.

4 Forðon ðu gehyrdest,   halig drihten,
hu min gebed to ðe   beorhte eode;
yrfe þu sealdest   anra gehwylcum,
se þe naman ðinne   þurh neod forhtað.

5 Dæg byð ofer dæge,   þær byð gedefe cynincg;
beoð his winter eac   wynnum iced,
oð þone dæg þe he   on drihtnes sceal
on ansyne   andweard gangan,
and þær to worlde   wunian ece.

6 Hwylc seceð þæt   þe soðfæst byð?
Swa ic naman ðinum   neode singe,
þæt ic min gehat   her agylde
of dæge on dæg,   swa hit gedefe wese.

PSALM 61

1 Ic mine sawle   symble wylle
full gleawlice   gode underþeodan;
æt him is hælu min   her eall gelancg.

2 Hwæt, he is god min   and gearu hælend;
is he fultum min,   ic ne forhtige wiht.

3 Ðonne ge mid mane   men ongunnon,
ealle ge ða to deadan   dædun sona,
swa ge awurpon   wah of stofne.

4 Swa ge mine are   ealle þohton
wraðe toweorpan,   wide urnon
þurstige muðe;   þæne bletsadan
and ðone wyrgedan   wraðe mid heortan.

5 Hwæðere ic me soðe   sawle mine
to gode hæfde   georne geðeoded;
he minre geðylde   þingum wealdeð.

6 Hwæt, he is god min   and gleaw hælend
and fultum is;   ne mæg ic hine ahwær befleon.

7 On gode standeð   min gearu hælu
and wuldor min   and wyn mycel;
me is halig hyht   on hine swylce.

8 Hycge him halig folc hælu to drihtne;
doð eowre heortan hige hale and clæne,
forðon eow god standeð georne on fultum.

9 Hwæðere ge, manna bearn, manes unlyt
wyrceað on wægum and woh doð,
and eow beswicað sylfe oftast,
þær ge idel gylp on þam ilcan fremmað.

10 Nellað ge gewenan welan unrihte
oþþe to reaflace ræda þencean.

11 Þeah þe eow wealan to wearnum flowen,
nyllan ge eow on heortan þa hige staðelian;
æne ic god spræcan gearuwe gehyrde
and þæt treowe ongeat tidum gemeldad.

12 Miht is drihtnes ofer middangeard
and him þæs to worlde wuldor stande
and mildheortness, þæt he manna gehwam
æfter his agenum earnungum demeð,
efne swa he wyrceð on worldlife.

PSALM 62

1 God min, god min, ic þe gearuwe to
æt leohte gehwam lustum wacie.

2 Min sawl on ðe swyðe þyrsteð
and min flæsc on ðe fæste getreoweð.

3 On westene and on wege swylce
and on wæterflodum wene ic swiðe,
þæt ic ðe on halgum her ætywe,
þæt ic þin wuldor and mægen wis sceawige.

4 Ys þin milde mod micele betere
þonne þis læne lif þe we lifiað on;
weleras ðe mine wynnum heriað.

5 Swa ic ðe on minum life lustum bletsige
and ic on naman þinum neode swylce
mine handa þwea halgum gelome.

61,9,4 ilcan] *Not in MS.* 61,11,1 wearnum] wearmum 61,12,4
earnungum] earnung 62,2,1 Min] in *with the initial capital omitted, as
also in the Latin text* 62,3,4 sceawige] sceawiᵍe

6　Ys sawl min　swetes gefylled,
swa seo fætte gelynd,　fægeres smeoruwes;
weleras mine　wynnum swylce
þinne naman nu ða　neode heriað.

7　Swa ic þin gemynd　on modsefan
on minre reste　rihte begange,
and on ærmergen on ðe　eac gewene,
forðon þu me on fultum　fæste gestode.

8　Ic beo fægere beþeaht　fiðerum þinum
and hiht on ðon　hæbbe georne,
forðon min sawl on ðe　soðe getreoweþ;
me ðin seo swiðre onfencg　symble æt ðearfe.

9　Forðon hi on idel　ealle syððan
sohton synlice　sawle mine,
and geond eorðscræfu　eodon geneahhe;
nu hi wæran geseald　under sweordes hand,
syndon fracuðe nu　foxes dælas.

10　Kynincg sceal on drihtne　clæne blisse
hluttre habban,　and hine heriað eac
ealle þa ðe on hine　aðas sweriað;
forþon synt gemyrde　muðas ealle
þa unriht specað　ahwær landes.

PSALM 63

1　Gehyr min gebed,　halig drihten,
nu me costunge　cnyssað geneahhe,
and wið egesan　yfeles feondes
mine sawle gescyld　symle æt þearfe.

2　Þu me oft aweredest　wyrigra gemotes
and fram þære menegeo　þe man woldon
and unrihte　æghwær fremman.

3　Þa heora tungan teoð　teonan gehwylce
sweorde efenscearpe　and heora swiðne bogan,
and unscyldige mid þy　scotian þenceað.

62,8,3 getreoweþ] *The final letter altered from* n ?　　62,10,1 drihtne]
driht　　blisse] sibbe *with* be *altered to* li, si *underlined for deletion, and*
sse *added, i.e.* blisse　　63,1,2 costunge] costunce

4 Hi hine samnuncga scearpum strelum
on scotiað, egsan ne habbað,
ac hi mid wraðum wordum trymmað
and sare sprecað: Hwa gesyhð usic?
  5 Swa hi smeagað oft swiðost unriht
and on þam ilcan eft forweorðað,
þær hi mamriað man and unriht.
  6 Gangeð man manig modig on heortan,
oðþæt hine ahefeð hælend drihten.
  7 Syndon hyra wita scytelum cilda
æghwæs onlicost; ne him awiht þon ma
heora tungan nu teonan on sittað.
  8 Ealle synd gedrefede þe hi on sioð;
sceal him manna gehwylc man ondrædan
and weorc godes wide mærsian
and his weorc ongitan mid wisdome.
  9 Se soðfæsta symble on drihten
blissað baldlice, bote geweneð,
and hine heriað eac heortan clæne.

<h2 style="text-align:center">PSALM 64</h2>

1 Þe gedafenað, drihten user,
þæt þe man on Sion swyðe herige
and on Hierusalem gylde and gehate.
  2 Gehyr min gebed, halig drihten,
for ðe sceal ælc flæsc forð siðian.
  3 Synfulra word swyþe ofer usic
fræcne foran; þu gefultuma
urum misdædum, mihta wealdend.
  4 He weorðeð eadig, se þe hine ece god
cystum geceoseð and hine clæne hafað,
and on his earduncgstowum eardað syððan.
  5 Ealle we ðin hus ecum godum
fægere fyllað; fæste is þin templ
ece and wræclic awa to feore.
  6 Gehyr us, hælend god, þu eart hyht ealra

63,5,2 eft] oft   63,6,2 hælend] hælen^d, *with* en *altered from* ig

þe on ðysse eorðan   utan syndon
oþþe feor on sæ   foldum wuniað.

7 Þinre mihte sculon   muntas hyran,
swylce þu gedrefest   deope wælas
þæt byð ormætum   yþa hlude
and hi uneaðe mæg   ænig aræfnan.

8 Þeoda him ondrædað   þinne egesan,
þe eard nymað   utan landes;
for þinum wundrum   forhte weorðað.

9 Ærmorgenes gancg   wið æfentid
ealle þa deman   drihten healdeð;
eorðan ðu gefyllest   eceum wæstmum,
þæt heo welig weorþeð   wera cneorissum.

10 Beoð godes streamas   gode wætere
fæste gefylde,   þanan feorhnere
findað foldbuend,   swa him fægere oft
gegearewadest,   god lifigende.

11 Wæter yrnende   wæstme tyddrað;
mænige on moldan   manna cynnes
on cneorisse   cende weorðað,
and blissiað,   blowað and growað
þurh dropunge   deawes and renes.

12 Þonne þu geares hring   mid gyfe bletsast
and þine fremsumnesse wylt   folcum dælan,
þonne beoð þine feldas   fylde mid wæstmum.

13 Þonne on wæstmum   weorðað mæsted,
and mid wynngrafe   weaxað geswiru.

14 Hi beoð gegyrede   godre wulle,
eowdesceapum;   cumað eadilic
wæstm on wangas   weorðlic on hwætum;
þonne hi cynlice to ðe   cleopiað sona,
and þe þonne lustum   lofe þanciað.

PSALM 65

1 Ealle eorðbuend   ecne drihten
wordum wislicum   wide herian,

64,11,2 cynnes] cynne   64,13,2 geswiru] gespiru

and his naman secgeað   neode mid sealmum
and him wuldres lof   wide syllað.

2   And gode secgeað,   hu his þa goodan weorc
syndon wundorlice   wide geond eorðan,
and eac on menigeo   mægenes þines
þine feondas þe   fæcne leogað.

3   Geweorðie   wuldres ealdor
eall ðeos eorþe,   ecne drihten;
and þe singe eac,   secge geneahhie,
þæt þin nama is   ofer eall niða bearn
se hehsta   hæleþa cynnes.

4   Cumað nu and geseoð,   hu cyme weorc
drihten worhte;   synt his domas eac
swiþe egeslice   ofer eall ylda bearn.

5   He mæg onwendan   wætera ðryðe,
þæt þas deopan sæ   drige weorðað,
and þa strangan mæg   streamas swylce
gefeterian,   þæt þu mid fote miht
on treddian   eorðan gelice.

6   His mægen wealdeð   ofer eall manna cyn
on ecnesse   awa to feore,
and he ofer ealle þeode   eagum wliteð;
þa hine on yrre   æghwær gebringað,
ne beoð þa on him sylfum   syððan ahafene.

7   Bletsigen þeoda   bliðe mode
ealle eorðbuend   ecne drihten
and mid stefne lof   strang asecgean.

8   He mine sawle   sette to life,
ne læteð mine fet   laðe hreran.

9   Ure costade god   clæne fyre
soðe dome,   swa man seolfor deð,
þonne man hit aseoðeð   swyðe mid fyre.

10   Þu us on grame swylce   gryne gelæddest,
and us bealuwa fela   on bæce standeð;
settest us mænige eac   men ofer heafod.

11   We þuruh fyr farað   and þuruh floda þrym,

65,7,3 asecgean] asecgea n *with* ð *erased before* n   65,8,2 ne] næ
læteð] lætað

and ðu us on colnesse   clæne gelæddest.

12 Ic on þin hus   halig gange
and þær tidum þe   tifer onsecge;
þær ic min gehat   mid hyge gylde,
þæt mine weleras ær   wise gedældan.

13 þas ic mid muðe aspræc   mine æt þearfe,
þær me costunge   cnyssedan geneahhe,
þæt ic ðe on tifrum   teala forgulde
ealle þa gehat,   þe ic æfre her
mid minum welerum   wis todælde.

14 Gehyra ð me   and her cuma ð;
ic eow mid soþe   secgean wylle,
gif ge godes egesan   georne habba ð,
hu mycel he dyde   minre sawle.

15 þuruh his mihte ic   muðe cleopige
oþþe mine tungan   tidum blissade.

16 Gif ic me unrihtes oncneow   awiht on heortan,
ne wite me þæt,   wealdend drihten.

17 Forðon me gehyrde   hælend drihten,
and minre stefne beheold   strange bene.

18 Drihten si gebletsad,   þe he ne dyde æfre
nym ðe he mine bene   bealde gehyrde,
ne his milde mod   me dyde fremde.

PSALM 66

1 Miltsa us, mihtig drihten,   and us on mode eac
gebletsa nu;   beorhte leohte
þinne andwlitan,   and us on mode weorð
þuruh þine mycelnesse   milde and bliðe.

2 And we þæs on eorðan   andgyt habba ð,
ure wegas wide   geond þas werðeode
on þinre hælo   healdan motan.

3 Folc þe andette;   þu eart fæle god,
and þe andetten   ealle þeoda.

4 Hæbbe þæs gefean   folca æghwylc

65,15,2 oþþe] oþ þa   65,16,2 wealdend] wealden   65,17,2 strange]
srange

and blissien bealde þeoda,
þæs þe þu hi on rihtum rædum demest
and eorðbuende ealle healdest.
5 Folc þe andetten fælne drihten
and þe andetten ealle þeoda.
6 Ge him eorðe syleð æþele wæstme;
gebletsige us bliðe drihten
and user god eac bletsige;
hæbbe his egesan eall eorþan gemæru.

PSALM 67

1 Arise god, ricene weorðe
his feonda gehwylc fæste toworpen;
flcoð his ansyne, þa þe hine feodan ær.
2 Rece hi gelicast ricene geteoriað;
swa fram fyre weax floweð and mylteð,
swa þa fyrenfullan frecne forweorðað;
habbað soðfæste symbel ece.
3 Hi ansyne ecean drihtnes
habbað beorhtlice blisse and sibbe.
4 Singað soðum gode sealmas geneahhige,
and his naman swylce neode heriað;
doð siðfæt þæs seftne and rihtne,
þe he sylfa astah ofer sunnan up,
þam is to naman nemned drihten.
5 Wesað ge on his gesyhþe symble bliðe,
and on his ansyne wesan ealle gedrefde,
þa þe wydewum syn wraðe æt dome
oþþe steopcildum wesen strange fæderas.
6 Drihten is on his stowe dema halig,
se þe eardian deð anes modes
and on hiora huse healdeð blisse;
7 Se þe on his mægenes mihte gelædeð
þæt he þa gehæftan hæleð sniome,
and þa to yrre beoð ealle gecigde
and eardiað on eorðscræfum.

66,5,1 fælne] *Corrected from* felne   67,2,1 Rece] Sece

8 Þonne god gangeð for his þæt gleawe folc,
oððe geond westena wide ferað,
þanon eorðe byð eall onhrered.

9 For ansyne ecean drihtnes
heofenas droppetað; hrusan forht1að
for Israela godes egesan þrymme.

10 Wilsumne regn wolcen brincgeð,
and þonne ascadeð god sundoryrfe;
eall þu þa gefremest þurh þine fæste miht.

11 Þine wihte on þam wynnum lif1að;
þu þin swete good sealdest þearfum.

12 God gifeð gleaw word godspellendum,
syleð him modes mægen se þe is mihtig kynincg
and wlites wealdend; oft weorðlic reaf
on huse men her gedælað.

13 Gif ge slæpað samod on clero,
fiðeru beoþ culfran fægeres seolfres
and hire bæc scineð beorhtan golde.

14 Þonne hi se heofonlica kynincg her toscadeð,
syþþan hi on Selmon snawe weorðað.

15 Gebeorh godes bringeð to genihte
wæstme weorðlice and wel þicce.

16 Forþon ge onfoð fægerum beorge,
þær ge to genihte geniomað wæstme;
se is wealdendgode wel liciendlic,
on þam wið ende eardað drihten.

17 Wærun godes cræta gegearwedra
tyn þusendo geteled rime,
mænigfeald þusend modblissiendra.

18 Drihten is on þam dædum spedig;
on heanesse astah, hæftned lædde,
þa on hæftnede hwile micele
lange lifdon, and wæs lacgeofa
ofer middangeard manna bearnum.

19 Ne magon þær eard niman ungeleafe menn;
wese of dæge on dæg drihten user,

67,8,2 oððe] oðða   67,17,3 mænigfeald] *Written twice in MS.*
67,18,4 wæs] *Not in MS.*

se goda god,   georne gebletsad.

20   Sylle us gesundne   siðfæt drihten;
ure hælend god   helpe usser
and us æt deaðe eac   drihten gehealde.

21   Hwæðere wealdend god   wiðhycgendra
heafdas feonda   her gescæneð,
and he tofylleð   feaxes scadan
þara þe her on scyldum   swærum eodon.

22   Of Basan, cwæð   bealde drihten,
ic me on sæ deopre   sniome onwende,
oþþæt þin fot weorðe   fæste on blode.

23   Hundes tungan   habbað feondas,
from þam þine gangas   wæron gesewene;
wærun godes mines   gangas rihte,
soðes kynincges   symble on halgum.

24   Þyder ealdormen   ofstum coman,
and gegaderade   gleowe sungon
on þæra manna   midle geongra
on tympanis   togenum strengum,
and on ciricean   Crist, drihten god
bealde bletsige   bearn Israela.

25   Þær Benniamines synt   bearn on geogoðe
and ealdormenn   eac of Iudan,
þe latteow wæs   forð þara leoda,
and ealdras eac   of Zabulone
and Neptalim   niode swylce.

26   Bebeod þinum mægene;   þu eart mihtig god;
and þin weorc on us   mid wisdome
getryme on þinum temple   tidum gehalgod;
þæt ys on Hierusalem,   þyder ðe gyfe lædað
of feorwegum   foldan kynincgas.

27   On wuda þu wildeor   wordum þreatast
and fearra gemot   under folcum;
ne beoð ut fram þe   æfre atynde,
þa þe seolfres beoð   since gecoste.

28   Toweorp þu þa ðeoda

* * *

67,21,4 þara]   *Not in MS.*   67,25,5 niode]   mode

Psalm 68

1 Do me halne, god, forþon hreoh wæter
to minum feore inn floweð and gangeð;
eom ic on lame oflegd, hafað lytle sped.

2 Com ic on sæs hricg, þær me sealt wæter
hreoh and hopig holme besencte.

3 Þær ic werigmod wann and cleopode,
þæt me grame syndan goman hase;
byð me æt þam earon eagon wiðgangen;
hwæðere ic on god minne gearewe gewene.

4 Hiora is mycle ma þonne ic me hæbbe
on heafde nu hæra feaxes,
þe me earwunga ealle feogeað.

5 Ofer me syndon þa þe me ehton,
fæstum folmum forð gestrangad
feondas mine, and ic forð agef
unrihtlice þa þe ic ne reafude ær.

6 Þu wast, wuldres god, þæt ic eom unwis hyges,
ne wæren þe bemiðene mine scylde.

7 Ne sceolon æt me ænige habban
sceame sceandlice þe þines siðes her
ful bealdlice bidað, drihten.
Þu eart mægena god; ne sceal æt me
ænige unare ahwær findan,
þe ðe Israela god ahwær seceað.

8 Forþon ic edwit for þe oft aræfnade
and me hleorsceame hearde becwoman,
and ic framþe wearð fæderenbroðrum,
wæs unmæge gyst modorcildum.

9 Forþon me þines huses heard ellenwod
æt ormæte and me eac fela
þinra edwita on gefeollon.

10 Þonne ic minum feore fæsten gesette,
eall hi me þæt on edwit eft oncyrdan.

11 Gif ic mine gewæda on witehrægl
cyme cyrde, cwædan hi syþþan,

68,7,3 bidað] biddað

þæt ic him wæfersyn wære eallum.

12 Me wiðerwearde wæron ealle,
þa him sæton sundor on portum;
spræcon me wraðe, þa þe win druncon.

13 Ic þonne min gebed to þe, mihtig drihten,
tidum sende teala liciendlic,
and þu me þonne on mænigeo miltsa þinra
gehyre me hlutre hælu þine.

14 Alys me of lame, þe læs ic weorþe lange fæst,
and me feondum afyrr, frea ælmihtig;
ado me of deope deorces wæteres,
þe læs me besencen sealte flodas.

15 Ne me huru forswelge sægrundes deop
ne me se seað supe mid muðe.

16 Gehyr, drihten, me, forþon gedefe is
þin milde mod mannum fremsum,
and for mænigeo miltsa þinra
geseoh on me swylce, drihten.

17 Ne acyr þu æfre fram þinum cnihte þin clæne gesyhð,
forþan me feondas to feohtað geneahhe;
gehyr me hrædlice and me help freme.

18 Beheald mine sawle and hi hrædlice
alys and wiðfere laþum feondum.

19
                    *   *   *
            arscame;
for þinre ansyne ealle syndon
þe feondas me fæcne wurdon.

20 Min heorte gebad hearmedwit feala
and yrmðu mænig eac aræfnede;
næfde eorla þæs ænig sorge;
frefrend ic sohte, findan ic ne mihte.

21 Hi minne mete mengdan wið geallan
and þa gedrugadne drenctan mid ecede.

22 Wese heora beod fore him wended on grine

68,12,2 sæton] sæto   68,15,1 sægrundes] sę grunges   68,19,1
arscame] arsca me *at the beginning of a line, with no indication of loss; see*
Note   68,20,3 ænig] ænige   68,21,1 mengdan] mengde

and on edlean yfel   and on æwisce.

23 Syn hiora eagan   eac adimmad,
þæt hi geseon ne magon   syþþan awiht;
weorðe heora bæc swylce   abeged eac.

24 Ageot ofer hi   þin þæt grame yrre,
and æbylignes eac   yrres þines
hi forgripe   gramhicgende.

25 Wese wic heora   weste and idel;
ne on heora eðele ne sy   þinc oneardiendes.

26 Forþon hi ealra   ehtan ongunnon,
ðe þu him earfoðu   ænig geafe,
and me wean ecton   minra wunda sar.

27 Asete him þa unriht to   þe hi geearnedan,
and mid unrihte   ær geworhton,
and hi on þin soðfæst weorc   syþþan ne gangan.

28 Syn hi adilgad   of gedefra eac
þæra lifigendra   leofra bocum;
ne wesen hi mid soðfæstum   syþþan awritene.

29 Ic me sylfa eam   sarig þearfa,
and me andwlita onfeng   ecean drihtnes,
se me holdlice   hælde sona.

30 Nu ic naman drihtnes   neode herige
and hine mid lofsange   læde swylce.

31 Ic þam leofan gode   licie swyþor
þonne æðele cealf,   þeah þe him upp aga
horn on heafde   oððe hearde cleo.

32 Geseoð þæt and gefeoð,   sarie þearfan,
seceað drihten   and eower sawl leofað.

33 Forþam þa þearfendan   þriste drihten
gehyreð holdlice;   nyle he gehæfte eac
on heora neode   na forhycgan.

34 Herige hine swylce   heofen and eorðe,
side sæflodas   and þa him syndon on.

35 Forþon Sione god   symble hæleð;
beoð mænige byrig   mid Iudeum
eft getimbrade,   þær hi eard nimað.

68,24,1 ofer] ofeͬ   68,26,3 ecton] *Not in MS.*   68,28,2 leofra] leofͬa
68,34,1 Herige] erige *with the capital omitted*

36 þær hi yrfestol eft gesittað
and hiora eþel begytað esnas drihtenes,
and his naman neode lufiað,
þær eardiað awa to feore.

PSALM 69

1 Wes, drihten god, deore fultum;
beheald, drihten, me, and me hraðe syþþan
gefultuma æt feorhþearfe.
2 Þonne beoð gescende and scame dreogað,
þa þe mine fynd fæcne wæron
and mine sawle sohton mid niðe.
3 Hi on hinderlincg hweorfað and cyrrað;
ealle hiora scamien, þe me yfel hogedon.
4 And heora æfstu eac ealle sceamien,
þe me word cwædon: "Weg la, weg la!"
5 Habban þa mid wynne weorðe blisse,
þa þe secean symble drihten,
and symble cweðen: "Sy þin miht, drihten!"
and þine hælu holde lufigean.
6 Ic eom wædla and worldþearfa;
gefultuma me, god, frea ælmihtig.
7 Þu me fultum eart fæste, drihten,
eart alysend min; ne lata þu awiht.

PSALM 70

1 Ic on þe, god drihten, gearuwe gewene;
ne weorðe ic on ealdre æfre gescended;
þu me sniome alys þuruh þine þa swiþeran miht.
2 Ahyld me þin eare to holde mode,
and me lustum alys and me lungre weorð
on god drihten georne þeccend
and on trume stowe, þæt þu me teala hæle.
3 Forþon þu me, god, wære geara trymmend,
freoða fultumiend; alys me feondum nu,

69,5,4 þine] þinæ   69,7,1 þu] u *with the initial capital omitted, as also
in the Latin text*   70,2,4 þæt] þær

and me of folmum afere firenwyrcendra,
þe þine æ efnan nellað;
syndon unrihtes ealle wyrcende.

4 Forþon þu me eart fæle geþyld fæste, drihten
wære me on geoguðe hyht gleaw æt frymðe.

5 Ic of modur hrife mundbyrd on þe
þriste hæfde; þu eart þeccend min;
on þe ic singge nu symble and geneahhie.

6 Ic eom swa forebeacen folce manegum,
and þu me eart fultum strang fæste æt þearfe.

7 Sy min muð and min mod mægene gefylled,
þæt ic þin lof mæge lustum singan
and wuldur þin wide mærsian
and þe ealne dæg æghwær herian.

8 Ne aweorp þu me, wuldres ealdor,
þonne me ylde tid on gesige;
þonne me mægen and mod mylte on hreðre,
ne forlæt þu me, lifiende god.

9 Oft me feala cwædon feondas yfele,
and sætendan sawle minre
and on anre geþeaht eodan togædere.

10 Cweþað cuðlice: "Wuton cunnian,
hwænne hine god læte swa swa gymeleasne;
þonne we hine forgripen and his geara ehtan;
syþþan he ne hæbbe helpend ænne."

11 Ne ofgif þu me huru, god ælmihtig;
beseoh þu me, soð god, symble on fultum.

12 Beoð gedrette, eac gescende,
þa mine sawle ær swyþust tældun;
byð þam scand and sceamu þe me syrwedan yfel.

13 Ic me symble on god swiðost getreowige,
ofer eall þin lof lengest hihte.

14 Min muð sægeð þine mægenspede
and þin soðfæst weorc swyþust mæreð,
sægeð þe ealne dæg ece hælu.

15 Forþon ic ne ongeat grame ceapunga,
ac ic on þine þa myclan mihte gange.

16 Ic þine soðfæstnesse geman symble, drihten;

þu me ara, god,   ærest lærdest
of geoguðhade;   nu ic eom gomel wintrum.
A ic wundor þin   weorþlic sægde,
and ic þæt wið oryldu   awa fremme;
ne forlæt þu me,   lifigende god,

    17   Oððæt ic þines earmes   eall asecge
stiþe strencðe   þisse cneorisse,
eallum þam teohhe,   þe nu toweard ys,

    18   þines mihtes þrym,   and þæt mære soð,
þæt ðu on heofenum, god,   heah geworhtest
wundur wræclicu;   nis þe, wuldres cyning,
ænig æfre gelic,   ece drihten.

    19   Oft þu me ætywdest   earfoðes feala
on costunge   cuðra manna,
and me yfela feala   oft oncnyssedest;
þonne þu yrre þin   eft oncyrdest
and me of neowelnesse eft   neoðan alysdest
þysse eorðan,   þe we on buiað.

    20   Ðær þu þin soðfæst weorc   sniome tobræddest,
þonne þu gehwyrfdest   and hulpe min,
and me getrymedest   þæt ic teala mihte;
forþon ic þe andette,   ece drihten,
and þe on sealmfatum   singe be hearpan,
Israela god,   ece and halig.

    21   Mine weleras gefeoð,   wynnum lofiað,
þonne ic þe singe,   sigora wealdend,
and min sawl eac,   þa þu sylf lysdest.

    22   Swylce min tunge   tidum mærde
þin soðfæst weorc;   scende wæron ealle
þe me yfel to   ær gesohton.

PSALM 71

    1   Syle dom þinne,   drihten, kyninge;
suna cynincges syle,   þæt he soð healde.

    2   Dem þu þin folc   deore mid soðe,
heald þine þearfan   holde mid dome.

    3   Onfon beorgas eac   beorhtre sibbe
on þinum folce   fægere blisse

and geswyru eac soþum dædum.

4 On his soðfæstnesse swylce demeð
on folce fyrhte þearfan,
swylce he þearfena bearn þriste hæleð.

5 He þa hermcweðend hyneð and bygeð,
se mid sunnan wunað swylce mid monan,
þurh ealra worulda woruld wunað him ece.

6 He þonne astigeð, swa se stranga ren
fealleð on flys her, and swa fæger dropa
þe on þas eorðan upon dreopað.

7 On his agenum dagum ypped weorðeþ
syb soðfæstnes swiðe genihtsum,
oþþæt byð ahafen hluttor mona.

8 He þonne wealdeð wera cneorissum
be sæ tweonum, sidum ricum,
and fram streamracum styreð him eallum
oþ þysse eorðan utgemæru.

9 Hine Sigelwearas seceað ealle
and his feondas foldan liccigeað.

10 Cumað of Tharsis tires eadige
and of ealandum utan kynincgas;
þa him eardgyfu æðele bringað
of Arabia, eac of Saba;
ealle him leoda lacum cwemað.

11 Hine weorðiað worulde kyningas
þa on eorðwege ealle syndan;
ealle þeoda hine weorðiað georne.

12 Forþon he alyseð lungre þearfan,
þæt him se welega ne mæg wiht onsittan,
and þæne wædlan, þe on worulde næfð
ahwær elles ænigne fultum.

13 He helpeð þearfan, swylce eac wædlan,
and he þearfigendra sawla gehæleð.

14 He of mansceatte and of mane eac
sniome hiora sawle softe alysde;
ys his nama for him neode gebyrhted.

71,9,1 Hine] þine   71,14,2 alysde] alysdon

15 He lyfað leodum,   him byð lungre seald;
of Arabia gold   eorlas lædað;
hine weorþiað   wera cneoressa
and hine ealne dæg   eac bletsiað.

16 þonne æðele getrym   eorðan weardað,
bið se beorht ahafen   ofer beorgas up;
ofer Libanum   licgeað his yþa,
and on burgum beoþ   blostmum fægere
swa on eorðan heg   ute on lande.

17 þonne byð his nama   ofer eall niða bearn
and to widan feore   weorðeð gebletsod;
ær sunnan his nama   soðfæst standeð,
byð his setl ær   swylce þonne mona.

18 And him byð eorþan cynn   eall gebletsad;
ealle hine þeoda   þriste heriað.

19 Wese Israhela   ece drihten
and hiora sylfra god   symble gebletsad,
se þe wundor mycel   wyrceð ana;
si his mihta nama   mode gebletsad
on ecnesse   awa to worlde.

20 And þeos eorðe si   eall gefylled,
þurh his wuldres miht.   Wese swa, wese swa!

PSALM 72

1 Hu god is ece god   mid Israhelum,
þam þe mid heortan   hycgeað rihte;
me fornean syndon   losode nu ða
ealle on foldan   fota gangas.

2 Forþon ic fæstlice   fyrenwyrcende
oft elnade;   noldun earme mid him
sibbe secean,   sohton fyrene.

3 Forþon hira deaðes byð   deorc endestæf,
ne heora wites bið   wislic trymnes.

4 Ne synd hi on miclum   manna gewinnum,
and hi mid manna ne beoð   mægene beswungene.

71,16,2 up] us   71,17,1 eall] ealle   72,1,1 is] ic   72,4,2 beswung-
ene] be swungenne

5 Forþon hi oferhygd nam   ungemete swyþe,
þurh þæt hira unriht wearð   eall untyned.

6 Þanon forð becom   fæcne unriht,
swa swa hit of gelynde   lungre cwome,
and hi on heortan   hogedon and þohton,
hu hi fyrmest   facen and unriht
on hean huse   hraðost acwædon.

7 Hwæt, hi on heofon setton   hyge hyra muþes,
and hira tungan   tugon ofer eorðan.

8 Forþon min folc hider   fægere hweorfeð,
þær hi fulle dagas   findað sona.

9 And þonne cwædon: "Hu weorðeð þis cuð gode
oþþe þeos gewitness   weorðeþ on heagum?"

10 Þi nu fyrenfulle   foldan æhta
and þysse worulde welan   wynnum namon.

11 Þa ic on mode cwæð   minum sona,
þeah þe ic on me ingcan   ænne ne wiste,
hu ic mine heortan   heolde mid soðe,
and mine handa þwoh,   þær ic hete nyste,
and ic wæs ealne dæg   eac geswungen,
wæs me leawfinger   be leohtne dæg.

12 Gif ic sylf cwæde   and sæcge eac,
swa þe bearn weorðað   geboren syþþan,
þa ylcan ic   ær foreteode.

13 Ic þæs wende,   þæt ic mid wisdome
full gleawlice   ongitan mihte,
hu þis gewinn   wolde gangan,
oþþæt ic on his hus   halig gange
and ic þa nehstan ongite   neode syþþan.

14 Hwæðere þu him for inwite   yfel befæle,
awurpe hi wraðe,   þa hi wendan ær,
þæt hi wæron alysde,   laðum wiðferede.

15 Nu syndon hi gewordene   wraðe tolysde,
and semninga   sneome forwurdon
for unrihte   þe hi ær dydon,
swa fram slæpe hwylc   swærum arise.

72,9,1 Hu] hu *written twice*   72,11,2 me] *Not in MS.*   ænne
ænigne   ne] *Not in MS.*   72,14,2 wendan] wen dar

16 And hi on byrig drihtnes bealde habbað
hiora ansyne, and þu hi eaðe miht
to nawihte forniman sneome.

17 Ys minre heortan hige hluttor and clæne,
wærun mine ædra ealle tolysde,
and ic to nawihte eom nyde gebiged,
swa ic þæt be owihte ær ne wiste.

18 Ic eom anlic mid þe anum neate
and ic symble mid þe syþþan hwæðere.

19 Þu mine swyþran hand sylfa gename,
and me mid þinon willan well gelæddest,
and me þa mid wuldres welan gename.

20 Hwæt mæg me wiðerhabban on heofonrice?
Hwæt wolde ic fram þe wyrcean ofer eorþan?

21 Me is heorte and flæsc hearde geteorad;
ys me heortan gehygd hyldu drihtnes
and ece dæl awa to worulde.

22 Forþan þa forweorþað, þe hira wynne to þe
habban noldan, ne heora hyge settan;
huru þu forleosest þa forhealdað þe.

23 Min is ætfele mihtigum drihtne;
good is swylce, þæt ic on god drihten
minne hiht sette, healde fæste.

24 And ic eall þin lof eft asecge
Sione dohtrum on hire sylfre durum.

PSALM 73

1 For hwan þu us, ece god, æfre woldest
æt ende fram þe ahwær drifan?
Is þin yrre strang and egesa mycel
ofer þin agen eowde sceapa.

2 Gemun þin mannweorod, þæt þu, mihtig god,
æt fruman ærest fægere geworhtest.

3 Þu þines yrfes æþele gyrde
sylfa alysdest and Sione byrig,
on þam ilcan þu eard gename;
hefe þu þine handa and hyn hiora oferhygd;
feala wyrgnessa wraðe feondas

þinum þam halgum hefige brohtan;
gylpaðð gramhydige, þa þin geo ehtan
and on þinra wica wuniað midle.
  4 Settan hiora tacen, soþe ne ongeaton,
swa hi on wege wyrcean sceoldon
wundorbeacen, swa hi on wudu dydan.
  5 Hi mid æxum duru elne curfan,
and mid twyecgum teoledan georne
þæt hi mid adesan ealle towurpan.
  6 Þa hi þæt þin fægere hus fyre forbærndan
and on eorðstede eac gewemdan,
þæt þinum naman gewearþ niode cenned.
  7 Cwædan on heortan: "Wutan cuman ealle
and ure magas mid us; wutun þyder gemot habban
and symbeldagas swylce drihtnes
on eorðwege ealle towurpan.
  8 Ne we sweotul tacen us geseoð ænig,
ne we on ænige wisan witegan habbað,
þæt us andgytes ma æfre secgen."
  9 Wilt þu hu lange, wealdend drihten,
edwit þolian yfelum feondum
and naman þinne nu bysmriað
þa wiþerweardan wraþe wið ende?
  10 For hwan awendest þu wuldres ansyne
æfre fram us, eac þa swyðran hand
of þinum sceate sylfa wið ende?
  11 Usser god kynincg, geara þu worhtest,
ær woruld wære, wise hælu
on þisse eorþan efenmidre.
  12 Þu on þines mægenes mihte spedum
sæ gesettest, swylce gebræce
þæt dracan heafod deope wætere.
  13 Þu þæs myclan dracan mihtum forcome
and his þæt hearde heafod gescændest,
sealdest Siglhearwum syððan to mose.
  14 Þu sylfa eac toslite wyllas

73,6,2 gewemdan] gewemdað 73,7,2 gemot] *Not in MS.* 73,9,4
ende] ende

and hlynnende hlude streamas
on Æthane ealle adrigdest.

15 Þu dæg settest and deorce niht,
swylce þu gesettest sunnan and monan;
ealle þu geworhtest eorðan gemæru,
sumor þu and lencten swylce geworhtest.

16 Wes þu gemyndig manna bearna,
þæra gesceafta þe þu gesceope ðe;
fynd ætwitað fæcne drihtne,
unwis folc ne wat þinne wyrðne naman.

17 Ne syle þu unscyldigra sawla deorum
þe þe andettað earme þearfan;
þara þu on ealdre ne forgit, ece drihten.

18 Geseoh þu nu sylfa, god, soð is gecyðed,
nu þin gewitnes ys wel gefylled,
hu deorce beoð dagas on eorðan
þam þe unrihtes æghwær wyrceað.

19 Ne byð se eadmoda æfre gecyrred,
þeah þe wædla and þearfa he wyle
naman þinne neode herian.

20 Aris, drihten god, dem þine nu
ealde intingan; eac wes gemyndig,
hu þe unwise edwita fela
þurh ealne dæg oft aspræcon.

21 Ne forgit huru godra manna
soðra stefna, þa þe seceað þe;
fyll þa oferhydigan, ða ðe feogeað þe,
and eft to þe ealle stigað.

PSALM 74

1 We þe andettað, ecne drihten,
and þe andettað ealle þeoda
and naman þinne neode ciegen.

2 Ic þin wundur eall wræclic sæcge,
swa ic fæstlicast mæg befon wordum,

73,14,3 adrigdest] adigdest   73,16,2 gesceafta] gesceafte   73,17,1
syle] syþe   73,18,2 nu] hu   73,18,4 æghwær] æghær   74,2,2
fæstlicast] fæst licas

and eac soð symble deme.

   3 Eorðe is gemolten and hire eardend mid;
ic þonne hire swyre symble getrymme.

   4 Ic to yflum cwæð oft nalæs seldan:
"Nelle ge unriht ænig fremman
and agyltan, þæt hi ne gulpan þæs.

   5 Ne ahebbað ge to hea eowre hygeþancas,
ne ge wið gode æfre gramword sprecan."

   6 Forþon eastan ne cymeð gumena ænig,
ne of westwegum wera cneorissa,
ne of þissum westum widum morum;
forþon him is dema drihten sylfa.

   7 Sumne he gehyneð, sumne ahefeð sniome;
forþon se wines steap on waldendes handa
fægere gefylled is; þæs onfehð þe he ann.

   8 Þonne he of þysum on þæt þonne oncerreð,
nyle he þa dærstan him don unbryce;
forþam sculon ealle drincan synfulle,
þa on þysse foldan fyrene wyrceað;
ic þonne worulde gefean wynnum healde,
and Iacobes gode georne singe.

   9 Ealra fyrenfulra fyhtehornas
ic bealdlice gebrece sniome;
swyþe beoð ahafene þa soðfæstan.

PSALM 75

   1 God wæs geara cuð mid Iudeum,
and his æþele nama mid Israelum.

   2 Is on sibbe his stow soþe behealden,
and he on Sione swylce eardað.

   3 Þær he hornbogan hearde gebendeð,
and sweord and sceld æt gescotfeohta.

   4 Þu wræclice wundrum onlyhtest
fram þam eceum hider æðelum beorgum;
ealle synt yrre, þa þe unwise

74,8,3 forþam] fþam   74,9,3 þa] þo   75,4,3 unwise] *With* un *written above the line*

heora heortan hige   healdað mid dysige;
hi slæp hiora   swæfun unmurne;
ne þær wiht fundan,   þa þe welan sohtan,
þæs þe hi on handum   hæfdan godes.

5   For þinre þrea   þriste ongunnon,
Iacobes god,   georne slepan,
þa þe on horsum   hwilon wæron;
is þin egesa mycel;   hwylc mæg æfre þe,
gif þu yrre byst,   ahwær wiðstandan?

6   Þonne þu of heofenum dom   hider on eorþan
mid gescote sendest,   þonne hio swyþe beofað;
ðonne to dome   drihten ariseð,
þæt he on eorðan do   ealle hale
þe he mildheorte   meteð and findeð.

7   Forþon ðe mannes geþoht   mægen andetteð,
and þonne þa lafe   lustum þencc,
þæt ic þe symbeldæg   sette and gyrwe.

8   Gehatað nu drihtne,   and him hraðe gyldað
eowrum þam godan   gode georne;
ealle þe on ymbhwyrfte   ahwær syndan,
him gyfe bringen   gode and clæne.

9   To þam egsan sceal   æghwylc habban,
þe wera gastum   wealdeð and healdeð;
eorðcynincgum   se ege standeð.

Psalm 76

1   Ic mid stefne ongann   styrman to drihtne,
and he me gehyrde   and beheold sona.

2   Ic on earfoðdæge   ecne drihten
sohte mid handum   swyþe geneahhe,
and ic on niht for him   neode eode;
næs ic on þam siðe   beswicen awiht.

3   And ic swiðe wiðsoc   sawle minre
fælre frofre;   þa ic fæste god
gemyndgade,   þær ic hæfde mæstne hiht.

75,4,5 swæfun] sylfū   75,7,3   symbeldæg]   symble dæg   76,3,3
gemyndgade] gemyndgadest

4 Swyðe ic begangen wæs and min sylfes gast
wæs hwonlice ormod worden,
wæron eagan mine eac mid wæcceum
werded swyþe; ne spræc ic worda feala.
5 Þa ic ealde dagas eft geþohte,
hæfde me ece gear ealle on mode.
6 Ic þa mid heortan ongann hycggean nihtes;
wæs min gast on me georne gebysgad.
7 Þa ic sylfa cwæð: "Ic to soðe wat,
nele þis ece god æfre toweorpan
ne us witnian for his weldædum,
oððe wiþ ende æfre to worulde
his milde mod mannum afyrran
on woruldlife wera cneorissum.
8 Ne byð æfre god ungemyndig,
þæt he miltsige manna cynne,
oþþe on yrre æfre wille
his milde mod mannum dyrnan."
9 And ic selfa cwæð: "Nu ic sona ongann
þas geunwendnes wenan ærest
þara hean handa haligan drihtnes,
weorca wræclicra worda gemyndig,
þæt he æt fruman wundor fæger geworhte."
10 Þa ic metegian ongan mænigra weorca,
hu ic me on eallum þam eaðust geheolde;
on eallum þinum weorcum ic wæs smeagende,
swylce ic on þinum gehylde sylf begangen.
11 Ys weruda god on wege halgum;
hwylc is mihtig god butan ure se mæra god?
Þu eart ana god, þe æghwylc miht
wundor gewyrcean on woruldlife.
12 Eft þu þine mihte mænige cyðdest
folcum on foldan; þu wiðferedes eac
Israhela bearn of Ægyptum.
13 Hwæt, þe, wuldres god, wæter sceawedon
and þe gesawon sealte yþa;
forhte wurdan flodas gedrefde,

76,4,1 min] minę   76,9,2 þas] þeos   76,12,2 wiðferedes] wið fæderas

wæs sweg micel   sealtera wætera.

14 Sealdon weorðlice wolcnas stefne
þurh þine stræle   strange foran;
wæs þunurradstefn   strang on hweole.

15 Þonne ligette   lixan cwoman,
eall ymbhwyrft   eorðan onhrerdan.

16 Wærun wegas þine on widne sæ
and þine stige   ofer strang wæter;
ne bið þær eþe þin spor   on to findanne.

17 Folc þin ðu feredest   swa fæle sceap
þurh Moyses   mihtige handa
and Aarones   ealle gesunde.

PSALM 77

1 Geheald þu, min folc,   mine fæste æ;
ahyldað eowre earan,   þæt ge holdlice
mines muðes word   mihte gehyran.

2 Ic on anlicnessum   ærest ontyne
mines sylfes muð,   secggean onginne,
þa on worldricum   wæron æt frymðe.

3 Ealle þa we oncneowan,   cuð ongeaton,
and ure fæderas us   æror sægdon.

4 Noldan hi þa swiðe   heora synna dyrnan,
ac ylda gehwylc   oðrum cyðde.

5 Sægdon lof symble   leofum drihtne
and his þa myclan miht,   mænigu wundur,
þa he geworhte   werä cneorissum.

6 He aweahte   gewitnesse
on Iacobe   goode and strange,
and Israhelum   æ gesette.

7 Þa he fæste bebead   fæderum ussum,
þæt hi heora bearnum   budun and sægdun,
and cinn oðrum   cyðden and mærden.

8 Gif bearn wære   geboren þam fæder,

76,14,1 wolcnas] wolcnes   76,15,1 Þonne] Þonni   77,3,1 Ealle]
alle *with the initial capital omitted*   77,4,1 heora] heo *at the end of
a line*   77,8,1 Gif] Fif

him sceolde se yldra   eall gesæcgan,
  9 þæt hi gleawne hiht   to gode hæfdan,
and his weorðlicu   weorc gemundon,
and godes bebodu   georne heoldan.
  10   Ne wesen hi on facne   fæderum gelice;
þæt wæs earfoðcynn   yrre and reðe;
næfdon heora heortan   hige gestaðelod;
nis to wenanne,   þætte wolde god
hiora gasta mid him   gyman awiht.
  11   Effremes bearn   ærest ongunnan
of bogan stræle   bitere sendan,
þæs hi on wiges dæge   wendon æfter.
  12   Ne heoldan hi   halgan drihtnes
gewitnesse,   ne his weorca æ
awiht wislice   woldan begangan.
  13   Ealra goddæda   hi forgiten hæfdon,
and þara wundra,   þe he worhte ær,
þara heora yldran   on locadan.
  14   He on Ægypta   agenum lande
him worhte fore   wundur mære
and on Campotanea   eac mid soðe.
  15   He sæ toslat,   sealte yþa
gefæstnade,   and hi foran þurh.
  16   Him wisode   wolcen unlytel
daga æghwylce,   swa hit drihten het,
and him ealle niht   oðer beacen
fyres leoma   folcnede heold.
  17   He on westene   wide ædran
him of stane let,   strange burnan.
  18   Of þam wæter cwoman   weorude to helpe,
swyþe wynlice   wætera þryðe.
  19   Þa hi hira firene   furþur ehtan,
and hine on yrre   eft gebrohtan,
heora heafodweard   holdne on lande.
  20   Hi þa on heortan   hogedon to niðe,
and geornlice   godes costadan,
bædan hiora feorum   foddur geafe,
and gramlice   be gode spræcan:

"Ac we þæs ne wenað, þæt us witig god
mæge bringan to beod gegearwod
on þisum westene widum and sidum,
  21 Þeah þe he of stane streamas lete
wæter on willan wynnum flowan,
  22 Ne we hwæðere wenað, þæt he wihte mæge
mid hlafe þis folc her afedan."
  23 Syþþan þæt gehyrde halig drihten,
he ylde þa gyt and eft gespræc;
wæs gegleded fyr on Iacobe
and his yrre barn on Israhelas,
  24 Forþon þe hi ne woldon wordum drihtnes
lustum gelyfan, lare forhogedon.
  25 Het he þa widan duru wolcen ontynan
hea of heofenum and hider rignan
manna to mose manna cynne,
sealde him heofenes hlaf hider on foldan,
and engla hlaf æton mancynn,
and hwætenne hæfdon to genihte.
  26 And awehte þa windas of heofenum,
Auster ærest and þa Affricum.
  27 Him þa eac feoll ufan flæsc to genihte;
swa sand sæs oððe þiss swearte dust
coman gefiðrade fugelas swylce.
  28 And on middan þa wic manige feollan
and ymb hiora selegescotu swiðe geneahhe.
  29 Swiðe ætan and sade wurdan,
and hiora lusta lifdan hwile;
næron hi bescyrede sceattes willan.
  30 Þa gyt hi on muðe heora mete hæfdon,
þa him on becwom yrre drihtnes
and heora mænige mane swultan,
æðele Israhela eac forwurdan.
  31 In eallum hi þissum ihtan synne,
and noldan his wundrum wel gelyfan.

77,20,5 ne] *Not in MS.* 77,25,3a manna] mannum 77,27,3
gefiðrade] gefriðade 77,31,1 In] n *with the initial capital omitted*

32 Hi heora dagena tid dædun idle
and heora geara gancg eac unnytte.

33 Þonne he hi sare sloh, þonne hi sohton hine,
and ær leohte to him lustum cwoman.

34 Syððan hi ongeaton, þæt wæs god heora
fæle fultum, freond æt þearfe;
wæs hea god heora alysend,

35 Hi hine lufedan lease muðe,
ne þæs on heortan hogedan awiht.

36 Næs him on hreðre heorte clæne,
ne hi on gewitnesse wisne hæfdon,
on hiora fyrhþe fæstne geleafan.

37 He þonne is mildheort and manðwære
hiora fyrendædum, nolde hi to flymum gedon.

38 He þa manige fram him mangewyrhtan
yrre awende, eall ne wolde
þurh hatne hyge hæleðum cyþan.

39 And he gemunde þæt hi wæran moldan and flæsc,
gast gangende, næs se geancyr eft.

40 Hi hine on westenne wordum and dædum
on yrre mod eft gebrohtan,
aweahtan hine on eorðan oft butan wætere.

41 Oft hi grimlice godes costodan
and Israhela god eac abulgan.

42 Na gemynd hæfdan, hu his seo mycle hand
on gewindæge werede and ferede.

43 He Ægypti egesan geþywde
mid feala tacna and forebeacna
in Campotaneos; þæt wæs cuð werum.

44 Þær he wæterstreamas wende to blode;
ne meahte wæter drincan wihta ænig.

45 Sette him heard wite, hundes fleogan,
and hi ætan eac yfle tostan;
hæfdan hi eallunga ut aworpen.

46 Sealde erucan, yfelan wyrme,
let hiora wyrta wæstme forslitan,

and hiora gram gewinn   hæfdan gærshoppan.
    47 Heora wingeardas   wraþe hægle
nede fornamon;   nænig moste
heora hrorra hrim   æpla gedigean.
    48 Sealde heora neat eac   swylce hæglum,
and heora æhta   ealle fyre.
    49 He æbyligðe on hi   bitter and yrre,
sarlic sende   oð sawlhord
and þæt wið yfele   englas sende.
    50 He him weg worhte   wraðan yrres,
ne he heora sawlum deað   swiðe ne sparude
and heora neat   niðcwealm forswealh.
    51 He þa on þam folce   frumbearna gehwylc
on Ægiptum   eall acwealde
and frumwæstme   folce Chames.
    52 Þa he his folc genam   swa fæle sceap,
lædde geliccast   leofe eowde
þurh westenas   wegas uncuðe.
    53 And he hi on hihte   holdre lædde;
næs him on fyrhtu   feondes egsa,
ac ealle þa   yþa fornamon.
    54 He hi þa gelædde   on leofre byrig
and haligre,   ða his hand begeat.
    55 And he manige for him   mære þeode
awearp of wicum,   sealde him weste land,
þæt hi mid tane   getugan rihte.
    56 Þa Israelas   æhte gesætan
hrores folces,   þa hi heanne god
gebysmredan,   noldon his bebodu
fæste healdan.
    57 Hi awendan aweg,   nalæs wel dydan,
swa heora fæderas   beforan heoldan,
and on wiðermede   wendan and cyrdan.
    58 Swa hi his yrre   oft aweahtan,
þonne hi oferhydig   up ahofan,
and him wohgodu   worhtan and grofun.

77,49,1 æbyligðe] æbyligde   77,58,1 Swa hi his yrre oft] *These words
are written twice in the MS., but the first time with the initial capital omitted*

59 Þa þæt gehyrde   halig drihten,
he hi forhogode,   and hraðe syþþan
Israhela cynn   egsan geðyde.

60 And he þa swa gelome wiðsoc   snytruhuse,
wæs his agen hus,   þær he eard genam
ær mid mannum,   mihtig hæfde.

61 He hi þa on hæftnyd   hean gesealde
and heora fæger folc   on feondes hand.

62 Sealde þa his swæs folc   sweorde under ecge,
and his yrfe eac   eall forhogode.

63 Heora geoguðe eac   grimme lige
fyr fæðmade;   fæmnan ne wæran
geonge begrette,   þeah ðe hi grame swultan.

64 Wæran sacerdas heora   sweordum abrotene;
ne þæt heora widwan   wepan mostan.

65 Þa wearð aweaht   wealdend drihten,
swa he slæpende   softe reste
oððe swa weorð man   wine druncen.

66 He þa his feondas sloh   and him ætfæste eac
ece edwit   awa to feore.

67 And he georne wiðsoc   Iosepes huse,
ne þon ær geceas   Effremes cynn,
ac he geceas Iudan him   geswæs frumcynn
on Sione byrig,   þær him wæs symble leof.

68 He þa anhornan   ealra gelicast
his halige hus   her on eorðan
getimbrade;   het ðæt teala syððan
on worldrice   wunian ece.

69 And him ða Dauid geceas,   deorne esne,
and genam hine æt eowde   ute be sceapum,
fostur feormade;   he him onfencg hraðe.

70 He þonne fedeð   folc Iacobes
and Israhela   yrfelafe.

71 And he hi þonne butan facne   fedeð syþþan,
and his folmum syþþan   hi forð lædeð.

77,59,3 geðyde] gedyde   77,68,1 anhornan] on hornan   77,71,2 hi
forð] *Not in MS.*

Psalm 78

1 Comon on ðin yrfe, ece drihten,
fremde þeode, þa þin fæle hus,
ealh haligne yfele gewemdan.

2 Settan Hierusalem samod anlicast
swa in æppelbearu ane cytan;
swylce hi setton swylt þinum esnum,
sealdon flæsc heora fuglum to mose,
haligra lic hundum and deorum.

3 Hi þara bearna blod on byrig leton
swa man gute wæter ymb Hierusalem;
blodige lagan, nahtan byrgendas.

4 We synd gewordene wera cneorissum
eallum edwitstæf ymbsittendum,
þe us ahwær neah nu ða syndon.

5 Hu wilt þu, wuldres god, wrað yrre þin
on ende fram us æfre oncyrran?
Is nu onbærned biter þin yrre
on ðinum folce fyre hatre.

6 Ageot yrre þin on þæt rice
and on cneowmagas þe ne cunnan ðe,
ne naman þinne neode cigeað.

7 Forþon hi Iacob geara ætan,
and his wicstede westan gelome.

8 Ne gemune þu to oft, mihta wealdend,
ealdra unrihta þe we oft fremedon,
ac we hraðe begytan hyldo ðine,
forþon we ðearfende þearle syndon.

9 Gefultuma us, frea ælmihtig,
and alys us, lifigende god;
weorð urum synnum sefte and milde
for naman þinum neode and aare.

10 Þy læs æfre cweðan oðre þeoda,
hæðene herigeas, "Hwær com eower halig god?"
and us þæt on eagum oftust worpen,

78,1,3 ealh] heah   78,2,2 in] hi   78,5,1 Hu] u *with the initial capital omitted*   78,10,1 þeoda] þeodæ

þær manna wese mæst ætgædere.

11 Wrec agen blod esna þinra,
þæt wæs sarlice agoten, þær þu gesawe to;
geonge for ðe gnornendra care
þara þe on feterum fæste wæran.

12 Æfter ðines earmes æðelum mægene
gegang þa deaða bearn þe hi demað nu.

13 Gyld nu gramhydigum, swa hi geearnedan,
on sceat hiora seofonfealde wrace,
forþon hi edwit on þe ealle hæfdon.

14 We þin folc wærun and fæle sceap
eowdes þines; we ðe andettað,
and þe to worulde wuldur sæcgeað
and þe on worulda woruld wordum heriað.

PSALM 79

1 Þu þe Israela æðelum cynne
reccest and rædest, ðu nu recene beheald,
þu ðe Ioseph swa sceap gramum wiðlæddest.

2 Ðu ðe sylfa nu sittest ofer cherubin,
æteow fore Effraim eac Mannasse
and Beniamin, nu we biddað þe.

3 Awece þine mihte and mid wuldre cum,
and us hale do her on eorðan.

4 Gehweorf us, mægena god, and us mildne æteow
þinne andwlitan; ealle we beoð hale.

5 Eala ðu, mægena god, mære drihten,
hu lange yrsast þu on þines esnes gebed?
Tyhst us and fedest teara hlafe,
and us drincan gifest deorcum tearum
manna gehwylcum on gemet rihtes.

6 Þu us asettest on sarcwide
urum neahmannum; nu we cunnion,
hu us mid fraceðum fynd bysmriað.

7 Gehweorf us, mægena god, and us mildne æteow

78,13,3 ealle] ᵉalle   78,14,1 þin] *with* þ *altered from* w   79,5,3
Tyhst] tyhstð

þinne andwlitan; ealle we beoð hale.

8 Þu of Ægyptum ut alæddest
wræstne wingeard, wurpe þeode
and þone ylcan ðær eft asettest.

9 Þu him weg beforan worhtest rihtne,
and his wyrtruman wræstne settest,
þanon eorðe wearð eall gefylled.

10 His se brada scua beorgas þeahte,
and his tanas astigun godes cedderbeam.

11 Ealle þa telgan ðe him of hlidað,
þu æt sæstreamas sealte gebræddest,
and hi to flodas forð aweaxað.

12 Forhwan þu towurpe weallfæsten his?
Wealdeð his winbyrig eall þæt on wege færð.

13 Hine utan of wuda eoferas wrotað,
and wilde deor westað and frettað.

14 Gehweorf nu, mægena god, milde and spedig
þine ansyne ufan of heofenum;
gewite and beseoh wingeard þisne,
þæt he mid rihte ræde gange,
þæne ðin seo swiðre sette æt frymðe,
and ofer mannes sunu, þe þu his mihte ær
under ðe getrymedest, tires wealdend.

15 Fyr onbærneð, folm þurhdelfeð;
fram ansyne egsan ðines
ealle þa on ealdre yfele forweorðað.

16 Si þin seo swiðre hand ofer soðne wer
and ofer mannes sunu; þu his mihta ðe
geagnadest, ealle getrymedest,
weoruda drihten; ne gewitað we fram ðe.

17 Ac þu us wel cwica, wealdend mihtig;
we naman þinne neode cigeað.

18 Gehweorf us, mægena

* * *

PSALM 80

gif þu, Israhel, a wylt elne gehyran.

79,8,3 eft] ef.ᵗ 79,11,3 hi to] hít

9 Gif þu, Israhel, me anum gehyrst,
ne byð god on þe niwe gemeted,
ne þu fremedne god sylfa gebiddest.

10 Ic eom þin god, ðe geara þe
of Ægypta eorþan alædde.

11 Ontyn þinne muð and ic hine teala fylle;
nele min folc mine stefne æfre gehyran,
ne me Israhel behealdan holde mode.

12 Ac hi lifian het lustum heortena
swa him leofust wæs, leode þeodum,
æfter hiora willum wynnum miclum.

13 Þær min agen folc, Israhela cynn,
me mid gehygde hyran cuðan,
oþþe on wegas mine woldan gangan,
þonne ic hiora fynd fylde and hynde,
and þæt mycle mægen minra handa
heora ehtendas ealle fornam.

14 Him fynd godes fæcne leogað;
byð hiora yfele tid awa to feore.

15 He hi fedde mid fætre lynde,
hwæte and hunige, þæt him halig god
sealde of stane, oþþæt hi sæde wæron.

PSALM 81

1 God mihtig stod godum on gemange,
and he hi on midle mægene tosceadeð.

2 Hu lange deme ge domas unrihte,
and ge onfoð ansyna synnwyrcendra?

3 Demað steopcildum domas soðe
and eadmedum eac þæt sylfe,
wædlum and ðearfum wel soðfæstum.

4 Ge of firenfulra fæcnum handum
þearfan and wædlan þriste alysað.

5 Ne ongeatan hi ne geara wistan,
ac hi on ðystrum þrage eodan;

80,10,1 ðe] *Added above the line*   81,1,2 tosceadeð] to sceaðeð *cor-
rected to* to sceadeð   81,4,1 Ge] He

ealle abeofedan   eorðan staþelas.

6 Ic ærest cwæð: "Ge synd uppe godu,
ealle uphea,   and æðele bearn.

7 Ge þonne sweltað   samod mid mannum,
swa ealdormann   an gefealleð."

8 Aris drihten, nu! Dem eorðware,
forþan þu eart erfeweard   ealra ðeoda.

PSALM 82

1 Hwylc is þe gelic,   ece drihten?
Ne swiga ðu,   ne þe sylfne bewere.

2 Forþon þine feond   fæcne forwurdan,
þa ðe fæste ær   feodan, drihten,
and heora heafod wið þe   hofan swiðe.

3 Hi on ðinum folce him   facengeswipere
syredan and feredan,   and to swice hogedon,
and ehtunga   ealle hæfdon,
hu hi þine halgan   her yfeladan.

4 Cwædan cuðlice: "Wutun cuman ealle
and hi towyrpan   geond werþeoda,
þæt ne sy gemyndig   manna ænig,
hu Israhela naman   ænig nemnc."

5 Forþon hi an geþeaht   ealle ymbsætan,
and gewitnesse wið þe   wise gesettan.

6 Selegesceotu synd   onsægd in Idumea
and Ismæhelita,   eac synt Moabes,
Ammon and Ammalech,   Agareni,
swylce Gebal   and grame manige
fremde þeoda mid eardiendum   folce on Tyrum.

7 Cwom samod mid ðam   swylce Assur;
ealle on wegum   æghwær syndon
on leodstefnum   Loðes bearnum.

8 Do him nu swa ðu dydest   dagum Madiane
and Sisare,   swylce Iabin;
ealle þa namon   Ændor wylle

82,6,1 Selegesceotu] Telege sceotu   82,6,2 Ismæhelita] isræhelita
82,6,4 swylce] *Not in MS.*

and Cisone   clæne hlimme;
wurdan þa earme   eorþan to meohxe.
   9 Sete heora ealdormenn   swa ðu Oreb dydest,
Zeb and Zebee   and Salmanaa,
and heora ealdrum   eallum swylce;
ealle þa on an   ær gecwædon,
þæt hi halignesse godes   her gesettan.
   10 Sete hi nu, min god,   samod anlice
swa se wægnes hweol   oþþe windes healm,
and swa færincga   fyr wudu byrneð,
oððe swa lig freteð   lungre morhæð,
   11 Swa þu hi on yrre   ehtest and drefest,
þæt hi on hrernesse   hraþe forweorðað.
   12 Gedo þæt hiora ansyn   awa sceamige,
þonne hi naman þinne   neode seceað.
   13 Ealle beoð georette,   eac gescende,
and on weoruldlife   weorþað gedrefde,
þonne hi naman þinne   neode seceað.
   14 Þu ana eart   ofer ealle heah
eorðbuende,   ece drihten.

PSALM 83

   1 Synd me wic þine   weorðe and leofe,
mægena drihten;   a ic on mode þæs
willum hæfde,   þet ic him wunude onn.
   2 Heorte min and flæsc   hyhtað georne
on þone lifigendan   leofan drihten;
him eac spedlice   spearuwa hus begyteð,
and tidlice   turtle nistlað,
þær hio afedeð   fugelas geonge.
   3 Wærun wigbedu þin,   weoruda drihten;
þu eart drihten min   and deore cynincg.
   4 Eadige weorðað,   þa þe eardiað
on þinum husum,   halig drihten,
and þe on worulda woruld,   wealdend, heriað.

82,8,5 wurdan] wurðan   82,12,2 hi] ha *corrected to* hi   83,1,1
weorðe] leo fe *with* l *altered to* w, f *to* r, *and* e *to* ð, *and* e *added; i.e.,* weorðe

5 Þæt byð eadig wer,   se þe him oðerne
fultum ne seceð   nymþe fælne god,
and þæt on heortan hige   healdeð fæste,
geseteð him þæt sylfe   on ðisse sargan dene,
þær hi teara   teonan cnyssað
on þam sylfan stede   þe þu him settest her.

6 Brohte him bletsunge   se ðe him beorhte æ
soðe sette; syþþan eodan
of mægene on mægen;   þær wæs miht gesawen
on Sionbeorge   soðes drihtnes.

7 Gehyr min gebed,   halig drihten,
þu eart mære god,   mildum earum,
and Iacobes   god se mæra.

8 Beseoh drihten nu,   scyldend usser;
oncnaw onsyne   cristes þines.

9 Betere is micle   to gebidanne
anne dæg mid þe   þonne oðera
on þeodstefnum   þusend mæla.

10 Ic me þæs wyrce   and wel ceose,
þæt ic hean gange   on hus godes,
þonne ic on fyrenfulra   folce eardige.

11 Forþon god lufað   geornast ealles,
þæt man si mildheort   mode soðfæst,
þonne him god gyfeð   gyfe and wuldur.

12 Nele god æfre   gode bedælan,
þa ðe heortan gehygd   healdað clæne;
þæt bið eadig mann,   se þe him ecean godes
to mundbyrde   miht gestreoneð.

PSALM 84

1 Þu bletsadest,   bliðe drihten,
foldan fæle, and afyrdest eac
of Iacobe   þa graman hæftned.

2 Unriht þu forlete   eallum þinum folce,
and heora fyrene   fæste hæle.

83,5,4 dene] dẹne   83,5,5 cnyssað] cnysseð   83,9,1 is] ic   84,1,1
bletsadest] bleẗsadest

3 Eall þu þin yrre eðre gedydest,
na ðu ure gyltas egsan gewræce.

4 Gehweorf us hraðe, hælend drihten,
and þin yrre fram us eac oncyrre,
þæt ðu us ne weorðe wrað on mode.

5 Ne wrec þu þin yrre wraðe mode
of cynne on cynn and on cneorisse;
gecyr us georne to ðe, Crist ælmihtig,
and ðin folc on ðe gefeo swiðe.

6 Æteow us milde mod, mihtig drihten,
and us þine hæle syle her to genihte.

7 Syþþan ic gehyre, hwæt me halig god
on minum modsefan mælan wille;
sybbe he his folces seceð geornast,
and swiðust to þam þe hine seceað.

8 Hwæðere he is mid soðe forswiðe neah
þam þe egsan his elne healdað,
hæleð mid hyldo, and him her syleð
ure eorðan æðele wuldor.

9 Him gangað ongean gleawe cræftas,
mildheortnesse mod and mihte soð,
and hine sybbe lufu swylce clyppeð.

10 Up of eorðan cwom æþelast soða,
beseah soðfæstnes samod of heofenum.

11 Syleð us fremsum god fægere drihten,
þonne us eorðe syleð æðele wæstmas.

12 Hine soðfæstnes symble foregangeð
and on weg setteð wise gangas.

PSALM 85

1 Ahyld me þin eare, halig drihten;
forðon ic eom wædla, þu me wel gehyr,
and ic sylfa eom sorhfull þearfa.

2 Geheald mine sawle, forðon ic halig eom;
hæl þinne scealc, forþon ic ðe hihte to.

84,5,1 þin] þine   84,8,1 Hwæðere] *With* w *altered from* h   84,8,2
þam] áá   84,12,1 Hine] þine

3 Miltsa me drihten, þonne ic mægene to ðe
þurh ealne dæg   elne cleopade;
do þines scealces   sawle bliðe,
forðon ic hi to ðe   hebbe genehhige.

4 Forðon þu eart wynsum,   wealdend drihten;
is þin milde mod   mycel and genihtsum
eallum þam þe þe   elne cigeað.

5 Þu mid earum onfoh,   ece drihten,
min agen gebed,   and eac beheald,
hu ic stefne to ðe   stundum cleopige.

6 Þonne me on dæge   deorc earfoðe
carelice cnyssedan,   þonne ic cleopode to ðe;
forþon þu me gehyrdest   holde mode.

7 Nis þe goda ænig   on gumrice
ahwær efne gelic,   ece drihten,
ne ðe weorc magon   wyrcean anlic.

8 Ealle þu geworhtest   wera cneorissa,
þa þe weorðiað,   wuldres aldor,
and naman drihtnes   neode cigeað.

9 Forðan ðu eart se mycla   mihtiga drihten,
þe wundor miht   wyrcean ana.

10 Gelæd, drihten, me   on þinne leofne weg,
and ic on þinum soðe   syþþan gancge.

11 Heorte min ahlyhheð,   þonne ic ðinne halgan naman
forhtige me on ferhðe,   forð andette
mid ealre heortan hyge,   þæt þu eart, halig god,
nemned drihten,   and we naman þinne
on ecnesse   a weorðien.

12 Ys þin mildheortnes mycel   ofer me, drihten,
and þu mine sawle   swylce alysdest
of helwarena   hinderþeostrum.

13 God min se leofa,   gramhydige me
mid unrihte   oft onginnað,
and gesamnincge   swiðmihtigra
sohton mine sawle   swyþe geneahhe;
ne doð him for awiht   egsan drihtnes.

14 Hwæt, þu eart, min drihten god,   dædum mildheort,
þenden geðyldig,   þearle soðfæst.

15 Beseoh nu on me,   and me syþþan weorð
milde on mode,   mihtig drihten;
geteoh hrore meaht   hysse þinum;
do þinre þeowan sunu,   drihten, halne.

16 Do gedefe mid me,   drihten, tacen,
and þæt god ongitan,   þa me georne ær
fæste feodan,   habban forð sceame.

17 Forþon þu me wære fultum   fæste, drihten,
and me frefredest,   frea ælmihtig.

PSALM 86

1 Healdað his staðelas   halige beorgas;
lufude Sione duru   symble drihten
ofer Iacobes wic   goode ealle.

2 Wærun wuldurlice wið þe   wel acweðene,
þæt þu si cymast   ceastra drihtnes;
eac ic gemyndige   þa mæran Raab
and Babilonis   begea gehwæðeres.

3 Efne fremde cynn   foran of Tyrum,
folc Sigelwara   naman þær fæstne eard.

4 Modor Sion "man" cwæð ærest,
and hire mære gewearð   mann on innan,
and he hi þa hehstan   her staðelade.

5 Drihten þæt on gewritum   dema sægde
þam þe frumsprecend   folces wæron,
eallum swylce,   þe hire on wæron.

6 Swa ure ealra bliss   eardhæbbendra
on anum þe   ece standeð.

PSALM 87

1 Þu eart me, drihten god,   dyre hælend;
ic on dæge to ðe   dygle cleopode,
and on niht fore þe   neode swylce.

2 Gange min ingebed   on þin gleawe gesihð;
ahyld eare þin   and gehyr min gebed.

85,15,3 geteoh] geseoh   86,1,1 Healdað] Healdeð   86,2,1 wuldur-
lice] *With first* l *altered from* n

3 Forðon is sawl min   sares and yfeles
fæste gefylled;   is min feorh swylce
to helldore   hylded geneahhe.

4 Wenað þæs sume,   þæt ic on wraðne seað
mid fyrenwyrhtum   feallan sceolde;
ic eom men gelic   mære geworden,
þe mid deadum bið   betweox deaðe freo.

5 Swa gewundade   wraðe slæpe
syn þonne geworpene   on widne hlæw,
þær hiora gymynde   men ne wænan,
swa hi syn fram þinre handa   heane adrifene.

6 Hi me asetton   on seað hinder,
þær wæs deorc þeostru   and deaþes scua.

7 Þær me wæs yrre þin   on acyþed,
and þu me oferhige on   ealle gelæddest.

8 Feor ðu me dydest   freondas cuþe;
settan me symble,   þær me unswæsost wæs;
eam ic swære geseald,   þær ic ut swican ne mæg.

9 Eagan me syndon   unhale nu
geworden for wædle;   ic me to wuldres gode
þuruh ealne dæg   elne clypige
and mine handa to þe   hebbe and ðenige.

10 Ne huru wundur   wyrceað deade,
oþþe hi listum   læceas weccean
and hi andettan þe   ealle syþþan.

11 Ne on ðeostrum ne mæg   þances gehygdum
ænig wislicu   wundur oncnawan,
oððe þin soðfæstnes   si on þam lande
þe ofergytnes   on eardige.

12 Cwist þu, oncnawað hi   wundru ðine
on ðam dimmum   deorcan ðystrum,
oððe ðine rihtwisnesse   recene gemeteð
on ofergyttolnesse   manna ænig?

13 Ic me to ðe,   ece drihten,
mid modgehygde   mægene clypade,
and min gebed   morgena gehwylce

87,4,3 men]   man   87,4,4 deadum]   dædū   87,5,2   geworpene]   ge
worpenne   87,12,4 ofergyttolnesse]   ofer gyttolnesse   87,13,1 to]   þo

fore sylfne þe soðfæst becume.

14 Forhwan ðu min gebed æfre woldest,
soð god, wiðsacan, oððe þinre gesihðe me
on þissum ealdre æfre wyrnan?

15 Wædla ic eom on gewinne, worhte swa on geoguðe;
ahafen ic wæs and gehyned, hwæðere næs gescended.

16 Oft me þines yrres egsa geðeowde,
and me broga þin bitere gedrefde.

17 Hi me ealne dæg utan ymbsealdan,
swa wæterflodas wæron ætsomne.

18 Þu me afyrdest frynd þa nehstan
and mine cuðe eac cwicu geyrmdest.

PSALM 88

1 Mildheortnesse þine, mihtig drihten,
ic on ecnesse awa singe;
fram cynne on cynn and on cneorisse
ic þine soðfæstnesse secge geneahhe
on minum muþe manna cynne.

2 Forþon þa ðu cwæde cuðe worde,
þæt on ecnesse awa wære
þin milde mod micel getimbrad
heah on heofenum hæleða bearnum
and þin soðfestnes symble gearwad.

3 Ic minum gecorenum cuðe gesette,
hu min gewitnes wolde gangan;
ic Dauide dyrum esne
on aðsware ær benemde,
þæt ic his cynne and cneowmagum
on ecnesse a geworhte
ful sefte seld, þæt hi sæton on.

4 Heofenas andettað, halig drihten,
hu wundor þin wræclic standeð,
and þa halgan eac hergeað on cyricean
þine soðfæstnesse, secgeað geneahhige.

5 Nis under wolcnum, weoroda drihten,
ænig anlic, ne ðe ænig byð
betweox godes bearnum gyt gelicra.

6 Þu bist gewuldrad god, þær bið wisra geðeaht
and haligra heah gemetincg,
micel and egeslic ofer eall manna bearn,
ða ðe on ymbhwyrfte ahwær syndon.

7 Þu eart mægena god, mihtig drihten;
nis þe ealra gelic ahwær on spedum,
is þin soðfæstnes symble æghwær.

8 Þu wide sæs wealdest mihtum;
þu his yþum miht ana gesteoran,
ðonne hi on wæge wind onhrereð.

9 Þu miht oferhydige eaðe mid wunde
heane gehnægean; hafast ðu heah mægen
þines earmes sped wið ealle fynd.

10 Heofonas þu wealdest, hrusan swylce;
eorðan ymbehwyrft eall þu gesettest.

11 Þu norðdæl and sæ niode gesceope,
Tabor et Hermon on naman ðinum;
hi mid strencgðe eac upp ahebbað
þinne swiþran earm swylce, drihten.

12 Wesan hea mihte handa þinre
ahafen ofer hæleðas; halig seo swyðre is,
þines setles dom soð gegearwod.

13 Mildheortnes and soðfæstnes mægene forgangað
þinne andwlitan; þæt bið eadig folc
þe can naman ðinne neode herigean.

14 Þa on ðinum leohte lifigeað and gangað
þe him ansyn þin ær onlihte,
and on naman þinum neode swylce
beoð ealne dæg eac on blisse
and þine soðfæstnesse symble æghwær.

15 Forþon þu heora mægenes eart mærost wuldor,
and we þinum weldædum wurdan ahafene.

16 Us an nimeð ece drihten
and Israhela cyning eac se halga.

88,11,1 niode] mode 88,12,1 þinre] þin؛e 88,14,5 æghwær] æghær

17 Þonne ðu ofer ealle   undearnunga
þine bearn sprecest   and bealde cwyst:
"Ic me on þyssum folce   fultum sette
ofermihtigne,   þone ic me ær geceas.

18 Ic me deorne scealc   Dauid gemette
and hine halige ele   handum smyrede.

19 Heo him fultumeð   and min fæle earm,
and hine mid mycle   mægene geswyðeð.

20 Ne mæg him ænig facen   feond æteglan,
ne unrihtes bearn   ænig sceððan.

21 Of his ansyne   ealle ic aceorfe,
þa ðe him feondas   fæcne syndon,
and his ehtendas   ealle geflyme.

22 Hine soðfæstnes min   samod ætgædere
and mildheortnes min   mægene healdeð,
and on naman minum   neode swylce
his horn bið ahafen,   heane on mihtum.

23 And ic his swiðran hand   settan þence,
þæt he sæstreamum   syþþan wealde.

24 He me him to fælum   fæder gecygde:
'Wæs me andfencge, god,   ecere hælu.'

25 And ic þonne frumbearn   forð asette
ofer eorðcyningas   ealra heahstne.

26 Ic him to widan feore   wille gehealdan
min milde mod   and him miht syllan,
mine gewitnesse   weorðe and getreowe.

27 Ic to widan feore   wyrce syððan
þin heahsetl   hror and weorðlic
swa heofones dagas   her mid mannum.

28 Gif mine bearn nellað   mine bebodu efnan
ne mine domas   dædum healdan,

29 Gif hi mine rihtwisnessa   fracoðe gewemmað
and hi mine bebodu   bliðe ne healdað,

30 Þonne ic heora unriht gewrece   egsan gyrde
and hiora synne   swinglum forgylde.

31 Ne ic him mildheortnesse   mine wille

fægere afyrran, ac him forð swa þeah
mine soðfæstnesse syllan þence.
32 Ic æne swor að on halgum,
þæt ic Dauide dæda ne leoge,
þæt on ecnesse his agen cynn
wunað on wicum; bið him weorðlic setl
on minre gesihðe sunnan anlic
and swa mona meahte on heofenum,
þe is ece gewita æhwær getreowe.''
33 Þu þonne wiðsoce soþum criste
and hine forhogodest, hwile yldest
and awendest fram him gewitnesse
esnes þines; ealle gewemdest
his halignesse her on eorðan.
34 Ealle þu his weallas wide todældest,
towurpe fæsten his for folcegsan.
35 Hine þa towurpon wegferende,
and he on edwit wearð ymbsittendum.
36 Handa þu ahofe heah ehtendra,
gebrohtest his feondas fæcne on blisse.
37 Fultum þu him afyrdest fagan sweordes,
nafað æt gefeohte fælne helpend.
38 Þu hine of clænnesse clæne alysdest,
setl his gesettest sorglic on eorðan.
39 Þu his dagena tid deorce gescyrtest
and mid sarlicre sceame onmettest.
40 Wilt þu hu lange, wealdend drihten,
yrre þin acyðan swa onæled fyr?
41 Gemune, mære god, hwæt si min lytle sped;
ne huru ðu manna bearn on middangeard
to idelnesse æfre geworhtest.
42 Hwylc is manna, þæt feores neote,
and hwæþere on ende deað ne gesceawige;
oððe hwylc manna is, þæt his agene
fram helle locum sawle generige?
43 Hwær is seo ealde nu, ece drihten,

88,33,1 þonne] þonn   88,33,3 gewitnesse] 7ge wit nesse

micel mildheortness, þe þu mancynne
and Dauide deope aðe
þurh þines sylfes soð benemdest?

44 Gemune þinra esna edwitspræce,
þa him fracuðlice fremde þeode
utan ætywað, oðre mægðe.

45 Cweþað him þæt edwit, ece drihten,
feondas þine, fæste ætwitað
and þæt þinum criste becweþað swiðe.

46 A sy gebletsad ece drihten
to widan feore. Wese swa, wese swa!

PSALM 89

1 Þu eart friðstol us fæste, drihten,
of cynne on cynne and on cneorisse.

2 Ærðon munta gesceaft ofer middangeard
oððe ymbhwyrft eorðan wære
oþþe world wære, þu eart, wuldres god.

3 Ne ahwyrf þu fram mænn heah eadmedu;
and þu cuðlice cwæde sylfa:
"Ic manna bearnum mod onwende."

4 For þinum eagum, ece drihten,
þusend wintra bið þon anlicast,
swa geostran dæg gegan wære;

5 And swa hi on niht hyrdnesse neode begangað,
ne heora winterrim for wiht ne doð.

6 Morgen gewiteð swa gemolsnad wyrt;
oðre morgene eft gebl oweð
and geefneð swa, oþþæt æfen cymeð,
þonne forwisnað, weorðeð to duste.

7 Forþon we on þinum yrre ealle forwurdon,
wæron on þinum hathige hearde gedrefde.

8 Þu ure unriht eall asettest,
þær þu sylfa to eagum locadest,
and ure worulde þu eac gestaðelodest
on alihtincge andwlitan þines.

89,3,3 bearnum] bearn

9　Forþam ðe ure dagas　ealle geteorudun,
and we on þinum yrre synt　swiðe gewæhte.

10　Wæran anlicast　ure winter
geongewifran,　þonne hio geornast bið,
þæt heo afære　fleogan on nette;
beoð ure geardagas　gnornscendende,
þeah þe heora hundred seo　samod ætgædere.

11　Gif on mihtigum　mannum geweorðeð,
þæt hi hundehtatig　ylda gebiden,
ealle þe þær ofer beoð　æfre getealde
wintra on worulde,　þa beoð gewinn and sar.

12　Us manðwærnes becwom　micel ofer ealle
and we on þam gefean　forhte gewurdan.

13　Hwa ðæs soð me cann　sæcgean ænig,
hu þines yrres　egsa standeð
and seo micle miht?　Nis þæt mann ænig
þe þa ariman　rihte cunne.

14　Do us þa þine swiðran hand,　drihten, cuðe,
þam þe on snytrum syn　swyðe getyde,
and þa heora heortan　healdað clæne.

15　Gehweorf us hwæthwiga,　halig drihten;
wes þinum scealcum　wel eaðbede.

16　We synd gefyllede　fægere on mergenne
þinre mildheortnesse;　þæs we on mode nu
habbað ealle dagas　æþele blisse.

17　We gefeoð swylce　for þon fægerum dagum,
on þam þu us to eadmedum　ealle gebrohtest,
and for ðam gearum þe we on gesawon　yfela feala.

18　Beseoh on þine scealcas　swæsum eagum
and on þin agen weorc,　ece drihten,
and heora bearn gerece　bliðe mode.

19　Wese us beorhtnes ofer　bliðan drihtnes,
ures þæs godan godes　georne ofer ealle;
gerece ure handgeweorc　heah ofer usic.

89,13,1 me]　ne　　89,15,1 hwæthwiga]　hwæ hwi ga　　89,15,2 eaðbede]
with b *altered from* m *and a point below* d ?　　89,17,3 on]　*Not in MS.*

PSALM 90

1 Me earda‌ð æt æþele fultum
þæs hehstan heofonrices weard,
þe me æt wunað awa to feore.
    2 Ic to drihtne cwæð: "þu me dyre eart
fæle fultum; hæbbe ic freond on him,
min se goda god, and ic on ðe geare hycge."
    3 Forðon he me alysde of laðum grine,
huntum unholdum, hearmum worde.
    4 He me mid his gesculdrum sceade beþeahte;
forþon ic under fiðrum fæle hihte.
    5 Hwæt, me soðfæstnes min scylde wið feondum,
ne ðu þe nihtegsan nede ondrædest.
    6 Ne forhtast þu ðe on dæge flan on lyfte,
þæt þe þurhgangan garas on ðeostrum,
oððe on midne dæg mære deoful.
    7 Fealleð þe on þa wynstran wergra þusend,
and eac geteledra tyn þusendo
on þine þa swiðran, and þe ne sceaðeð ænig.
    8 Hwæðere þu ðæs eagan eall sceawadest,
gesege fyrenfulra frecne wite.
    9 Þu me eart se hehsta hyht, halig drihten;
þu me friðstol on ðe fæstne settest.
    10 Ne mæg þe ænig yfel egle weorðan,
ne heard sweopu huse þinum
on neaweste nahwær sceþþan.
    11 Forþon he his englum bebead, þæt hi mid earmum þe
on heora handum heoldan georne,
þæt þu wilwega wealdan mostest.
    12 And þe on folmum feredan swylce,
þe læs þu fræcne on stan fote spurne.
    13 Þu ofer aspide miht eaðe gangan,
and bealde nu basiliscan tredan,
and leon and dracan liste gebygean.
    14 Forðon he hyhte to me, ic hine hraðe lyse,
niode hine scylde, nu he cuðe naman minne.

90,4,1 sceade] *Above this word* scuan *is written in the MS.* (*as a* gloss?)
90,12,2 fræcne] f‌‌ᵻ‌æcne   90,14,2 niode] mode

15 He cigde me, and ic hine cuðlice
hold gehyrde, and hine hraðe syþþan
of earfoþum ut alysde.

16 Ic hine generige and his naman swylce
gewuldrige geond ealle werðeoda,
and him lifdagas lange sylle,
swylce him mine hælu holde ætywe.

PSALM 91

1 God is, þæt man drihtne geara andette
and neodlice his naman asinge,
þone heahestan hæleða cynnes;

2 And þonne on morgene mægene sæcge,
hu he milde wearð manna cynne,
and his soðe sæcge nihtes.

3 Hwæt, ic on tyn strengum getogen hæfde,
hu ic þe on psalterio singan mihte
oððe þe mid hearpan hlyste cweman,
forðon þu me on þinum weorcum wisum lufadest;
hihte ic to þinra handa halgum dædum.

4 Hu micle synt þine mægenweorc, mihtig drihten;
wærun þine geðancas þearle deope.

5 Wonhydig wer þæs wiht ne cann,
ne þæs andgit hafað ænig dysigra.

6 þonne forð cumað fyrenfulra ðrcat,
heap synnigra hige onlic;
ealle þær ætywað, þa ðe unrihtes
on weoruldlife worhtan geornast,
þæt hi forwordene weorðen syþþan
on worulda woruld and to widan feore.

7 þu on ecnesse awa, drihten,
heahesta bist, heofonrices weard.

8 þi nu ðine feond fæcne, drihten,
on eorðwege ealle forweorþað,
and weorðað towrecene wide ealle,

90,16,2 geond] geon   91,5,1 Wonhydig] Don hydig   91,7,2 heahesta]
heahehsta   91,8,2 forweorþað] foweor það

þa þe unrihtes æror worhtan.
  9 Þonne anhorna ealra gelicost,
min horn weorðeð ahafen swiðe
and mine yldo beoð æghwær genihtsum.
  10 And eage þin eac sceawode,
hwær fynd mine fæcne wæran,
and mine wergend wraðe gehyrde
efne þin agen eare swylce.
  11 Se soðfæsta samed anlicast
beorht on blædum bloweð swa palma,
and swa Libanes beorh lideð and groweð.
  12 Settað nu georne on godes huse,
þæt ge on his wicum wel geblowan.
  13 Nu gyt syndan manige manna swylce,
þe hiom yldo gebidan ær to genihte,
and þa mid geþylde þenden sægdan,
  14 Cwædon, þæt wære soðfæst sylfa drihten
and hine unrihtes awyht ne heolde.

PSALM 92

  1 Drihten hine gegyrede gode strengðe,
and hine þa mid micle mægene begyrde.
  2 Drihten rixað, dema usser,
and hine mid weorðlice wlite gegyrede.
  3 And þa ymbhwyrft eorþan getrymede,
swa folde stod fæste syþþan.
  4 Gearu is þin setl, and þu, ece god,
ær worulde fruman, wunast butan ende.
  5 Hofan heora stefne streamas, drihten,
hofan and hlynsadan hludan reorde
fram wæterstefnum widra manigra.
  6 Wræclice syndon wægea gangas,
þonne sæstreamas swiðust flowað;
swa is wundorlic wealdend usser
halig drihten on heanessum.

91,9,3 æghwær] æghær   92,6,1 wægea gangas] wæge *at the end of a
line, followed by* agangas *in the next line*

7 Þin gewitnes is weorcum geleafsum,
and mid soðe is swiðe getreowed.

8 Huse þinum halig gedafenað,
drihten usser, and dagas lange.

PSALM 93

1 Þu eart wracena god, and þu miht wrecan swylce,
ana gefreogan æghwylcne mann.

2 Ahefe þe on ellen, eorþan dema,
gyld oferhydigum, swa hi ær grame worhton.

3 Hu lange fyrenwyrhtan foldan wealdað
oþþe manwyrhtan morðre gylpað ?

4 Hi oftust sprecað, unnyt sæcgeað
and woh meldiað, wyrceað unriht.

5 Folc hi þin, drihten, fæcne gehyndan,
and yrfe þin eall forcoman.

6 Ælðeodige men, earme wydewan,
steopcilda feala stundum acwealdon.

7 Sægdan and cwædan, þæt ne gesawe
drihten æfre, dyde swa he wolde,
ne þæt Iacobes god ongitan cuðe.

8 Onfindað þæt and ongeotað þe on folce nu
unwiseste ealra syndon;
dysige hwæthwygu deope þæt oncnawan.

9 Se ðe ærest caldum earan worhte,
hu se oferhleoður æfre wurde?
And him eagena gesyhð eallum sealde
and he scearpe ne mæge gesceawian?
And se þe ege healdeð eallum þeodum,
and his þrea ne si þær for awiht,
se þe men læreð micelne wisdom?

10 God ealle cann guman geðancas
eorðbuendra, forðon hi idle synt.

11 Þæt bið eadig mann, þe þu hine, ece god,
on þinre soðre æ sylfa getyhtest

92,8,1 Huse] use *with the initial capital omitted; so also in the Latin text*
omum *with the initial* D *omitted* 93,8,1 ongeotað] ongeo tan

and hine þeodscipe　ðinne lærest
and him yfele dagas　ealle gebeorgest,
oðþæt bið frecne seað　þam fyrenfullan
deop adolfen　deorc and ðystre.

12　Næfre wiðdrifeð　drihten ure
his agen folc,　ne his yrfe þon ma
on ealdre wile　æfre forlætan.

13　Hwylc þonne gena　gehwyrfed byð,
þæt he on unriht　eft ne cyrre;
oððe hwylc nymeð me,　þæt ic man fleo
and mid rihtheortum　rædes þence?

14　Hwylc ariseð mid me,　þæt ic riht fremme
and wið awyrgedum　winne and stande,
þe unrihtes　ealle wyrceað?

15　Nymðe me drihten,　dema usser,
gefultumede　fægere æt þearfe,
wenincga min sawl　sohte helle.

16　Gif ic þæs sægde,　þæt min sylfes fot
ful sarlice　asliden wære,
þa me mildheortnes　mihtigan drihtnes
gefultumede,　þæt ic feorh ahte.

17　Æfter þære menigeo　minra sara
þe me ær on ferhðe　fæste gestodan,
þa me þine frofre　fægere, drihten,
gesibbedan　sawle mine.

18　Ne ætfyligeð þe ahwær　facen ne unriht;
ðu gefæstnast　facen sares;
hi soðfæste　sneome gehæftað
and heora sawle　ofslean þenceað,
blod soðfæstra　bitere ageotan.

19　Forðon me is geworden　wealdend drihten
to friðstole　fæst and gestaðelad;
is me fultum his　fæst on drihtne.

20　Þonne him gyldeð　god ælmihtig
ealle þa unriht　ðe hi geearnedan,
and on heora facne　fæste todrifeð
drihten eallmihtig,　dema soðfæst.

93,16,2 wære] nære

Psalm 94

1 Cumað nu togædere, wutun cweman gode,
wynnum drihten wealdend herigean,
urum hælende hyldo gebeodan.

2 Wutun his ansyne ærest secean,
þæt we andettan ure fyrene
and we sealmas him singan mid wynne.

3 Forðon is se micla god mihtig drihten
and se micla cynincg ofer eall manna godu.

4 Forðon ne wiðdrifeð drihten usser
his agen folc æfre æt þearfe;
he þas heahbeorgas healdeð swylce.

5 Eac he sæs wealdeð and he sette þone;
worhte his folme eac foldan drige.

6 Cumað him fore and cneow bigeað
on ansyne ures drihtnes,
and him wepan fore ðe us worhte ær.

7 Forðon he is drihten god, dema usser;
wærun we his fæle folc and his fægere sceap,
þa he on his edisce ær afedde.

8 Gif ge to dæge drihtnes stefne
holde gehyran, næfre ge heortan geþanc
deorce forhyrden drihtnes willan.

9 Swa on grimnesse fyrn geara dydan
on þam wraðan dæge and on westenne,
þær min ðurh facen fæderas eowre
þisse cneorisse cunnedan georne,
þær hi cunnedan, cuð ongeaton
and min sylfes weorc gesawon mid eagum.

10 Nu ic feowertig folce þyssum
wintra rimes wunade neah,
aa and symble cwæð and eac swa oncneow,
þæt hi on heortan hyge dysegedan.

11 Hi wegas mine wihte ne oncneowan,
þæt ic ær on yrre aðe benemde,
gif hi on mine reste ricene eodon.

94,1,3 hyldo] he ldo *corrected to* hy ldo   94,7,3 he] þe

Psalm 95

1 Singað nu drihtne   sangas neowe;
singe þeos eorðe eall   eceum drihtne.

2 Singað nu drihtne,   and his soðne naman
bealde bletsiað;   beornas sæcgeað
fram dæge to dæge   drihtnes hælu.

3 Secgeað his wuldor   geond sigeþeode,
and on eallum folcum   his fægere wundor.

4 He is se mycla god;   forþon hine mæn sculon
elne herian;   he is egeslic god
ofer ealle godu   eorðbuendra.

5 Syndon ealle hæþenu godu   hildedeoful;
heofonas þænne worhte   halig drihten.

6 Ys on þinre gesihðe   soð andetnes,
fæger halignes   fæste gebletsad
and weorðlic wlite   wuldres þines.

7 Bringað nu drihtne   bu ætsomne
wlite and are,   wuldor ðridde,
and þæt of hiora eðele don   ealle þeode,
þæt hi naman drihtenes   neode herigean.

8 Genimað eow arlice lac   and in gangað
on his wictunas;   weorðiað drihten
on his þære halgan   healle geneahhige.

9 For his ansyne sceal   eorðe beofian;
secgað nu on cynnum   and on cneorissum,
þæt from treowe becwom   tirfæst rice
drihten ure;   dome he syþþan
eorðan ymbhwyrft   ealle gesette.

10 He ferhtlic riht   folcum demeð
and on his yrre   ealle þeode.

11 Heofenas blissiað,   hrusan swylce
gefeoð fæstlice,   and floda þrym;
sealte sæstreamas   sælðe habbað.

12 Habbað feldas eac   fægere blisse
and ealle þa þe on him   eard weardiað;

95,3,2 fægere] fæger   95,11,1 Heofenas] eofenas *with the initial capital omitted, as also in the Latin text*

wærun wudubearuwas   on wyndagum
for andwlitan   ecean drihtnes,
forþon he cwom   on cyneðrymme,
þæt he þas eorðan   ealle demde.

13 Þonne he ymbhwyrft   eorðan folca
soðe and rihte   syþþan demeð.

PSALM 96

1 Rixað nu mid rihte   rice drihten;
is eorðe nu   eac on blisse,
and þæs fægerne   gefean habbað
ealanda mænig   ut on garsæcge.

*   *   *

PSALM 97

stundum onginnað
fægnian mid folmum   on gefean ælcne;
beorgas blissiað,   beacen oncnawað,
for ansyne   ecean drihtnes;
forþon he eadig com   eorþan to demanne.

9 He ymbhwyrft   eorþan demeð
soðe and rihte,   and his syndrig folc
on rihtnesse   ræde gebringeð.

PSALM 98

1 Rixað drihten,   and he reðe folc
healdeð on yrre   ungemete swiðe;
sitteð ofer cherubin,   se þe sona mæg
ana eorðware   ealle onstyrian.

2 Drihten is on Sion,   dema se mæsta,
heah and mære   ofer eall hæleða folc.

3 We andetað þinum   þam ecean naman,
þæt he mid mannum is   mycel and egeslic,
halig on helpe   hæleþa bearnum,
aare cyninges dom   æghwær lufade.

95,13,1 Þonne] onne *with the initial capital omitted*   98,3,4 æghwær]
æghær

4 Þu gegearwadest geara ærest,
þæt þu recene, god, rihte beeodest;
þu on Iacobe gode domas
æt fruman worlde fægere settest.

5 Ahebbað haligne heofena drihten,
usserne god ellencræfte,
and his fota sceamul forð weorþiað;
forþon he halig is hæleða bearnum.

6 Moyses et Aaron mære gebroðor,
soðe sacerdas, Samuhel ðridda,
þa gode his naman neode cigdan.

7 Hi cymlice cigdon drihten,
and he hi gehyrde holde mode,
spræc him wordum to þurh wolcnes swyr.

8 Hi þa gewitnesse wel geheoldon
and his bebodu beorhte efnedan,
þa he him sealde and sylfa bebead.

9 Þu gehyrdest hig, halig drihten,
and him, meahtig god, milde wurde,
and heora æfþancan ealle gewræce.

10 Hebbað urne god, hælend drihten,
and hine on halgum her weorðiað
mærum beorge; forðon his meahte synt
and halig is heofonrices weard.

PSALM 99

1 Nu ge mycle gefean mihtigum drihtne
eall þeos eorðe elne hyre,
and blisse gode bealde þeowie.

2 Gangað on ansyne ealle bliðe;
witað wislice þæt he is wealdend god;
he us geworhte and we his syndon.

3 We his folc syndan and his fæle sceap,
ða he on his edisce ealle afedde;
gað nu on his doru, god andettað,

98,5,2 ellencræfte] ellen cræfta   98,5,3 his] hit *corrected to* his
98,6,1 Aaron] aarom   99,3,3 andettað] 7det tað

and hine weorðiað on wictunum
mid lofsangum lustum myclum.
4 Heriað naman drihtnes, forþon he is niðum swæs;
is þin milde mod ofer manna bearn.

PSALM 100

1 Mildheortnesse and dom mihtigan drihtnes
singe and secge, and soð ongyte
on unwemmum wege, hwænne þu me wylle to.
2 Ic mid unbealuwe ealre heortan
þurh ðin hus middan halig eode.
3 Ne sette ic me fore eagum yfele wisan;
ealle ic feode facnes wyrcend,
næs me wyngesið wiðerweard heorte.
4 Ic awyrgde fram me wende and cyrde;
nolde ic hiora andgit ænig habban,
þe tælnessa teonan geneahhige
wið heora þam nehstan nið ahofan;
þara ic ehte ealra mid niðe.
5 Oferhydegum eagum, unsædre heortan,
nolde ic mid þæm men minne mete ðicgean.
6 Ofer geleaffulle eorðbugende
eagan mine georne sceawedun,
hwær ic tirfæste treowe funde,
þa me symble mid sæton and eodon;
he me holdlice her ðegnade.
7 Ne eardað on midle mines huses,
þe oferhygd up ahebbe
oþþe unriht cweþan elne wille.
8 Ic on morgenne ofslea manes wyrhtan
ealle þe unriht elne worhtan
and fyrena fela gefremed habbað;
ealle ic þa of drihtnes drife ceastre.

100,2,1 Ic] Ac   100,3,3 wyngesið] *Followed by* fac, *a scribal echo of*
facnes *in the preceding line*   100,6,1 geleaffulle] geleafulle   100,7,2
ahebbe] ᵃhebbe

PSALM 101

1 Ðu min gebed, mære drihten,
gehyr, heofenes weard, and gehlyde min
to ðe becume, þeoda reccend.

2 Na þu andwlitan æfre þinne
awend fram me, wuldres ealdor;
gif ic geswenced sy, þu swæs to me
þin eare onhyld and me ofestlice
gehyr, heofenes weard, helpys benan.

3 Forðon dagas mine gedroren syndan
smece gelice, and forspyrcende synd
mine mearhcofan, þæs þe me þinceð,
swylce hi on cocerpannan cocas gehyrstan.

4 Ic eom hege gelic, þam þe hraðe weornað,
ðonne hit byð amawyn mannes folmum;
is min heorte eac hearde geswenced,
forðon ic ær forgeat, þæt ic etan sceolde
minne swetne hlaf; forðon me is swære stefn
hefig gnorniende heortan getenge,
ætfeolen eac min ban flæsce minum.

5 Ic geworden eom pellicane gelic,
se on westene wunað; wat ic eac swiðe geare,
þæt ic genemned eam nihthrefne gelic,
þe on scræfe eardað, and ic spearuwan swa some
gelice gewearð, anlicum fugele.

6 Hwæt, me ealne dæg edwitspræce on
mine feondas fæste brohtan,
and ða me heredan; hi me hraþe æfter
full swyþe eft swerigean ongunnon.

7 Forðon ic anlic ætt æscean hlafe,
and ic minne drinc mengde wið tearum,

8 For andwlitan yrres þines;
feor þu me ahofe and gehnæctest eft.

9 Dagas mine gedruran swa se deorca scua,
and ic hege gelic, swa hit hraðe weornað.

101,1,1 mære] mere   101,4,7 flæsce] flæcse   101,6,1 edwitspræce on]
edwit spræcon

10 Þu on ecnysse wunast awa, drihten;
wunað þin gemynd, þenden woruld standeð.

11 Aris nu, mihtig god, miltsa Sione;
nu is hire helpe heahsæl cumen.

12 Forþon þæs þancunga þine scealcas
ambyhtmæcgas ealle hæfdan,
forðon þe þu stiðlice stanum and eorðan
eallum ætgædere ær miltsadest.

13 Forþon neodlice on naman ðinum
ealle eorðbuend egsan habbað,
and þin wuldor ongitað wise cyningas.

14 Eft timbrade ece drihten
and gesette Sion þurh his sylfes miht,
ðær wæs gesyne his seo soðe sped.

15 Oft he þearfendra bene ðance gehyrde,
and he ne forhogode heora hold gebed.

16 Ða wislice awriten standað
and on cneoressum cyðed syndan,
þæt he folc gesceop; fægere drihten
hera ð holdlice hrore geþance.

17 Forðon he fæstlice forð locade
of his þam hean halgan setle;
drihten geseah of heofenum her on corðan.

18 He þa gehyrde heahgnornunge
þæra ðe gebundene bitere wæron,
and ða bealdlice bearn alysde
þara ðe ofslegene sliþe wæran.

19 Þonne byð on Sione sægd soð nama drihtnes,
and his lof swylce, leoda bearnum,
on Hierusalem gleawast and mærust.

20 Cumað folc syððan feorran togædere
and ricu eac, þæt hraðe drihtne
ful holdlice hyran syþþan.

21 He him andwyrdeð eallum sona
on wege worulde, þær his gewis mægen

101,12,1 þine] þina   101,12,3 þe] þu *corrected to* þe   101,13,3 wise
cyningas] wises cynin ges   101,17,2 his] hic *corrected to* his   101,18,2
gebundene] gebundenne   101,21,2 his] is   gewis] ge wit *corrected to*
ge wis

fæste standeð: "Ic þe feawe dagas
minra mættra   mode secge,
þæt þu me meaht on midle   minra dagena
sona gecigean,   gif þu sylfa wylt."
Earon þines anes gear   awa to feore.

22   Æt fruman þu,   drihten, geworhtest
eorþan frætwe   and upheofen;
þæt is heahgeweorc   handa þinra.

23   Sweotule þa forweorðað   and ðu sylf wunast;
eall forwisnað   wædum anlice,
and ðu hi onwendest,   swa man wrigels deð,
and hi beoð to worulde   wended syþþan.

24   Þu þonne byst se ilca,   se þu ær wære;
ne beoð winter þin   wiht ðe sæmran.

25   Bearn þinra scealca   her bu namon,
and þær eardedan   ealle þrage,
and heora sylfra cynn   syððan to feore
on worulda woruld   well gerehtest.

Psalm 102

1   Bletsa, mine sawle,   bliðe drihten,
and eall min inneran   his þæne ecean naman.

2   Bletsige, mine sawle,   bealde dryhten,
ne wylt þu ofergeottul   æfre weorðan
ealra goda,   þe he þe ær dyde.

3   He þinum mandædum   miltsade eallum
and þine adle   ealle gehælde.

4   He alysde þin lif   leof of forwyrde,
fylde þinne willan   fægere mid gode.

5   He þe gesigefæste   soðre miltse
and ðe mildheorte   mode getrymede;
eart þu edneowe   earne gelicast
on geogoðe nu   gleawe geworden.

6   Hafast þu milde mod,   mihta strange,
drihten, domas   eallum þe deope her
and ful treaflice   teonan þolian.

101,21,3 standeð] standað   101,23,3 hi] *Added above the line*
102,6,2 eallum] ealle   102,6,3 þolian] þoliaðn

7 He his wegas dyde wise and cuðe
Moyse þam mæran on mænige tid,
swylce his willan eac werum Israhela.

8 Mildheort þu eart and mihtig, mode geþyldig,
ece drihten, swa þu a wære;
is þin milde mod mannum cyðed.

9 Nelle þu oð ende yrre habban,
ne on ecnesse ðe awa belgan.

10 Na þu be gewyrhtum, wealdend, urum
wommum wyrhtum woldest us don,
ne æfter urum unryhte ahwær gyldan.

11 Forðon þu æfter heahweorce heofenes þines
mildheortnysse, mihtig drihten,
lustum cyðdest, þam þe lufedan þe.

12 Swa þas foldan fæðme bewindeð
þes eastrodor and æfter west,
he betweonan þam teonan and unriht
us fram afyrde æghwær symble.

13 Swa fæder ðenceð fægere his bearnum
milde weorðan, swa us mihtig god,
þam þe hine lufiað, liðe weorðeð,
forðan he ealle can ure þearfe.

14 Gemune, mihtig god, þæt we synt moldan and dust;
beoð mannes dagas mawenum hege
æghwær anlice, eorðan blostman,
swa his lifdagas læne syndan.

15 Þonne he gast ofgifeð, syþþan hine gærsbedd sceal
wunian widefyrh, ne him man syððan wat
ahwær elles ænige stowe.

16 Þin mildheortnes, mihtig drihten,
þurh ealra worulda woruld wislic standeð,
deorust and gedefust ofer ealle þa þe ondrædað him.

17 Swa his soðfæstnyss swylce standeð
ofer þara bearna bearn þe his bebodu healdað,

102,12,1 Swa] Hwa   102,12,4 æghwær] æghær   102,15,2 widefyrh,
ne] wide fyrhne *with a stroke somewhat like a heavy i above the line between*
y and r, *probably an incompleted* h   102,16,3 þa þe] þa þe þe   102,17,2
his] hit   healdað] healdeð

and þæs gemynde   mycle habbað,
þæt heo his wisfæst word   wynnum efnan.
18 On heofenhame   halig drihten
his heahsetl   hror timbrade,
þanon he eorðricum   eallum wealdeð.
19 Ealle his englas   ecne drihten
bletsian bealde,   heora bliðne frean,
mægyn and mihta,   þa his mære word
habbað and healdað   and hyge fremmað.
20 Bletsian drihten   eall his bearna mægen
and his ðegna ðreat,   þe þæt þence nu,
þæt hi his willan   wyrcean georne.
21 Eall his agen geweorc   ecne drihten
on his agenum stede   eac bletsige,
þær him his egsa,   anweald, standeð;
bletsige min sawl   bliðe drihten.

PSALM 103

1 Bletsa, mine sawle,   bliþe drihten;
þu eart, min drihten god,   dædum swyþe,
meahtum mære   ofer manna bearn.
2 Þu þe weorðlice   wliteandette
gode gegyredest;   eart nu gleawlice
swa limwædum   leohte gegyrwed.
3 Heofen þu aðenedest   hyde gelice,
þone weardiað ufan   wætra ðryðe.
4 He wolcen eac   worhte and sette,
þæt he mihte eaðe   upp astigan,
se fotum tredeð   fiðru winda.
5 He his englas deð   æðele gastas
and his frome ðegnas   fyr byrnende.
6 He gefæstnude   foldan staðelas,
eorðan eardas;   ne seo æfre nu
on worulda world   weorðeð ahylded.
7 He nywolnessa   neoðan swa swa ryfte

102,18,3 wealdeð] *With* ţ *erased before* w   103,2,1 wliteandette] wlite
7dette

him to gewæde woruhte swylce;
standað ofer mannum muntas on wæterum.

8 þa him þrea þine þearle ondrædað,
fleoð forhtlice þunres brogan
þinre stefne strangne egsan.

9 Beorgas and feldas þa astigað
on þæne stede þe þu gestaðeludest him,
and on ðære stowe standað fæste;
ne magon hi ofer gemære mare gegangan,
þæt hi ðysse eorþan awyht habban.

10 Oft of denum yrnað deope wyllan,
and of midle munta swylce
wæter awealleð, wide floweð.

11 Of þam eorðan deor ealle drincað,
bidað assan eac on þurste;
ofer þan heofonfugelas healdað eardas,
sendað of þam stanum stefne mycle.

12 Beorgas onfoð blædum and wæstmum,
ufan eorðwæstme ealle growað,
swylce of wæstmum weorca þinra
eall eorðan cið ufan byð gefylled.

13 Swylce þu of foldan fodder neatum
lætest alædan, on þæm hi lif healdað;
wyrta þu geworhtest to wraðe manna.

14 Eac þu him of eorþan ut alæddest
hlaf to helpe; heortan manna
must and windrinc myclum blissað.

15 Ele andwlitan eac gescyrpeð
and hlaf trymeð heortan mannes.

16 Swylce þu gefyllest fægrum blædum
telgum treowwæstme; tydrað ealle,
þa on Libanes lædað on beorge
cwice cederbeamas, þa ðu cuðlice
sylfa gesettest; on þam swylce nu
mid heora spedum spearwan nystlað.

103,7,2 him] he him   swylce] swylce swylc   103,9,1 þa] þo
103,9,2 him] hi   103,11,3 ofer] of   103,15,2 heortan] heorta^{n},
103,16,3 lædað] lædeð

17 Uphebbean hus   hiora agen is
latteow on lande;   oft laðne beorh
on hean muntum   heortas wuniað;
erinaces fleoð   oft on stanas.

18 Monan he geworhte   on þa mæran tid;
sunne hire setlgang   sweotule healdeð.

19 Þystru ðu gesettest   on þearle niht,
on þære ealle wildeor   wide toeornað.

20 And leon hwelpas   lange swylce
grymetigað gnorne;   georne secað,
þæt him grædigum æt   god gedeme.

21 Syþþan up cumeð   æðele sunne,
hi of siðum eft   gesamniað
and hi on holum   hydað hi georne.

22 Mægenweorc on morgen   man onginneð
and þæt geendað   on æfynne.

23 Mycel wærun þine weorc,   mihtig drihten,
ealle þa þu mid snyteru   sylfa worhtest;
is þeos eorðe eac   eall gefylled
þinra gesceafta,   scyppend mære.

24 His is mycel sæ   and on gemærum wid,
þær is unrim on   ealra cwycra
mycelra and mætra;   ofer ðæne mægene oft
scipu scriðende   scrinde fleotað.

25 Dracan þu þysne   dædum ðinum
geheowadest,   hete syððan
his bysmere   brade healdan;
ealle to ðe,   ece drihten,
ætes on corðan   eac wilniað.

26 And him gesomnadum   swylce wylle
þine þa halgan   hand ontynan,
ealle hi gefyllan   fægere gode.

27 Gif þu þine ansyne fram him   æfrc awendest,
þonne hi gedrefde   deope weorðað,
and him gast weorðeð   georne afyrred;
swylce teonlice   geteoriað,
on heora agen dust   æfter hweorfað.

103,26,1 And] Aan,^{d}

28 Onsend þines sylfes gast, sona weorþað
geedniwad, and þu eac scyppest
eorðan ansyne ealle swylce.

29 Wuldor si wide weruda drihtne
and on worulda woruld wunie syððan,
blissie on his weorcum bealde drihten.

30 He on ðas eorðan ealle locað,
deð hi for his egsan ealle beofian;
gif he mid his mihte muntas hrineð,
hi ful ricene reocað sona.

31 Ic on minum life lustum drihtne
singe soðlice and secge eac,
þenden ic wunige on worulddreamum.

32 Wese him herenes min æt heortan weðe,
ic minne drihten deorne lufige.

33 And þa fyrenfullan frecne forweorðaþ,
þa on ðysse eorðan synt, ealle sniome,
þæt hio ne wunian on worldlife.
Bletsa, mine sawle, bliðe drihten.

PSALM 104

1 Andetað drihtne and his ecne naman
cegað cymlice, and cwyce secgeað
his wundorweorc ofer ealle werðeode.

2 Singað him swylce and salletað,
secgað his wundor eall wide mæru.

3 Hergeað his naman niode swylce;
heorte hygeclæne hlutre blissað
þam þe soðlice secað dryhten.

4 Secað ge drihten, and ge syððan beoð
teonan gehwylce ful trume æghwær;
secað his ansyne symble georne.

5 Gemunað ge on mode, hu he mænig wundor
worhte wræclice, wundur unlytel,
and his muþes eac mære domas.

6 Hwæt, he Abrahames cynn, þe his esne wæs,

104,1,2 cwyce] c$^{\text{w}}_{\wedge}$yce   104,3,2 blissað] blissiað

geweorðude   ofer werþeoda,
and Iacobes bearn,   þone he geara geceas.
  7 He is ure drihten   dædum spedig;
earun his domas   deore and mære
geond þisse eorðan   æghwylcne dæl.
  8 He þæs on worulde   wearð gemyndig,
þæt he worde gecwæð   on gewitnesse,
þæt heo on þusende   þæt sceoldan healdan,
þære cneorisse   cwyc se þe lifde.
  9 Þæt he mid aðsware   to Abrahame
and to Isaace   eac gesohte,
and gleawlice   Iacobe bead,
þæt awa to feore   Israheles cyn
his gewitnesse   wel geheolde.
  10 And him þa mid soðe   sægde cweðende:
"Ic eowrum cynne   Khananea land
on agene æht   yrfe gesylle."
  11 Næs þæt mære cynn   mycel on rime,
ac on þam folce   feawe wæran ænige,
oððæt bigengum   beornas onwocan;
cynn æfter cynne   cende wæran,
oðþæt hio oðer folc   egsan geðiwdan.
  12 Ne let he him manna   mihte sceððan
and he þearle for him   þrea geaf kyningum.
  13 Ne sceolon ge mine þa halgan   hrinan ne gretan
ne on mine witigan   wergðe settan.
  14 Cwom þa ofer eorðan   ermðu and hungor,
wurdon wide menn   wædlan hlafes.
  15 He him snoterne beforan   sende æryst
ful wisne   wer to scealce,
and þa bebohtan   bearn Iacobes
Ioseph on geoguðe;   þær hine grame æryst
hæfdon to hæfte,   oþþæt hine halig god
þurh his worda   wisdom ahof.
  16 Sende him soð cyning   sweotule are,
alysde hine lungre   and hine þam leodum þa
to ealdormen   eallum sette.

104,11,1 Næs] Wæs

17 He sette hine on his huse   to hlafwearde,
ealra him his æhta   anweald betæhte,
18 þæt he his ealdormen   ealle lærde,
swa he his sylfes mod   geseted hæfde,
and þa yldestan   ealle lærde,
þæt heo wisdomes   word oncneowan.
19 Þær Israhel becwom   on Egypta,
and se goda   Iacob syþþan
eft eardude   eorðan Khanaan.
20 He þæt eadige folc   ehte swyðe,
and hio ofer heora feond   fæste getrymede.
21 Hiora heortan he ongan   hwyrfan æryst,
þæt heo his folc   feodan swyðe
and his esnum eac   inwit fremedan.
22 Þa he him þone mæran   Moyses sende,
his sylfes scealc,   samod ætgædere
and Aaron eac,   þone he ær geceas.
23 He sette on hi sylfe   soðne wisdom
worda and weorca   wundortacna
and forebeacna,   þæt hio fromlice
cyðdan cneomagum   cystum godum,
oðþæt heo geforan   folc Khananea.
24 He hi mid þystrum ongan   þrean æt frymþe,
forðon hio word heora   wel ne oncneowan.
25 And heora wæter swylce   wende to blode,
on ðam heora fisceas   frecne forwurdan.
26 Sende on heora eorþan   ealle swylce
toscean teonlice,   þa teolum husum
on cyninga cofum   cwyce eardedan.
27 He sylfa cwæð;   sona cwoman
mysci manige,   mid wæran gnættas,
fleohcynnes feala   flugan on gemæru.
28 Sette him regnas   reþe swylce,
hate of heofenum   hagol byrnende,
se lige forgeaf   land Egypta.
29 Syððan forwurdan   heora wingeardas
and ficbeamas;   furþor ne mihton
blæda bringan   ne bearwa treow.

30 He þa syþþan cwæð; sona cwoman
gangan gærshoppan and grame ceaferas;
ne mihte þa on moldan man geriman,
þe þær on foldan fræton wæstmas.

31 Syþþan he æfter sloh æghwylc frumbearn
þe on Egyptum wæs ahwær acenned,
and frumcynnes heora frean swylce.

32 And his þæt gode folc golde and seolfre
geweorþade and hi wislice
leofe lædde; næs þæra leoda ða
ænig untrum yldra ne gingra.

33 Wurdon him Egyptas æfter bliðe,
syððan hi on fore folc sceawedan,
forðon him þær egesa angryslic stod.

34 He hi wolcne bewreah, wraðum ahredde,
het him neode nihta gehwylce
fyrenne beam beforan wisian.

35 Flæsces hi bædon, fuglas coman,
of garsecge ganetas fleogan,
and hi heofonhlafe halige gefylde.

36 Het him of stane streamas flowan,
wæter on willan; na him gewættan fot,
þa hi on Iordane gengdan æfter.

37 Ac he wæs þæra worda wel gemyndig,
halig heofenes weard, þe he hleoðrade
to Abrahame, his agenum hysse.

38 And his folc lædde fægere on blisse
and his þone gecorenan heap clæne on wynne.

39 Sealde þam leodum landes anweald
on agene æht oðre þeode
and hi folca gewinn fremdra gesæton.

40 Þær hi heoldan halige domas
and his soðfæst word swylce georne,
and his æbebod awa to feore.

104,31,1 æghwylc] æghylc   104,33,1 him] hi   104,36,3 gengdan]
With second g *altered from* d   104,40,1 heoldan] sceoldan

PSALM 105

1 Ic andette ecum drihtne,
georne ðam gleawan, forðan ic hine godne wat;
forþon he his mildheortnysse mannum cyðde,
on ðysse worulde wis gestandeð.

2 Hwylc mæg æfre mihta drihtnes
asprecan and aspyrian, oððe spedlice
eall his lofmægen leode gehyran
and his gehyrnesse her oncnawan?

3 Eadige beoð æghwær, þa ðe a wyllað
soðe domas sylfe efnan,
on ealle tid æghwæs healdan
heora soðfæstnysse symble mid dædum.

4 Gemune us, drihten, on modsefan
forð hycgende folces þines,
and us mid hælo her geneosa.

5 And us tidlice teala sceawige,
ceose mid gecorenum, þenden we cwice lifgen,
þæt we mid þinre ðeode þær blissian
and þæt yrfe þin æghwær herige.

6 We gefyrnedan mid urum fæderum ær,
and we unsoðfæste ealle wæron
and unrihtes æghwær worhtan.

7 Fæderas ure fæste ne oncneowan
ealle þa wundor þe ðu on Egyptum
worhtest wræclice, wundor unlytel;
næron hi gemyndige miltsa þinra,
þa ðu him on ðære mægðe manige cyðdest.

8 Hi bysmredan, þa hi on brad wæter
on þone readan sæ randas bæron,
þær ðu hi alysdest, lifes ealdor,
and hi generedest on naman þinum,
þa ðu þine miht mycle cyðdest.

9 Þær ðu readne sæ ricene geðywdest,
and þær wæron þa wareðas drige,
and hi betweonum wætera weallas læddest,

105,3,1 æghwær] ægh^{w}ær   105,4,1 Gemune] Gemunes

swa hi on westenne wæron on drigum.

10 Swa hi alysde lifes ealdor
of heora feonda fæcnum handum,
and of feogendra folmum swylce,
and heora feondas flod adrencte,
þæt þæra æfre ne com an spellboda.

11 Syððan hi his wordon wel gelyfdan
and him lofsangum lustum cwemdan,
and þæs eft hraðe ealle forgeaton,
weorca wræclicra; na hi wel syþþan
his geæhtunge ahwær heoldan.

12 Hi on westenne wraðe ongunnan
gitsunge began and gramlice
heora godes þær geare costedan.

13 He him been sniome brohte and sealde,
sende on heora muþas mete to genihte.

14 Ongunnon hi on þam wicum wraðe swylce
mærne Moyses ma bysmrian
and Aaron mid eac þone halgan.

15 Þa eorðe togaan and eall forswealh
on deope forwyrd Dathanes weorod
and Abirones eall ætgædere.

16 Þær fyr abarn frecne swylce
on heora gemetinge, and þær maansceaðan
þa synfullan sniome forbærnde.

17 Hi on Choreb swylce cealf ongunnan
him to godgylde georne wyrcean,
onwendan heora wuldor on þæne wyrsan had
hæðenstyrces hig etendes.

18 Godes hi forgeaton, þe hi of gramra ær
feonda folmum frecne generede,
þe on Egyptum æðele wundur
and on Chananea cymu worhte
and recene wundur on þam readan sæ.

19 Þa hi wolde toweorpan wuldres aldor,
þær heora Moyses mægene ne hulpe;
he þæt folc forstod feonda mægene;

105,11,2 him] hi   105,18,3 wundur] wundar

forðon he him his yrre   of acyrde,
þæt he hi ne towurpe   geond werþeoda.
20 Ne hi for awyht   eorþan cyste
þa selestan   geseon woldan,
ne his wordum eac   woldan gelyfan;
ac hi granedan   and grame spræcan,
noldan his wordum   wel gehyran.
21 He his handa ahof   and hi hraðe wolde
on þam westenne   wide todrifan
and heora swæs cynn   sendan on wid land.
22 Hi Belphegor   bædon are,
æton deadra lac,   swa hit gedefe ne wæs.
23 And hi bysmredon   bealde drihten
on heora gemetincge   mægene ealle,
and þær healicne   on hryrc gefremedan.
24 Hi þæs feondætes   Finees awerede,
þa he on þam folce   feondgyld gebræc;
he þæs hæl gehleat   and helpe fand
of cynna gehwam   and on cneorisse.
25 Eac hi gefremedan   oðer bysmer,
þær hi wiðercwyde   wæteres hæfdon;
þær Moyses wearð   mægene gebysgad
for heora yfelum,   swa he oftor wæs,
on his gaste gram;   ne mihte him godes willan
mid his welerum   wisne getæcean.
26 Noldan hi toworpan   wraðe þeode,
swa him drihten ær   dema sægde,
ac hi wið manfullum   mengdan þeode
and leornedan   lað weorc gode
and sceuccgyldum   swyþe guldan;
him þæt eall gewearð   to æswyce.
27 Ongunnan heora bearn   blotan feondum,
sceuccum onsæcgean   suna and dohter;
agutan blod swylce   bearna feala,
þa unscyldige   ealle wærun,
syðþan hi gecuran   Chananea god.
28 Þanon eorþe wearð   eall mid blode

105,20,1 Ne] He   105,26,3 mengdan] megndan

mane gemenged, misdædum fah.

29 Eall hi forheoldan   heahweorc godes;
forðan him yrre wearð   ece drihten
and he his yrfe   eall forhogode.

30 He hi on handgeweald   hæðenum sealde
and heora weoldan, þa him wyrrest ær
on feondscipe   fæste gestodon.

31 Heora costedan   cuþe feondas
and under handum   hynþe þoledan;
hi alysde oft   lifes ealdor.

32 Hi hine on geþeahte   oft abylgdan;
wæron on unrihtum   oft gehynde.

33 Swa he furðum oncneow, þæt heora fynd ehtan,
he heora bene   bealde gehyrde.

34 Þonne he his wordgebeot   well gemunde;
hreaw hine sona, þonne hi hynþa drugan,
æfter his miltsa   menigu godes.

35 Syððan he him sealde   sona miltse,
þær hi on gesawon   ealle ætgædere,
þe ehtend him   ær gestodan.

36 Do us hale nu, halig drihten,
and us, se goda god,   georne gesamna
of widwegum, þær we wean dreogað,
þæt we þinne naman   nede motan
þone halgestan   her andettan
and we on lofe þinum   lungre weorðan
ofer werðeode   wuldre geherede.

37 Wese Israhela god   aa gebletsad
on worulda woruld,   wealdend drihten,
and þæt fægere becweðe   folca æghwylc;
wese swa, wese swa   þurh eall wide ferhð.

PSALM 106

1 Ic andette   ecne drihten,
þæne goodan god,   forðan ic hine gleawne wat;
is his mildheortnes   mycel to worulde.

105,28,2 misdædum] middædum   105,36,7 geherede] generede
106,1,3 mycel] myce

2 Secge þæt nu ða, þæt hi sylfa god
alysde, lifes weard, laðum of handa,
and hi of sidfolcum gesamnade.

3 Fram uppgange æryst sunnan
oþþæt heo gewiteð on westrodur
and fram sæ norðan swycedan geond westen;
ne meahton ceastre weg cuðne mittan,
þe hi eardunge on genaman.

4 Hæfde hi hungor and þurst heard gewyrded,
þæt him frecne on feorh aðolude.

5 And hi þa on þære costunge cleopedan to dryhtne,
and he hi of þam earfeðum eallum alysde.

6 Hi þa gelædde lifes ealdor,
þær hi on rihtne weg ricene eodan,
oðþæt hi cuðlice on becwoman
to hiora cestre eardungstowe.

7 Forðon hi mildheortnesse mihtigan drihtnes
ealle andettað, and eac sæcgeað
mycel wundur hys manna bearnum.

8 Forðon he gesedeð sawle idle,
and þa hungrian her mid godum
fæste gefylleð to feore syþþan,

9 Þa þe her on ðystrum þrage sæton
and on deaðes scuan deorcum lifdan,
gebundene bealuwe feterum
on wædle wrace and on iserne.

10 Forðon hi dydan drihtnes spræce
æghwæs ægype, and his geðeaht swylce
þæs heahstan him hæfdan on bysmer.

11 Hiora heorte wæs hean on gewinnum
and untrume ealle wæran,
næfdan þa on foldan fultum ænne.

12 Hi on costunge cleopedan to drihtne,
and he hi of þam earfoðum eallum alysde.

13 And he hi of þam þystrum þanon alædde

106,3,2 westrodur] wes rodur 106,5,1 dryhtne] dryhte 106,7,1
hi] he 106,9,3 gebundene] gebun denne 106,10,3 þæs] þes *corrected*
to þæs

and of deaðes scuan   deorcum generede
and heora bendas towearp   bitre sneome.
14 Forðan hi mildheort mod   mihtigan drihtnes
ealle andettan,   and eac cweþan
mycel wundur his   ofer manna bearn.
15 Forðon he æren dor   eaðe gescæneð
and iserne steng   ana gebigeð.
16 He hi of unrihtum   ealle swylce
þam wraðan wege   wis alædeð,
þær hi wæron on woo   ær wraðe besmitene.
17 Hi onhysctan   æghwylcne mete,
mode mægen heora,   oð unmihte,
þæt hy wið deaða duru   drencyde wæran.
18 Þa hi on costunge   cleopedan to drihtne,
and he hi of þam earfoþum   eallum alysde.
19 He him wisfæstlic   word onsende,
þurh þæt hi hrædlice   hælde wæron
and of heora forwyrde   wurdan generede.
20 Forðon hi nu andettan   ecum drihtne,
þæt he milde wearð   manna cynne;
mycel ys his wundur   ofer manna bearn.
21 Hi him sculon laces lof   lustum bringan,
and his weorc wynsum   wide sæcgean.
22 Þa þe sæ seceað,   mid scipe liðað,
wyrceað weorc mænig   on wæterðryþum.
23 Hi drihtnes weorc   digul gesawon
and his wundra wearn   on wætergrundum.
24 Gif he sylfa cwyð,   sona ætstandað
ystige gastas   ofer egewylmum,
beoð heora yþa   up astigene.
25 Þa to heofenum up   heah astigað,
nyþer gefeallað   under neowulne grund;
oft þa on yfele   eft aþindað.
26 Gedrefede þa   deope syndan,
hearde onhrerede   her anlicast,

106,14,2 andettan] 7dettan   106,14,3 his] is   106,15,1 gescæneð]
ge sce neð *altered to* ge scæ neð   106,24,1 ætstandað] æt standeð

hu druncen hwylc gedwæs spyrige;
ealle heora snytru beoð yfele forglendred.
27 Hi on costunge cleopedan to drihtne,
and he hi of earfeðum eallum alysde.
28 He yste mæg eaðe oncyrran,
þæt him windes hweoðu weorðeð smylte,
and þa yðe eft swygiað,
bliþe weorðað, þa þe brimu weþað.
29 And he hi on hælo hyþe gelædde,
swa he hira willan wyste fyrmest,
and he hig of earfoðum eallum alysde.
30 Hi andettan ealle drihtne,
hu he milde wearð manna cynne;
mære synd his wundur ofer manna bearn.
31 Forðon hine on cyrcean cristenes folces
hean ahebbað, and him hælu and lof
on sotelum soðfæstra secgean to worulde.
32 He on westenne wynne streamas
soðfæst sette, þær he sarig folc
geðewde þurste þa blissade.
33 He ða weaxendan wende eorðan
on sealtne mersc for synndædum
þara eardendra, þe hire on lifdan.
34 Westen he geworhte on widne mere,
and swylce eorðan eac butan wætre
on utgange æþelast burnan.
35 Þær he hungrium ham staðelude,
and þær gesetton swylce ceastre,
þær hi eard namon awa syþþan.
36 Hi wingeardas wyrcean ongunnon,
sæde seowan, syþþan growan
lungre land heora aloden wæstmum.
37 Þa he bletsade, and hi brade þa
weoxan weorðlice, wide greowan;
næs heora neata nan geyfelad.

106,26,4 forglendred] for gledred 106,28,2 him] hi 106,36,2 gro-wan] greowan

38 Oft hi fea wurdan   feondum geswencte
fram þære costunge   þe him becwom æfter,
sares and yfeles,   þe hi syþþan begeat.

39 Syððan hi forhogedan   halige lare;
hiora ealdormen   ealle wæron
sare beswicene,   swicedan oftust
and on wegas werige   wendan hwilum of.

40 Þær he þearfendra   þa miltsude,
and hi of wædle   wean alysde,
sette heora staðol   sceapum anlice.

41 Syþþan þæt soðfæste geseoð,   sniome æfter
bliðe weorðað,   beot geþenceað,
þæt unrihta gehwylc   eft oncyrreð
and his sylfes muð   symble hemneð.

42 Hwylc is wisra nu   wel snotera,
þe þas mid gehygde   healdan cunne,
and milde mod   mihtigan drihtnes
full gleawlice   ongite syþþan?

PSALM 107

1 Ys min heorte gearu,   halig drihten,
gearu is min heorte,   þæt ic gode cweme,
sealmas singe   soþum drihtne.

2 Aris nu, wuldur min,   þæt ic wynlice
on psalterio   þe singan mote,
and ic ðe on hleoðre   hearpan swylce
on ærmergen   eac gecweme.

3 Ic þe andette,   ece drihten,
on folca gehwam   fægrum wordum,
and ic þe on ðeodum   on þanc mote
sealmas singan   swyþe geneahhe.

4 Is þin mildheort mod   mycel oð heofenas
ahafen healice   ofer hæleða bearn;
ys þin soðfæstnes   seted oþ wolcen.

5 Ahafen þu eart ofer heofenas,   halig drihten;

106,39,1 halige] haligne   106,41,3 oncyrreð] on cyrrað   106,41,4
hemneð] nemneð

is wuldur ðin   wide swylce
ofer þas eorðan   ealle mære,
and þine þa gecorenan wesan   clæne and alysde.

6   Do me þin swyðre hand   swylce halne
and me gehyre,   hælynd drihten,
þe on halgum spreceð   her on eorðan:
"And ic blissige,   bu gedæle,
þa selegesceotu,   þa on Sycimam nu
and on Metibor   mære standað.

7   Min is Galaad,   gearwe Mannases,
is Effrem his   agen broður
efne heah strengðu   heafdes mines.

8   Ic me to cyninge   cenne Iudas,
syndan me Moabitingas   magas swylce;
ic Idumea   ealle cenne
and min gescy þyder   sendan þence;
syndan me fremde cynn   fæste underþeoded."

9   Hwylc gelædeð me   on lifes byrig
fæste getrymede,   þæt ic forð þanon
on Idumea wese   eft gelæded?

10   Hwæt, þu eart se sylfa god,   þe us synnige iu
adrife fram dome;   ne do þu æfre swa,
þæt þu of urum mægene   mod acyrre.

11   Syle us on earfoðum   æþelne fultum;
forþon hælu byð   her on eorðan
manna gehwylces   mægene idel.

12   Us sceal mægenes gemet   mihtig drihten
soðfæst syllan,   and he sona mæg
ure feond gedon   fracuþe to nawihte.

PSALM 108

1   Nelle ic lofes þines,   lifigende god,
geswigian,   þeah þe me synfulra
inwitfulra muðas   on ganian.

2   Hio þa innwit feala   ywdan on tungan,
and me wraðra wearn   worda spræcon,

107,6,6 standað] standeð   107,12,1 Us] Is

fæcne firenlicu,   and afuhtan me
ealle earwunga   ungemete swyðe.

3   Hi me wið lufan   laþum dædum
torne telnysse   teodan mænige;
ic him a gebæd   ungemete georne.

4   Hi me yfel settan   a wið goode
and feounge   for minre lufan.

5   Gesete him synnfulle   symble to ealdrum,
stande him on þa swyþeran hand   swylce deoful.

6   Gange of dome gehwam   deope gehyned,
and him his gebed   hweorfe to fyrenum.

7   Gewurðe him weste   eall his onwunung
and on hys eardungstowe   næfre gewurþe
þæt þær on gewunige   awiht lifigendes.

8   Wesan him dagas deorce   and dimme and feawe,
and his bisceophad   brucan feondas.

9   Weorðan his agene bearn   ealle steopcild
and his wif wyrðe   wydewe hreowlic.

10   Syn his bearn swylce   toboren wide,
and he ut weorpe   earme þearfan,
þonne hi to his huse   hleowcs wilnian.

11   Ealle his æhta   unholde fynd
rice reðemann   rycene gedæle,
and his feoh onfon   fremde handa.

12   Ne him ahwær wese   ænig fultum,
ne his steopcildum   stande to helpe.

13   Gangan ealle his bearn   on ece forwyrd,
and on anum cneowe   eall gewyrðe
his nama nyhsta   nede adilgad.

14   Eall þæt unriht   þe his ealdras ær
manes gefremedan,   on gemynd cume
and on ansyne   ures drihtnes;
ne adilgode wesan   deorce fyrene,
þa his modur ær   mane fremede.

15   Wesan hi wið drihtne   dædum swylce,
and hine adilgie   dome ealne
of ðysse eorðan   awa to feore.

108,3,2 teodan] teonan

16 Næs him milde gemynd   on modsefan,
and he þearfendra   ðriste ehte;
symble þæt on heortan   hogode geornust,
hu he mid searuwe   swylce acwealde.

17 He wolde wergðu   wyrcean georne,
and hine seo ylce on   eft gesette;
nolde he bletsunge   biddan ne tilian,
forðon hio him wæs afyrred   of ferhðcofan.

18 He hine gegyrede   mid grame wyrgðu,
swa he hine wædum   wræstum geteode,
and sio his innað   ywde swylce
wan wætere gelic   and wynele,
se þe banes byrst   beteð and hæleð.

19 Wese he hrægle gelic   þe her hraðe ealdað,
and gyrdelse,   ðe hine man gelome gyrt.

20 Þis is weorc þara   þe oft wraðe me
trage tældan;   tyne hine dryhten
þam þe sar sprece   sawle minre.

21 And þu, min drihten god,   do me þine nu
mycle mildheortnesse   for þinum þam mæran naman,
swa ðu oft þin milde mod   manegum cyðdest.

22 Alys me, lifes weard,   forþan ic eom lama þearfa;
is me heorte on   hearde gedrefed.

23 Ic eom scuan gelic   swyþe ahylded,
oðlæded godum   swa se gærshoppa.

24 Me synt cneowu swylce   cwicu unhale
for fæstenum;   is min flæsc swylce
for fægrum ele   frecne onwended;
eom ic to edwitstæfe   eallum geworden.

25 Swa hi me gesawon,   sona hig wegdan,
hrerdan heora heafod;   help min, drihten god,
and me halne gedo,   hælynde Crist,
for þinre þære myclan   mildheortnysse.

26 Þæt hi soð witan,   þæt si þin sylfes hand
and þu þas gedydest,   drihten usser.

108,16,3 geornust] geornus   108,18,3 ywde] ydwe   108,19,2 ðe]   se
ðe   108,24,1 Me synt cneowu] *These words at the end of fol. 132a are
written again at the top of p. 132b, except that the capital* M *of* Me *is lacking*

27 Weorðan þa awyrgde, wes þu gebletsad;
and þa þe me mid unryhte ænige styrian,
and hi þær sceande sylfe agon;
wese þin esne on þe ungemete bliðe.
28 Syn ða butan are ealle gegyrede
þe me tælnysse teonan ætfæstan,
and him si abrogden swa of brechrægle
hiora sylfra sceamu swyþust ealra.
29 Ic on minum muðe mihta drihtnes
ealle andette, and eac swylce
hine on midle manna herige.
30 He sylfa gestod on ða swyðran hand,
þær he þearfendra þinga teolode;
he mine sawle swylce gehealde
wið ehtendra egsan griman.

PSALM 109

* * *

hefige gefylleð;
heafod he gebreceð hæleða mæniges
and swa geweorðeð wide geond eorðan.
7 Þa þe on wege weorðað, wætres æt hlimman
deopes ondrincað; beoð þy dædfromran,
and forðon hiora heafod hebbað syþþan.

PSALM 110

1 Ic andytte þe, ece drihten,
mid hyge ealle heortan minre
for gesamnuncge þæra soðfæstra
and on gemetingum mycel drihtnes weorc.
2 Swylce ic his willan wylle georne
swyþe secean, samed andettan,
hu his mægenþrymnes mycellic standeð
and his soðfæstnyss wunað symble ece.
3 He gemynd dyde mærra wundra;

110,2,3 mægenþrymnes] mæ gen þrymmes

mildheort he is and modig; mihtig drihten
syleð eallum mete þam þe his ege habbað.

4 And he on worulde wearð gemyndig
his gewitnesse, þe he wel swylce
myhtum miclum and mærweorcum
fægrum gefylde and to his folce cwæð,
þæt he him wolde yrfe ellþeodigra
on agene æht eall gesyllan.

5 Ys his handgeweorc hyge soðfæstra,
ryhte domas, þa he ræran wyle;
wærun his bebodu ealle treowfæste,
on ealra weorulda weoruld wurdan soðfæste
and on rihtnysse ræda getrymede.

6 He alysinge leofum folce
soðe onsende and him swylce bebead,
þæt hi on ecnysse a syððan
his gewitnesse well geheoldan
and his þone halgan naman hæfdan mid egsan.

7 Þæt byð secga gehwam snytru on frymðe,
þæt he godes egesan gleawe healde,
and þæt byð andgit good eallum swylce
þe hine wyllað well wyrcean and healdan.

8 Herenes drihtnes her sceal wunian,
on worulda woruld wynnum standan.

Psalm 111

1 Eadig byð se wer se þe him ege drihtnes
on ferhðcleofan fæste gestandeð,
and his bebod healdeð bealde mid willan.

2 He on eorðan byð eadig and spedig,
and his cneorisse byð cyn gebletsad.

3 Him wuldur and wela wunað æt huse,
byð his soþfæstnys swylce mære,
þenden þysse worulde wunaþ ænig dæl.

4 Leoht wæs on leodum leofum acyðed,

110,4,3 miclum] *Not in MS.*   110,5,1 Ys] Us *corrected to* Ys
111,3,1 Him] im *with the initial capital omitted, as also in the Latin text*

þam þe on ðystrum   þrage lifdan
and hiora heortan   heoldan mid rihte;
milde is on mode   mihtig dryhten,
and he ys soðfæst   symble æt þearfe.

5 Glæd man gleawhydig,   god and mildheort,
seteð soðne dom   þurh his sylfes word,
se on ecnysse   eadig standeð.

6 Byð on eceum gemynde   æghwylc þæra
þe his soðe and riht   symble healdeð,
ne him on hlyste   mycelum ondrædeð
awiht on ealdre   yfeles syððan.

7 Byð his heorte gearo   hyhte to drihtne
getrymed and getyhted,   þæt him teonan ne mæg
fæcne ætfæstan   feonda ænig,
ac he ealle forsyhð   æghwær georne.

8 Se þe his æhta   ealle tostredeð
and þearfendum   þa gedæleð,
his soðfæstnyss wunað   symble oð ende;
byð his horn wended   her on wuldur.

9 Swa þæt synfull gesyhð,   sona yrsað,
toþum torn þolað,   teonum grimetað,
þearle þindeð,   oþþæt þonne byð,
þæt fyrenfulra lust   fæcne forweorðeð.

PSALM 112

1 Herigean nu cnihtas   hælynd drihten,
and naman dryhtnes   neode herigan.

2 Wese nama dryhtnes   neode gebletsad
of ðyssan forð   awa to worulde.

3 Fram upgange   æryst sunnan
oðþæt heo wende   on westrodur
ge sculon dryhtnes naman   dædum herigean.

4 He is ofer ealle   ingeþeode
se heahsta   hæleða cynnes,
is ofer heofenas eac   ahafen his wuldur.

5 Hwylc ys anlic   urum dryhtne,
þam halgan gode,   þe on heofonrice

eadig eardað, ofer ealle gesyhð,
þa eadmedu æghwær begangæð
on eorðwege, up on heofenum?
6 He of eorðan mæg þone unagan
weccan to willan, and of woruftorde
þone þearfendan þriste areccan,
7 And hine on ealdordom upp asettan
his folces fruman on fæger lif.
8 Se þe eard seteð unwæstmbærre
on modor hus manigra bearna;
hio ofer hire suna symblað and blissað.

PSALM 113

1 Þa ut eode Israheles cynn
and of Ægyptum ealle foran
Iacobes hus of gramum folce,
þa elreordige ealle wæron.
2 Þa wæs geworden werude Iudea,
þæt heo hæl gehlutan haliges syþþan;
hæfdan ealdurdom ofer Israhelas,
mihta mære and mycel rice.
3 Swa heo sæ geseah, he hio sniome fleah,
for him Iordanen gengde on hinder.
4 Hæfdan þær beorgas bliðe sæle
and rammum þa restan gelice;
wæron geswyru swyðc on blisse,
swa on sceapum beoð sceone lambru.
5 Hwæt wæs þe, sæ swiþa? Forhwan fluge þu swa?
Oððe þu, Iordanen, for hwi gengdest on bæcling?
6 Beorgas wæron bliðe, gebærdon swa rammas;
wurdan gesweoru on seledreame,
swa on sceapum beoð sceone lambru.
7 For ansyne ecan dryhtnes
þeos eorþe sceal eall abifigan
and for Iacobes gode geara forhtigean.
8 He wendeð stan on widne mere,

113,6,2 gesweoru] gesweoru swa

and clifu cyrreð on cwicu swylce
wæteres wellan mid his gewealdendre hand.

9 Nalæs us, nalæs us, nergend dryhten,
ac we naman þinum neode secgeað
wuldur wide geond woruldricu,

10 For ðinre þære myclan mildheortnysse
and for þinre soðfæstnysse samed ætgædere,
þy læs þæt æfre cweðan oðre þeode:
"Hwær is heora agen god ahwær nu ða?"

11 Ys ure se halga god on heofondreame
uppe mid englum, and he eall gedeð,
swa his willa byð, on woruldrice.

12 Þa wæron deofulgild deorce hæþenra
golde and seolfre, þa her geara menn
worhtan wigsmiðas wræste mid folmum.

13 Þa muð habbað, and ne magon hwæþere
wiht hleoðrian ne word sprecan;
beoð onforan eagan, ne magon feor geseon.

14 Earan habbað swylce and opene nose,
ne magon eþian, awyht gehyran.

15 Handa hi habbað, ne hio hwæðere magon
gegrapian godes awiht,
and fet habbað, ne magon feala gangan.

16 Ne cleopigað hi care, þeah þe hi ceolan habban,
ne him hluttur gast on hracan eardað.

17 Ac heo wæron þam wyrcendum wel gelice
and æghwylcum, þe him on treowað.

18 Israhela hus ærest on drihten
helpe gehogedan, holdne begeaton
fælne fultum; he hi wið feondum geheold.

19 Aarones hus eac on dryhten
leofne gelyfdan; he him liðe wearð
and him fultum gestod fæste æt þearfe.

20 Þa ðe a wegen egsan dryhtnes,
hio hyht heora habban on drihten,
he him fultum fæste gestandeð

113,15,1 hio] hio hio

and him scyldend byð   symble æt þearfe.

21 Weorð þu ure gemyndig,   mihtig dryhten,
and þine bletsunge   bring ofer us;
þu gebletsudest   bearn Israheles,
Aarones hus   eac gebletsadest;
þu gebletsadest   bliðe mode
ealle þa þe on ðe   egsan hæfdan,
mycle and mæte   ofer middangeard.

22 Gemænigfealdige þis   mihtig dryhten
ofer eow ealle   and ofer agene bearn.

23 Wesað ge fram gode   geara gebletsade,
þam þe heofon worhte,   hrusan swylce;
heofonas healdeð   halig dryhten,
sealde þas moldan   manna bearnum.

24 Næfre þe, dryhten,   deade heriað,
ne ealle þa þe heonan   helle sceað.

25 Ac we lifigende   leofne dryhten
balde bletsigað,   ne þæs blinnað nu
of ðyssan forð   awa to worulde.

PSALM 114

1 Ic lufie þe,   leofa drihten,
forþan þu mines gebedes   bene gehyrdest.

2 And þu þin eare to me   eadmodlice
hold ahyldest   and gehyrdest me,
þa ic þe on dagum minum   dyrne cigde.

3 Þar me ymbsealde   swylde deaðes,
and me frecne ætfeah   fyrhtu helle.

4 Me costung and sar   cnyssedan geneahhe,
þonne ic naman drihtnes   nyde cigde.

5 Eala þu leofa god,   alys mine nu
sawle on gesyntum;   ic to soþan wat,
þæt þu wære mildheort,   mihtig dryhten,
and ure god   æghwæs soðfæst;
mihta us þine   milde weorðan.

113,23,4 moldan] *With* old *altered from* an

6 Drihten gehealдеð dome þa lytlan;
ic hean gewearð, he me hraðe lysde.

7 Gecyr mine sawle clæne on þine
rædæs reste, rice drihten;
þu me wel dydest on woruldlife.

8 Forþon þu mine sawle sylfa generedyst,
and hig of deopum deaþe gelæddest;
eagan mine wið tearum æghwær geheolde
and fet mine wið færslide;
ic gelicie leofum drihtne
on lifigendra lande nu ða.

PSALM 115

1 Ic þæt gelyfde, forþon ic lyt sprece;
ic eom eadmede ungemete swiðe.

2 Swylce ic sylfa cwæð, þa me swa ðuhte
on modseofan minum geþancum,
þæt wæron ealle menn ungemete lease.

3 Hwæt mæg ic to gode gyldan dryhtne
for eallum þam godum þe he me ærur dyde?

4 Ic her hælu calic hæbbe befangen,
and naman dryhtnes neode cige.

5 Beorht ys and fæger beacen dryhtne
on his gesyhðe swylt haligra.

6 Eala, ic eom þin agen esne, dryhten,
and þin swylce eom scealc ombehte
and þinre þeowan sunu on ðe acenned.

7 Þu me tobræce bendas grimme,
þæt ic þe laces lof lustum secge.

8 Ic min gehat halgum dryhtne
on his getynum tidum gylde,
þe ymb dryhtnes hus deore syndan,
þær hit eagum folc eall sceawiað,
and on Hierusalem georne midre.

115,4,1 hæbbe] hebbe

PSALM 116

1   Ealle þeode   ecne drihten
mid hygecræfte   herigan wordum,
and hine eall folc on efn   æðelne herigan.
2   Forþon his mildheortnyss   is mycel ofer us
torhtlice getrymed,   til mancynne,
and soðfæstnys   swylce dryhtnes
wuna𝛿 ece   awa to feore.

PSALM 117

1   Ic andette   ecum dryhtne
þam godan gode;   ic hine gleawne wat;
ys his mildheortnys   mycel to worulde.
2   Þæt Israela cwæðan   ealle nu ða,
þe he is se goda god,   and gearu standeð
his mildheortnys   mære to worulde.
3   Cweðe Aarones hus   eac þæt sylfe;
he ys se goda god,   and gearu standeð
his mildheortnys   mære to worulde.
4   Cweðan ealle þæt   unforcuðe,
þe him on standeð   egsa dryhtnes;
forðon he ys se goda god,   and gearu standeð
his mildheortnys   mære on worulde.
5   Ic on costunge   cigde to dryhtne,
and he me gehyrde   on heare brædu.
6   Nu me fultum is   fæle dryhten,
nis me ege mannes   for ahwæðer.
7   Nu me fultum ys   fæle dryhten,
ic fracuþe forseo   feondas mine.
8   God ys on dryhten   georne to þenceanne,
þonne on mannan wese   mod to treowianne.
9   God ys on dryhten   georne to hyhtanne,
þonne on ealdormen   ahwær to treowianne.
10   Ealle me ymbsealdon   side þeode,

116,2,4 ece] *Not in MS.*   117,3,3 mildheortnys] mild heortnys is
117,4,4 mildheortnys] mild heortnys ys   117,5,2 heare] hearr

and ic wæs on dryhtnes naman   deorum gehæled.

   11 Me ymbstodan   strange manige,
and me godes nama on him   georne gehælde.

   12 Þa hi me ymbsealdon   samod anlice
swa beon bitere,   oððe þu bærne eac
þornas þyre   þicce fyre,
þær me nama dryhtnes   neode scylde.

   13 Ic wæs hearde cnyssed   and ic me helpe fand,
þæt ic fæste ne feoll,   ac ic me frofre begeat,
þa me dryhten onfeng,   swa hit gedefe wæs.

   14 Me wæs strengðu strang   stiþ on dryhtne
and herenes heah,   and he me eac
ys a to worulde   worden on hælu.

   15 A byð blisse stefn   beorht gehyred
on soðfæstra   swæsum muðe.

   16 Dyde gedefe mægen   dryhtnes swyðre,
and me seo swyðre   swylce drihtnes
ahof hrædlice   æt heahþearfe.

   17 Ne swelte ic mid sare,   ac ic gesund lifige
and weorc godes   wide secge.

   18 Se clænsude,   se þe him clæne wæs;
dryhten ælmihtig   nolde to deaðe me
on ecnysse   æfre gesyllan.

   19 Undoð me sniome duru   soðfæstra eac,
þær ic gange inn,   gode andette;
soðfæste on þa duru   seceað inngang.

   20 Ic þe andette,   ece dryhten,
forðon þu me gehyrdest   æt heahþearfe
and me þa gewurde   wis on hælu.

   21 Þone sylfan stan   þe hine swyðe ær
wyrhtan awurpan,   nu se geworden is
hwommona heagost;   halig dryhten
to wealles wraðe   wis teofrade;
þæt is urum eagum   eall wundorlic.

   22 Þis ys se dæg   þe hine drihten us
wisfæst geworhte   wera cneorissum,

117,11,2 me] *Not in MS.*   nama] naman

eallum eorðtudrum   eadgum to blisse.

23   Eala þu dryhten god,   do me halne;
eala þu dryhten min,   do us gesunde.

24   Gebletsad is, se þe com   ofer bearna gehwylc
on dryhtnes naman   dædum mærum;
we eow æt godes huse   gearwe bletsiað,
nu us drihten god   deore onlyhte.

25   Wutan us to symbeldæge   settan georne,
and ðone gelome   lustum healdan
oð wigbedes   wræste hornas.

26   Þu eart min dryhten god,   and ic dædum þe
ecne   andette;
þu eart min hælend god,   and ic herige ðe.

27   Ic ðe andette   ecne dryhten,
forðon þu me gehyrdest   æt heahþearfe,
and þa wurde me   wis to hælu.

28   Eac ic andette   eceum dryhtne,
forðon he ys se goda god,   and ic ful geare wat,
þæt þin mildheortnyss   ys mycel to worulde.

PSALM 118

1   Eadige beoð on wcge,   þa þe unwemme
on hiora dryhtnes æ   deore gangað.

2   Eadige beoð swylce,   þa þe a wyllað
his gewitnesse   wise smeagan,
and hine mid ealle   innancundum
heortan hordcofan   helpe biddað.

3   Ne magon manwyrhtan   mægenc feran
on his mærne weg,   mihtigan drihtnes.

4   Þu þine bebodu   bealde hete
ealle eorðbuend   elne haldan.

5   Ic þæs la wisce,   þæt wegas mine
on ðinum willan   weorþan gereahte,
þæt ic þin agen bebod   elne healde.

117,24,2 mærum]   mære corrected to mærum   117,25,1 us]   ut   118,2,3
innancundum]   innandundum   118,2,4 heortan]   heortum corrected to
heortan

6 Ne beo ic þonne on ealdre æfre gescynded,
gif ic on ealle þine bebodu elne locie.

7 Ic þe andette, ece dryhten,
mid minre heortan holde geþance
on þan þe ic geleornode and gelæstan mæg,
þæt ic þine domas dædum healde.

8 And ic þine soðfæstnysse swylce mote
on hyge healdan, þæt þu huru me
on ðyssum ealdre ænne ne forlæte.

9 On hwan mæg se iunga on godne weg
rihtran þe rædran ræd gemittan,
þonne he þine wisan word gehealde?

10 Ic þe mid ealre innancundre
heortan sece; ne þu huru me
fram þinum bebodum feor adrife.

11 Forðon ic on minre heortan hydde georne,
þæt ic þinre spræce sped gehealde,
þy læs ðe ic gefremme fyrene ænige.

12 Þu eart gebletsud, bliþe dryhten;
lær me mid lufan, hu ic læste well
and ic þine soðfæstnysse sweotule cunne.

13 Ic on minum welerum wordum secge
ealles þines muðes meahte domas.

14 And ic on wege swylce wynnum gange,
þær ic ðine gewitnesse wat ful clæne,
swa ic ealra welena willum bruce.

15 Swa ic on þine soðfæstnysse soðe getreowe,
þæt ic ne weorðe worda þinra
ealra ofergittul awa to feore.

16 Ic on þinre soðfæstnysse symble meteode,
þæt ic þine wislicu word geheolde.

17 Gild þinum esne gode dæde;
ic on lifdagum lustum healde
þinra worda waru mid wisdome.

18 Onwreoh þu mine eagan, þæt ic wel mæge

118,7,1 Ic] c with the initial capital omitted   118,9,2 rihtran þe] rih tan
ne   118,15,1 on] Not in MS.

on þinre æ eall sceawian
wundur wræclicu, þa þu worhtyst ær.
19 Ic eom on eorðan earm bigenga;
ne do þu me dyrne þine þa deoran bebodu.
20 Þæt sawul min symble wilnað,
þæt ic þin soðfæst word gesund mote
on ealle tid elne healdan.
21 Þu oferhydige ealle þreadest,
þa þu awyrgde wistest gearuwe
and þine bebodu efnan noldan.
22 Afyr þu fram me facen and edwit,
oððe ic oferhydige awiht wylle;
forðan ic þine gewitnesse wylle secan.
23 Ac nu ealdormenn ealle ætgædere
sæton on seldum, swyþe spræcon,
and wið me wraðum wordum scirdan;
hwæþere þin esne elnes teolode,
þæt he þine soðe word snotur beeode.
24 Me wæs þin gewitnys wyrð and getreowe,
and ic hi on mode metegie georne
and me to frofre wat, þæt ic forð heonun
his soðfæstnysse sece georne.
25 Ætfealh min sawul flore geneahhige;
do me æfter þinum wordum wel gecwician.
26 Ic þe wegas mine wise secge,
and þu me gehyrdest holde mode;
lær me on life, hu ic lengest mæge
þine soðfæstnysse selest gehealdan.
27 Þu me soðfæstnysse weg swylce getacna,
þæt ic on þinum wundrum me wel begange.
28 Min sawl aslep, þa me sorh begeat
for langunga; læt me nu þa
on þinum wordum weorðan trumne.
29 Afyr fram me unryhte wegas,
and me on þinre æ geweorþ ealles milde.

118,23,5 soðe] þeode *with* þ *altered to* s *and* d *to* ð   118,26,4 soðfæst-
nysse] soðfæsnysse

30   Ic me wise geceas   wegas soðfæste;
ne weorðe ic þinra doma   gedweled æfre.

31   Swa ic fæste ætfealh,   þæt ic forð heonun
þine gewitnysse   wel geheolde;
ne wylt þu me on ealdre   æfre gescyndan.

32   Nu ic on wisne weg   worda þinra
reðne rinne,   and þu rice nu
mine heortan geheald   on hyge brade.

33   Æ þu me sete,   ece dryhten,
þæt ic on soðfæste wegas   symble gange
and ic þa secan   symble mote.

34   Syle me andgit eac,   þæt ic æ þine
smeage mid soðe,   swylce healde
on ealre minre heortan   holde mode.

35   Gelæd me on stige,   þær ic stæpe mine
on þinum bebodum   bryce hæbbe,
forðan ic hy mid soðe   symble wolde.

36   Ahyld mine heortan,   þæt ic halige nu
on þine gewitnysse   wise gecyrre;
nalæs me gitsung   forniman mote.

37   Gewend þu mine eagan,   þy læs ic weorc idel
gese þurh synne,   ac me on soðne weg
þinne þone leofan   læde cwiculice.

38   Sete ðinum esne   oðer swylce,
þæt he þine spræce   sped leornige
and þa on ege þinum   ealle healde.

39   Þu me scealt edwitt min   of awyrpan,
þæt me to incan   ahwær gangeð;
forþon ic eom on þinum domum   gedefe glæd.

40   Efne ic þine bebodu   bealde wolde
wis wylle gegan;   wene ic swylce,
þæt þu me on rihtes   ræd gecwycige.

41   And me ofer cume,   ece dryhten,
þæt milde mod,   mære hælu
æfter þinre spræce   spowendlice.

42   And ic andwyrde   þam þe me edwitstafas

wordum wraðð cweþaðð, þæt ic gewene on ðe
and on þinum wordum wære hæbbe.

43 Ne afyr þu me æfre fæle spræce,
þa ic me on muðe mægene hæbbe,
and ic soðfæst word on sylfan healde,
þæt ic on ðinra doma dæde getreowige.

44 And ic æ þine efne and healde,
and to worulde on ðære wunian mote
and on ecnysse efnan and healdan.

45 And ic on bealde brædu gange,
forðan ic þine gewitnysse wel getrymede.

46 And ic þæt fore cyningum cyðan mote,
þær hig eagum on locian,
hu me þin gewitnyss ys weorð and getreowe,
and on ðam ne bcon æfre gescynded.

47 And ic on þinum bebodum bealde mote
gemetegian swyþe mærne ræd,
forþan ic hi on lufan minre lange hæfde.

48 And ic mine handa hof gelome,
þær ic þine bebodu bryce lufade,
þa ic mid ðysse þeode þearle begange,
and on ðine soðcwydas symble ic getreowige.

49 Gemun nu, dryhten, þines wordes,
on þam þu me þinum þeowe hyht gesealdest.

50 Þas ic me on frofre fæste hæbbe
on minum eaðmedum ungemete swyðe,
forðon me þin spræc spedum cwycade.

51 Oftust ofermodige unriht fremmað,
oþþæt hi on eorðan ealle forweorðað;
ic þinre æ a folgode.

52 Ic wæs gemyndig mærra doma
þinra geþancol, ðeoden dryhten,
þæt ic on worulde æt ðe wurde afrefred.

53 Me wearð gemolten mod on hreðre
for fyrenfulra facendædum,
þa hi æ þine anforleton.

118,45,1 bealde] bealdu   118,47,3 forþan] for̔þan

54 Ac me to sange symble hæfde,
hu ic þine soðfæstnysse selest heolde,
þær ic on elelande ahte stowe.

55 Nede ic þæt gemunde nihta gehwylcre,
þæt ic naman þinne nemde, dryhten,
and ic æ þine elne heolde.

56 Þas me andweardum ealle gewurdan,
forþon ic þine soðfæstnysse sohte georne.

57 Me ys on dæle, dryhten user,
cwide cynlice, þæt ic cwic wylle
þine æ healdan elne mycle.

58 Ic bidde þinre ansyne ungemete georne
mid ealre gehygde heortan minre,
þæt þu me on mode milde weorðe
æfter þinre spræce spowendlice.

59 Swa ic wegas þine wise þence
to ferenne fotum minum,
þæt ic on þinre gewitnysse wel gefere.

60 Gearo ic eom symble, nalæs grames modes,
þæt ic betst cunne þine bebodu healdan.

61 Me fyrenfulra fæcne rapas
ungemet geneahhie oft beclyptan;
næs ic ofergittul, þæt ic æ þine
mid hygecræfte heolde and læste.

62 Ic æt midre niht mæla gehwylce
ricene arise, and hraðe gange
þær ic ðe andette eall ætgædere,
secge þine domas dædum rihte.

63 Ic eom dælneomend þe heom ondrædað þe,
and þine halige bebodu healdað georne.

64 Þeos eorðe is eall gefylled
þinre mildheortnesse, mihtig drihten;
þine soðfæstnesse þu me swylce lær.

65 Þu ymb þinne esne æghwær dydest
wel weorðlice; wene ic, drihten,
þæt þu þin word wylle wis gehealdan.

118,55,1 nihta] mihta

66 Þu me þeodscipe lær þinne tilne
and wisdomes word to genihte,
forðon ic þin bebod þriste gelyfde.

67 Ærþon ic gehened hean gewurde,
ic agylte ungemetum swiðe;
hwæðere ic þine spræce geheold sped on mode.

68 God þu eart, drihten, and me god swylce
on þinum tile gelær, þæt ic teala cunne
þin soðfæst weorc symble healdan.

69 Ys nu mænigfeald ofer me man and unriht
oferhydigra; ic nu mid ealre
minre heortan hige hycge swiðe,
þæt ic þin bebod beorht atredde.

70 Ys heora heorte nu her anlicast
swa meoluc wese mægene gerunnen;
ic æ þine ungemete georne
on modsefan minum healde.

71 Selre me wæs and seftre, þæt þu sylfa me
heane gehnægdest, and ic hraðe syþþan
þin soðfæst weorc wel leornade.

72 Me is micle betere, þæt ic bebodu healde,
ðines muðes gemet, þonne mon me geofe
geara ðusende goldes and seolfres.

73 Handa me ðine holde geworhton
and gehiwedan mid higecræfte;
syle me nu andgyt, þæt ic eall mæge
þine bliðe bebodu beorhte leornian.

74 Þa ðe on feore forhtigað, þa me on fægere geseoð
and blissiað, bu geðenceað,
þæt ic þinum wordum wel getreowde.

75 Ic þæt, dryhten, ongeat, domas þine
reðe rihtwise, and ðu ricene me
on ðinre soðfæstnesse dydest samed eadmedne.

76 Wese þin milde mod mihtum geswiðed,
and me to frofre fæste gestande,
swa ðu on þinre spræce sped gehete

118,67,1 gewurde] ge wurðe   118,68,1 eart] eard   118,71,1 seftre]
sef tra   118,71,3 weorc] we°rc *with the* e *altered from* o

þinum agenum   esne æt þearfe.
77 Cumen me ðine miltsa   mihtum geswyþede,
and ic lange on þam   lifian mote;
forðon me is metegung   on modsefan,
hu ic æ þine   efnast healde.
78 Beon þa oferhydegan   ealle gescende,
þe me unrihte   ahwær gretan;
ic þine bebodu   bealde gegange.
79 Gehweorfen to me,   þa þe hyldu to ðe
egsan ahtan,   and ealle þa
ðe þine gewitnesse   wise cuðan.
80 Wese heorte min   on hige clæne
and ic on þin soðfæst word   symble getreowige,
þæt ic on ealdre ne wese   æfre gescended.
81 Min saul gewearð   swancur on mode,
þær ic on þinre hælu   hogode and sohte,
hu ic on þinum wordum   wel getrywade.
82 Eagan me swylce   eac teoredon,
þær on þinre spræce   spede eodan;
cwædon cynlice: "Hwa cwicenne me
on ðysum ealdre   eft frefrade?"
83 Ic eom nu geworden   werum anlicast,
swa þu on hrime setest   hlance cylle;
ne eom ic ofergyttol,   þæt ic ealle nu
þine soðfæste weorc   smicere healde.
84 Hwæt synt þinum esne   ealra dagena,
þe þu mine ehtend for me   ealle gedeme?
85 Me manwyrhtan   manige on spellum
sægdon soðlice;   na ic hit swa oncneow,
swa hit þin æ hafað,   ece dryhten.
86 Wærun þine ealle gebann   æðele and soðfæst;
min ehtan oft   unrihtwyrhtan;
gefultuma me   fægere, drihten.
87 Hio me lytle læs   laþe woldan
ðisses eorðweges   ende gescrifan;
ic þin gebod   þa ne wolde
on þysum ealdre   anforlætan.
88 Æfter ðinre þære myclan   mildheortnesse

weorð me, mihtig god,   milde and bliðe;
and ic gewitnesse   wel gehealde
muþes þines,   þe þu men lærdest.

89   On ecnesse   awa, drihten,
þin word wunað   weorð on heofenum.

90   And on worulda woruld   wunað ece forð
þin soðfæstnes   swylce, dryhten.

91   Ðu þas eorðan   ealle worhtest,
swa heo nu to worulde   wunian ðenceað;
þurh þinra dæda sped   dagas her gewuniað,
forðon ðu ealles   anweald hafast.

92   Þær me þin æ   an ne hulpe,
ðe ic on mode   minum hæfde,
þonne ic wende   on woruldlife,
þæt ic on minum eadmedum   eall forwurde.

93   Ne mæg ic þæs æfre forgytan   on ecnesse,
nymðe ic soð word   symble gehealde;
forþon ic cuðlice on ðæm   her nu cwicu lifige.

94   Ic eom þin hold scealc;   do ðu halne me,
forðon ic þin soð weorc   sece geneahhe.

95   Me fyrenfulle   fæcne seceað,
wyllað me laðe   lifes asecean;
ic ðine gewitnesse   wat and sohte.

96   Ic soð geseah   and swylce wat,
ealre þysse worulde   wurðeð ende;
brad is þin gebann   and beorht swyðe.

97   Hu ic æ þine,   ece drihten,
lustum lufode;   ic þæt lange dyde,
þæt ic þa on mode   metegade georne.

98   Þu me snoterne gedydest   swylce ofer mine
feondas on foldan   fæcne ealle;
forðon ic beorhtlice   þine bebodu læste.

99   Ofer ealle þa   þe me ær lærdon,
ic þæs hæfde andgyt   æghwær gleawast,
þæt ic þine gewitnesse   wise sohte.

100   Ic þæt ofer yldran oncneow   and þæt a geheold,

118 98,2 fæcne]   *with* c *altered from* l

þæt ic þine bebodu bliðe geheolde.

101 Ic minum fotum fæcne siðas
þa wraþan wegas werede georne,
þæt ic þine word mihte wel gehealdan.

102 Na ic fram þinum domum dædum swicade,
forðon þu me æbebod ærest settest.

103 Me is on gomum god and swete
þin agen word, ece drihten;
hit is halwende, hunige mycle
and beobreade betere and swetre.

104 On bebodum ðinum ic me betst oncneow,
þæt ic unrihte wegas ealle ofeode,
forðon þu me æ þine ær gesettest.

105 Þæt is fæle blacern fotum minum,
þæt ic þin word, drihten, wel gehealde,
and þæt ys þæt strange leoht stige minre.

106 Ic aðas swor and eac hycge,
þæt ic soðne dom symble healde.

107 And ic eadmedu ungemetum georne
efnan þence; forgif me, ece god,
þæt ic æfter öinum wordum weorðe bliðe.

108 Mines muðes me modes willa
on heahsælum hraðe gebringe,
and me þine domas alær, drihten, swylce.

109 Is sawl min symble on ðinum
holdum handum, ne ic þine þa halgan æ
on ðysum ealdre forgitan æfre þence.

110 Me firenfulle fæcne gyrene
awriþan wraðe, and ne wolde ic
fram þinum bebodum feor geswican.

111 Ic me eowde begeat, æðele hæbbe
þine gewitnesse wel getreowe
on ecnesse awa to feore;
þæt byð heahbliss heortan minre.

112 Ahylde ic mine heortan holde mode,
þæt ic þin soðfæst weorc symble worhte;

118,102,1 Na] þa

forðon ic ðæs ece edlean hæbbe.

113 And ic synfulle symble feode,
and ic æ þine elne lufade.

114 Þu me fultumian scealt, fæle gestandan
and andfenga æghwær æt ðearfe,
and ic on þin word wel getreowe.

115 Gewitað fram me, þe awyrgede synt,
þenden ic godes bebodu georne smeage.

116 Onfoh me freondlice, fæle drihten,
æfter þam þe þu sylfa sægdest and cwæde,
þæt ic sceolde lifigan lange ðrage;
ne gescend me on siðe, nu ic þin swa onbad.

117 Gefultuma me fæste; ðonne beo ic fægere hal,
and ic þine soðfæstnysse symble þence.

118 Ealle ðu forhogodest, ða ðe unrihtes
wæran wyrhtan; wat ic gearewe,
þæt heo on unriht ealle þohtan.

119 Ic oferhylmend ealle getealde,
þa on eorðan her yfele wæron,
forðon ic þine gewitnesse wyrðe lufade.

120 Gefæstna þinne egsan flæsce minum,
þæt ic me ondræde domas ðine.

121 Ic soðne dom symble worhte;
ne syle þu me ehtendum æfre minum.

122 Onfoh þu þinum esne fægere mid gode,
þæt me oferhydige æfre ne motan
hearmcwyddian; hyldo ne gymað.

123 Hwæt, me eagan mine atule gewurdan,
þær ic on ðinre hælo hyldo sohte
and on þinre spræce sped soðfæste.

124 Do þinum agenum esne swylce
mycel milde mod, and me mægene eac
þin soðfæst word sylfa lære.

125 Ic eom esne þin; syle andgit, þæt ic
þine gewitnesse wel leornige.

126 Þis is wynne tid, þæt man eac wel do,

118,114,2 and andfenga] 7andfenga 118,120,1 Gefæstna] Gefæs'na
118,122,1 Onfoh] n foh *with the initial capital omitted*

drihten ure;   ne læt ðu dole æfre
þin æbebod   ahwær toweorpan.
  127 Forðon ic þin bebod   beorhte lufode,
ða me georne synd   golde deorran,
topazion þæra   teala gimma.
  128 Forðon ic eall þin bebod   elne healde,
and ic unrihte wegas   ealle feoge.
  129 Wundorlic is ðin gewitnes,   wealdend dryhten;
forðon heo min sawl smeað   and seceð georne.
  130 Worda me þinra   wise onleohteð,
beorhtnesse blæcern,   and þu bealde sylest
andgit eallum   eorðbuendum.
  131 Muð ic ontynde   minne wide,
þæt me min oroð   ut afæmde,
þær ic ðin bebod   efnede mid willan.
  132 Beseoh þu on me,   and me syððan hraðe
mære gemiltsa,   swa ðu manegum dydest,
þe naman þinne   nyde lufedon.
  133 Gerece ðu me swylce,   þæt ic on rihtne weg
æfter þinre spræce   spedum gange,
þy læs min ænig unriht   ahwær wealde.
  134 Ahrede me hearmcwidum   heanra manna,
þæt ic ðine bebodu   bealde healde.
  135 Do þine ansyne   esne þinum
leohte and leofe;   lær me syþþan,
hu ic ðin soðfæst word   selest gehealde.
  136 Eagan mine gesawon,   hu yða gelaac,
wid gang wætera,   wundrum gangeð;
swa ðam ilcum byð,   þe ær nellað
þinre æ bebod   elne healdan.
  137 Drihten is soðfæst;   synd his domas eac
reðe mid ræde   rihte gecyðde.
  138 Hwæt, ðu soðfæst weorc   symble hete
on þinre gewitnesse   wel gehealdan;
ealles forgeaton,   þa me grame wæron,
worda þinra   and me wa dydan.
  139 Me heard ehtnes   huses þines
on bearme me   gebrohte oft,

ða þin word noldan   wel gehealdan,
þa me feondas ær   fæste wæron.

140 Is þin agen spræc   innan fyren,
sylf swiþe hat,   and symble ða
þin esne her   ealle lufade.

141 Ic wæs on geoguðe,   grame me forhogedon;
næs ic ofergittol   æfre hwæðere,
þæt ic þin soð weorc   symble heolde.

142 Is þin soðfæstnes   symble, drihten,
seo soðfæste,   and seo symble bið
on ecnesse   awa to feore;
is þin swylce æðelnes   and æ soðfæst.

143 Me costunga   cnysdan gcneahhe,
and nearonessa   naman gelome;
ac ic þine bebodu   efnde and læste,
eac on minum mode   hi metegade georne.

144 Ys me þin gewitnes   weorðast and rihtast,
and ða me on ece   andgyt hæbbe;
syle me ða to soðe,   and ic syþþan lifige.

145 Ic mid ealle ongann   inngehygde
heortan minre   hige to drihtne
ccare cleopian;   he me cynlice
hraðe gehyrde,   hyldo cuðe,
þæt ic his soðfæstnesse   sohte geneahhe.

146 Ic cleopode to ðe;   do me cuðlice
halne, heahcyning,   heofona wealdend,
hælende Crist;   ic þæt hicge nu,
þæt ic ðine bebodu   bliðe gehealde.

147 And ic ðe on ripe forecom,   and hraðe swylce
ceare cleopode;   þu me cynlice
wel onfencge,   wistest gearwe,
þæt ic on ðinum wordum   wel getruwade.

148 Þe eagan mine   eac forecoman;
on ærmergen   ic elne ongann
þine spræce   spyrian georne.

149 Gehyr mine stefne,   halig drihten,

118,142,4 æðelnes]   æðeles

æfter ðinre þære myclan   mildheortnesse,
and æfter þinum domum   do me halne.
  150 Me syndon eahtend   ungemete neah aa
and ða synfullan;   syndan ealle hi
fram æ þinre   unneah gewiten.
  151 Wes me swiðe neah,   wuldres drihten;
synt ealle þine wegas   wise and cuðe.
  152 Ic gewitnesse   wise þine
ongeat gleawlice,   þæt þu geara hi
on ecnesse   ær staþelodest.
  153 Ac min eaðmedu geseoh   eall ful georne,
genere niode,   nu me ned belæg;
forþon ic wolde æ þine   elne healdan.
  154 Dem minne dom   and me deore alys;
for þinre spræce,   do me spedlice
and cuðlice   cwicne nu ða.
  155 Wærun fyrenfulle feor   fælre hælu;
forðon hi þine soðfæstnesse   secean noldan.
  156 Miltsa synt þine,   mihtig drihten;
æfter þinum domum   do me cwicne.
  157 Ic manige geseah,   þe min ehton;
nolde ic cwic æfre   swa þeah hwæðere
þine gewitnesse   wræste forlætan.
  158 Ic manige geseah   men þa þe noldan
heora friðowære   fæste healdan,
and ic þand wið þan   þe hi teala noldan
þinre spræce   sped gehealdan.
  159 Swylce ic sylf geseah,   þæt ic þin soð bebod
lustum lufige,   leofa drihten;
on þinre mildheortnesse   me scealt acwician.
  160 Þæt is weorðlic fruma   worda þinra,
þæt þær byð soð   symble meted,
and on ecnesse   awa to feore
ealle þine domas synt   dædum geseðde.
  161 Min earwunga   ehtan ongunnon
ealdurmanna gehwylc   ungemete swiðe;

118,150,3 unneah] ungeneah   gewiten] ge witan   118,153,1 geseoh]
ge seah   118,161,1 earwunga] eawunga

wearð me heorte forht,   þær ic þin halig word
on þinum egesan ærest   æðelu tredde.

162 Ic blissige   bealde mode
ofer ðinre spræce   spede þa myclan,
swa se bið bliðe,   se þe beorna reaf
manige meteð,   þær hit mannum losað.

163 And ic unrihta gehwylc   elne feode
and onhyscte   æghwær georne;
wolde ic æ þine   elne lufian.

164 Swa ic þe seofon siþum   symble wolde
leofum lustlice   lofsang cweðan
daga æghwylce,   forþon ic þine domas wat
on soð fæste   smicere gefylde.

165 Þam bið sib mycel   þe him þenceð,
þæt hi naman þinne   neode lufien;
ne bið him æswic on þon   æfre to feore.

166 Ic þinre hælu bad,   halig drihten,
and þine bebodu   bealde lufode.

167 Hafað sawl min   soð gehealden
þinre gewitnesse   worda æghwylc,
and ic þa lustum   lufade swiðe.

168 Heold ic þine bebodu   holde mode
and þine gewitnesse   wordum trymede;
forðon ealle mine wegas   wise syndan
on þinre gesihðe   soðe, drihten.

169 Nu genealæceð   neode minum
gebedum bealde,   þæt ic bidde nu
on þinre gesihðe   symble, drihten;
æfter þinre spræce   syle me spedlice,
þæt þu me generige   niða gehwylces.

170 Ingange min ben,   ece drihten,
on þinre gesihðe   symble æt þearfe;
æfter þinre spræce   do spedlice,
ðæt ðu me generige   niða gehwylces.

171 Nu mine weleras ðe   wordum belcettað
ymnas elne,   gif þu me ærest wylt

þine soðfæstnesse   sylfa læran.
172 Hwæt, tunge min   teala foresægde,
hu þinre spræce   spede eodan;
wærun eall þin bebodu   æghwær rihtwis.
173 Syn me þine handa   on hælu nu,
and þæt domlice   gedon weorðe;
forðon ic þine bebodu geceas   bealde æt þearfe.
174 Ic þinre hælu   her wilnade,
drihten ælmihtig;   do me symble,
þæt ic æ þine   elne metige.
175 Leofað sawl min   and þe lustum hereð,
and me þine domas   dædum fultumiað.
176 Ic gedwelede   swa þæt dysige scep,
þætte forweorðan   wolde huru;
la, sece þinne esne   elne, drihten;
forðon ic þinra beboda ne forgeat   beorhtra æfre.

Psalm 119

1 Ic me to drihtne   deorum cleopode,
þonne me costunga   cnysdon geneahhe,
and he me gehyrde   holde mode.
2 Alys mine sawle,   lifes drihten,
of þam welerum   þe wom cweðen,
and from þære tungan   þe teosu wylle.
3 Hwæt bið þe ealles seald   oþþe eced swa
from þære inwitfullan   yflan tungan?
4 Strele beoð scearpe,   strange and mihtige,
syððan of gledon wesað   gearwe ahyrde.
5 Wa me þære wyrde,   þæt min wynn alæg
and min bigengea gewat   bryce on feorweg;
sceal ic eard niman,   swa me eðe nis,
mid Cedaringum;   nis min cyð þær,
þe mine sawle   swiðe beeode.
6 Mid þam þe hi sibbe   swyþost feodan,
ic sibbe mid him   soðe hæfde;

119 5.5 þe] he

þonne ic him spedlice to spræce and hi lærde,
ðonne me earwunga ealle onfuhtan.

PSALM 120

1 Hof ic mine eagan to þam hean beorge,
þær ic fultum fand fælne æt þearfe.
2 Is min fultum eac fæger æt drihtne,
se ðe heofon worhte, hrusan swylce.
3 Ne sylle he þinne fot on feondes geweald,
ne hycge to slæpe se ðe healdeð þe.
4 Efne se on hygde huru ne slæpeð
ne swefeð swyðe, se þe sceal healdan nu
Israela folc utan wið feondum.
5 Gehealde þe halig drihten,
and þin mundbora mihtig weorðe
ofer þa swiðran hand symble æt þearfe.
6 Ne þe sunne on dæge sol ne gebærne
ne þe mona on niht min ne geweorðe,
ac þe gehealde halig drihten
wyð yfela gehwam æghwær georne
and ðine sawle swylce gehealde.
7 Utgang þinne and ingang ece drihten,
sawla soðcynincg, symble gehealde
of þisson forð awa to worulde.

PSALM 121

1 Ic on ðyssum eom eallum bliðe,
þæt me cuðlice to acweden syndon,
and on godes hus gange syððan.
2 Wæron fæststealle fotas mine
on þinum cafertunum, þær ure cyðð wæs,
on Hierusalem geara ærest.
3 Hierusalem, geara ðu wære
swa swa cymlic ceaster getimbred,
þær syndon dælas on sylfre hire.

120,5,2 mihtig] mihti   120,6,5 gehealde] gealde

4 Þær cneorisse cende wæron
cynn æfter cynne; cuðan þa drihten
and on þære gewitnesse wæran Israelas,
þe his naman neode sceoldon
him andetnes æghwær habban.

5 Oft hi þær on seldon sæton æt domum;
þu eart ðonne dema, Dauides hus,
þæt on heofenum siteþ heah gestaðelod.

6 Biddað eow bealde beorhtere sibbe,
ða ðe on Hierusalem gode syndan;
and geniht agun, þa þe neode þe
on heora lufun lustum healdað.

7 Si þe on þinum mægene sib mæst and fyrmest,
and on þinum torrum wese tidum genihtsum.

8 For mine broðru ic bidde nu,
and mine þa neahstan nemne swylce,
þæt we sibbe on ðe symble habbon.

9 And ic for mines godes huse georne þingie,
and to minum drihtne deorum sece,
þæt ic god æt him begitan mote.

PSALM 122

1 To þe ic mine eagan hof, ece drihten,
þu þe heofonhamas healdest and wealdest.

2 Efne mine eagan synt ealra gelicast
þonne esne bið, þonne ondrysnum
his hlaforde hereð and cwemeð.

3 And swa eagan gað earmre þeowenan,
þonne heo on hire hlæfdigean handa locað,
swa us synt eagan to ðe, ece drihten,
urum þam godan gode; geare lociað,
oþþæt us miltsige mihta wealdend.

4 Miltsa us nu ða, mihtig drihten,
miltsa us swylce, forþon we manegum synt
forhogednessum hearde gefylde.

5 And we manegum synd manna wordum

121,4,4 sceoldon] sealdon   121,6,3 geniht] ge ge niht

ure sawl swiðe gefylled
mid edwite, oft and geneahhe,
and us oferhydige forseoð oft and gelome.

PSALM 123

1 Nymþe us on wese ece drihten,
cweþað Israhelas ealle nu ða,
nymþe us eardige on awa drihten,
2 Þonne us manfulle menn onginnað;
wen is, þæt hi us lifigende lungre wyllen
sniome forsweolgan, gif hi swa magon.
3 Þonne us ðara manna mod yrsade,
and us wiðerwearde wæron geneahhe;
wen is, þæt hi us woldan wætre gelice
sona gesupan, gif hit swa wolde.
4 Oft ure sawl swyþe frecne
hlimman gedegde hludes wæteres;
wene ic forþon, þæt heo wel mæge
þæt swyðre mægen, sawel usser,
wæteres wenan ðæs wel gedegean.
5 Drihten si gebletsad, þe þæt ne dyde æfre,
þæt us on hearde hæftnyd sealde
þam þe us mid toðum toteon woldan.
6 Wærun ure sawla samod anlice
niþa generede, swa swa neodspearuwa
of grames huntan gryne losige.
7 Grin bið on sadan grame torænded,
and we synd alysde lifes wyrðe;
we us naman drihtnes neode habbað
on fultume fæstne and strangne,
þæs þe heofon worhte, hrusan swylce.

PSALM 124

1 Þa þe on drihten heora dædum getreowað,
hi beoð on Sionbeorge swyþe gelice;

123,1,1 us] u^S,

ne mæg hine on ealdre   ænig onhreran
þe eardfæst byð   on Hierusalem.
  2 Hi synd mundbeorgas   micle ymbutan;
haldeð heora ymbhwyrft   ece drihten
of ðisson nu   awa to worulde.
  3 Næfre forlæteð   lifes drihten
firenfulra tan   furðor gangan,
þonne he soðfæstra   settan wylle.
  4 Ne he soðfæste   swylce læteð,
þæt hi to unrihte   ahwær willen
handum ræcean,   ac he him hraþe gyldeð;
do þu, drihten, wel   þam þe gedefe her
hiora heortan riht   healdað mid gode.
  5 Þa ðe gearwe beoð   to gramum bendum,
eft hi gelædeð   ece drihten
mid þæm þe unriht   æghwær wyrceað;
sibb si Israhelum   symble ofer ealle.

PSALM 125

  1 Þonne drihten wyle   gedon æfter,
þæt he of Sione   swære ahweorfe
hæftned hefige,   syððan we hraðe weorðað
afrefrede   fægere ealle.
  2 Sona beoð gefylde   mid gefean syþþan
muðas ure,   and we ma specað,
beoð ure tungan   teala wynsume.
  3 Þonne hi geond þeode   cweðað þriste;
æghwær hi gemiclade   mihtig drihten,
þa he him wundur mid   worhte seldlic;
gemicla ðe swylce,   mihtig drihten,
þæt þu wundur mid us   wyrce mære,
and we bealde on þam   bliðe weorðan.
  4 Gehweorf ure hæftned,   halig drihten,
swa suðhealde   swiþe hlimman.
  5 Þa her on tornlicum   tearum sawað,
hi eft fægerum   gefean sniðað;

124,4,5 healdað] healdeð

gangende and ferende   georne wepað
and heora sylfra sæd   sniðað æfter.
  6 Cumað þonne mid cumendum   cuðe mid blisse
and on heora sceafas berað,   swa hi gesamnedon.

PSALM 126

  1 Nymþe hus timbrige   halig drihten,
on idel gylp   oðre winnað
þe þæs huses   hrof staðeliað.
  2 Nymðe gehealde eac   halig drihten
ceastre mid cynnum,   ne mæg hi cynlice
wæccende   weard gehealdan.
  3 Forhwan ge mid idelnesse   ealle arisað,
ærðon leoht cume   leoda bearnum?
Arisað nu ricene,   and hraðe sittað,
þa ðe sares hlaf   swiðe æton.
  4 Þonne he slæp syleð   swiðe leofum;
þæt is yrfe eac   ecean drihtnes
and herde bearn,   þa her mannum beoð
of innaðe   ærest cende.
  5 Swa seo stræle byð   strangum and mihtigum
hrorum on handa   heard ascyrped,
swa lyðra bearn   lungre gewitað.
  6 Þæt bið eadig wer,   se ðe a þenceð,
þæt he his lust on ðon   leofne gefylle;
ne bið he on ealdre ealre   æfre gescended,
þonne he on gaton greteð   his grame feondas.

PSALM 127

  1 Eadige syndon ealle   þe him ecne god
drihten ondrædað,   and his gedefne weg
on hyra lifes tid   lustum gangað.
  2 Þonne þu þines gewinnes   wæstme byrgest,
etest oretes,   and þu eadig leofast,

126,1,2 winnað] wuniað   126,2,3 wæccende] wæ ccend   127,1,1
Eadige syndon] Eadige beoð syndon

and þe wel weorðeð on wynburgum.

3 Beoð þines wifes welan gelice,
swa on wingearde weaxen berigean,
and on þines huses hwommum genihtsum.

4 Synd þine bearn swylce samed anlicast,
swa elebeamas æþele weaxen,
ymb þinne beod utan blæda standen.

5 Efne swa bið gebletsad beorna æghwylc
mann on moldan þe him metodes ege
on his dædum drihten forhtað.

6 Þe of Sionbeorge swylce drihten
bealde bletsige, and þu bruce eac
on Hierusalem goda gehwylces
ealle lange dagas lifes þines.

7 And þu þinra bearna bearn sceawige,
geseo samed gangan sibb ofer Israhel.

PSALM 128

1 Oft me fuhtan to fynd on geoguðe,
cweðan Israhelas nu eac þæt sylfe;
oft me fuhtan to fynd on geoguþe,
ne mihton hi awiht æt me æfre gewyrcean.

2 Ofer minum bæce bitere ongunnon
þa firenfullan facen timbrian,
and heora unriht eft gelengdon.

3 Drihten is soðfæst, and gedeð sniome,
þæt he firenfullra fæcne geðancas
wis toweorpeð; weorðað gescende
and hiora scamiað swiþust ealles,
þa to Sione hete swiðost hæfdon.

4 Wesen hi hige her gelicast
þam þe on huses þæce heah aweaxeð,
þæt bið forwisnad wraðe sona,
ær hit afohten foldan losige.

5 Of þam he ne gefylleð folme æfre,
þeah þe he hit mawe micle elne;

127,3,3 genihtsum] genih[t]sum   127,6,1 þe] He

ne mid his sceafe ne mæg sceat afyllan,
þeah þe he samnige swiðe georne.
  6 And þæt ne cweðan, þa his cwide weoldan
on ofergeate æghwær hæbben:
"Us gebletsige bealde drihten
and ofer eow wese eac his bletsung;
we eow neodlice on naman drihtnes
swylce bletsiað bliðe mode."

PSALM 129

  1 Ic of grundum to þe geomur cleopode;
drihten, drihten, do þu nu ða,
þæt þu mines gebedes bene gehyre.
  2 Wesan þine earan eac gehyrende
and beheldende mid hige swylce
on eall gebedd esnes þines.
  3 Gif þu ure unriht wilt eall behealdan,
drihten, drihten, hwa gedeð æfre,
þæt he þæt geefne eall mid rihte?
  4 Ys seo mildheortnes mid þe, mihta wealdend,
and ic for ðinre æ, ece drihten,
þas oþer eall eaðe aræfnige.
  5 Hwæt, þæt sawl min symble aræfnede,
þæt ic on þinum wordum me wel getreowde;
forðon min sawl on þe symble getreoweð.
  6 Fram þære mæran mergentide
oðþæt æfen cume ylda bearnum,
Israhelas on drihten a getreowen.
  7 Forðon is mildheortnesse miht on drihtne
and he alyseð lustum ealle,
þa ðe hiht on hine habbað fæste.
  8 He Israhelas ealle alyseð
of unrihte æghwær symble.

PSALM 130

  1ˊ Nis min heorte wið þe ahafen, drihten,

129,7,1 is] his   129,8,2 æghwær] æghwæ

ne mine eagan wið þe   on oferhygde.
2   Ne ic on mægene   miclum gange
ne wundur ofer me   wuniað ænig.
3   Ac ic mid eaðmedum   eall geþafige;
is min sawl on ðon   swyþe gefeonde.
4   Swa man æt meder   bið miclum feded,
swa þu minre sawle   symble gyldest.
5   Israhelas on drihten   a getreowigen
of ðyssum nu   awa to worulde.

<h2 style="text-align:center">PSALM 131</h2>

1   Gemune þu, drihten,   mærne Dauid
and ealle his mannþwærnesse   micle and goode.
2   Swa ic æt frymðe geswor   ferhðe wið drihten
and gehat gehet,   he geheold teala
wið Iacobes   god þone mæran.
3   Þeah þe ic on mines huses   hyld gegange
oþþe selegesceot   þænne swæs wese
oððe on min restbedd   ricene gestige,
4   Gif ic minum eagum   unne slæpes,
oþþe minum breawum   beode hnappunga,
oþþe ic on þunwange   þriste gereste,
5   Oþþæt ic gemete   mære stowe
drihtne gecorene,   dyre selegesceot
Iacobes gode   georne gecweme.
6   Efne we þas eall   on Eufraten
sæcgean gehyrdon,   syððan gemitton
forwel manegu   on wudufeldum.
7   We on his selegesceot   swylce gangað,
and þære stowe   stede ariað
þær his fotas ær   fæste gestodan.
8   Aris on þinre reste   recene, drihten;
þu earce eart   eallhaligra.
9   Synd þine sacerdas   on soðfæstnesse
gode gegierede,   and gleawe nu
þine þa halgan   her blissiað.
10   For þinum agenum   esne swylce.
deorum Dauide.   þu ne do æfre,

þæt þu andwlitan   ut oncyrre
þines þæs halgan   her on eorðan.

11   Þæs deopne að   drihten aswor
and þone mid soðe   swylce getrymede,
þæt he hine for hole   ær ne aswore,
gehet Dauide,   swa he him dyde syþþan,

12   Þæt he weorðlicne   wæstm gesette
þe of his innaðe   agenum cwome,
ofer þin heahsetl;   gif nu healdað well
þines sylfes bearn   soðe treowa
and þa gewitnesse,   þe ic hig wel lære,

13   Þonne hiora suna   swylce motan
a þysse worulde   wynnum brucan
and on þinum setle   sittan geneahhe.

14   Forðon him Sione geceas   sylfa drihten,
and him to earde geceas   ærest æt frymðe.

15   Þis is min rest,   þe ic recene nu
on worulda woruld   wunian þence,
þær ic eard nime,   forðon ic hi ær geceas.

16   His wuduan ic   wordum bletsige
and gesegnade,   sylle geneahhe
heora hungrium   hlaf to fylle.

17   Ec his sacerdas   swylce mid hælu
georne gegyrwe,   and gode eac
his þa halgan her   habbað blisse.

18   Þær ic Dauides horn   deorne bringe,
forð gelæde,   fægre gearuwe
byrnende blacern,   bere for minum
criste gecorenum,   þe ic hine cuðne wat.

19   Ic his feondas eac   facne gegyrwe
mid scame swiðust;   ofer hine scir cymeð
minra segnunga   soðfæst blostma.

PSALM 132

1   Efne hu glædlic bið   and god swylce,

131,12,4 þines] þine   131,12,5 þa] we   þe] þa   131,19,3 minra]
minre

þætte broður on an begen hicgen,
þær hig ænne sculan eard weardian.
2 Swa unguentum mæg æðele wyrtcynn
heafde healdan hrore stence,
mid þy Aaron his beard oftast smyrede.
3 Seo niðer astah on his reafæs fnæd
swa æþele deaw on Hermone,
se ofer Sionbeorge sneome astigeð.
4 Forþon her bebead halig drihten
lifes bletsunga lange to feore
of þisson nu awa to worulde.

Psalm 133

1 Efne bletsien nu bliðe drihten
ealle his agene onbyhtscealcas.
2 Ge þe on godes huse gearwe standað,
and on cafertunum Cristes huses
ures þæs halgan godes held begangað.
3 Hebbað neodlice nihta gehwylcere
eowre handa on halig lof
and bletsiað balde drihten.
4 Ge bletsige bliðe drihten
of Sionbeorge symble æt þearfe,
se þe heofon worhte, hrusan swylce.

Psalm 134

1 Heriað naman drihtenes, neode swylce
herigen hine his scealcas swiðe ealle.
2 Ge þe on godes huse gleawe standað
and on cafertunum Cristes huses
þæs godan godes gearwe syndan,
3 Lofiað ge drihten, forþon he lungre is
fæstræd and fremsum fira æghwam;
weorðiað his naman, forþon he wyrðe is.
4 Forðon him godne geceas Iacob drihten

132,2,3 oftast smyrede] oftas smyrede *with a second* t *crowded in after*
oftas   133,2,3 begangað] begangeð

and on agene æht   Israeles cynn.

5 Ic þæt gearwe ongeat,   þæt is god and mycel
drihten ure;   forþon him dom standeð
ofer ealle godu   eorðbuendra.

6 Ealle þa þe wolde,   worhte drihten
on heofonrice   and her on eorðan,
on sidum sæ   swylce on eallum,
þær he dyrne wat   deorce grundas.

7 And he fram þysse eorðan   ende lædeð
wolcen wræclicu,   wind and liget,
and þa to reᵹne   recene wyrceð,

8 þe forð lædeð   fægere windas
of his goldhordum   godra manegum;
se Ægipta sloh   æðele frumbearn
æghwylc ealra   oð þa nytenu.

9 He sigetacen   sende manegum
forebeacn fæle   folce Ægipta,
and þa Pharaones   folce gecyðde
and his scealcum   samed ætgædere.

10 Se sloh þeode folc   þearle manige,
and eac acwealde   cyningas strange.

11 Wæs Seon cfne   sum þara kynincga,
and Og kyning,   se þe æror wæs
on Basane   breme and mære.

12 Sealde heora eardland   eall Israhelum
and heora yrfe   eac his folce.

13 Ys þin nama, drihten,   nemned ece,
and þin gemynd,   mihtig drihten,
on ealra worulda woruld   wynnum standeð.

14 Forþon his folc demeð   fægere drihten,
and he bið on his esnum   agenum frefriend.

15 Beoð deofolgyld   dysigra þeoda
gold and seolfur,   þe her geotað menn,
and mid heora folmum   fægere wyrceað.

16 Þa muð habbað,   and ne meldiað wiht,
fægere eagan,   ne magon feor geseon.

17 Earan habbað,   ne hi awiht magon

134,9,2 fæle] fala

holdes gehyran, þeah ðe him hleoðrige,
and nose habbað, nawiht gestincað.
18 Handa hi habbað, ne hi hwæðere magon
gegrapian godes awiht;
habbað fet swylce, ne magon feala gangan.
19 Ne hi on hracan awiht hlude ne cleopiað,
ne him gast warað gomum on muðe.
20 Synt anlice þæm þe hi ær worhtan,
and ealle þa ðe on hi æfre getreowað.
21 Hus Israela holdne drihten
bletsien bealde, biddan swylce
þæt Aarones hus ecne drihten
bliðe bletsien; beornas ealle,
þa on lifes hus leof eardiað,
bletsien drihten bliðe mode.
22 Þa þe him ondræden drihtnes egsan,
bletsien drihten beornas ealle;
se drihten is deore gebletsad
of Sion sniome, þe soðfæst ær
on Hierusalem god eardode.

PSALM 135

1 Ic andette ecum drihtne,
forðon he god is, and ic ful gearwe wat,
þæt he to worulde byð wis and mildheort.
2 Eac ic andette þam þe ece is
ealra godena god, forðon ic hine godne wat.
3 Andette ic swylce þam þe ealra is
drihtna drihten dædum spedigast,
forðon he god is, and ic gearwe wat,
þæt his mildheortnes is mycel to worulde.
4 He wundur dyde weorþlic ana.
5 Se heofon worhte, hæleða andgit.
6 He eorðan æfter wæter ærest sette.
7 He leohtfatu leodum ana
micel geworhte manna bearnum,

134,18,3 feala] fea   135,7,1 He] e *with the initial capital omitted*

8 Sette on miht dæges mære sunnan,
9 On miht nihte monan and steorran.
10 He Ægyptas sloh and eall heora frumbearn,
11 And he Israhelas ealle oðlædde
of Ægyptum ealle gesunde,
12 On mihtigre mære handa
and on eallmihte earmes swylce.
13 He readne sæ recene todælde,
14 Lædde Israhelas ealle þurh midne.
15 Þær Pharaon gefeol, and his fæge werud
on þam readan sæ recene forwurdan.
16 He gewealdendlice þuruh westen eft
his þæt leofe folc lædde swylce.
17 He of stanclife stearce burnan
leodum lædde on leofne þanc.
18 Swylce he acwealde cyningas mycle.
19 And he eac ofsloh æðele cyningas,
weras wræclice, þa þe weoruld heoldan.
20 Þær Seon cyning swylt dreorig fornam,
þe Amorrea anweald hæfde,
21 And Og swylce, þe æror wæs
swyþe breme cyning on Basane.
22 Sealde heora eorþan on yrfeland,
23 And þæt yrfe on Israele,
þe his esnas agene wæron.
24 Forþon ure eaðmedu ece drihten
gemyndgade, and us mycel sealde.
25 And he us aferede feondum of handa,
þa ðe wraðe wæron ealle.
26 He eac afedeð flæscea æghwylc.
27 Andetað nu ealle þam ecean gode,
þe on heofonum is heah eardiende.
28 And ge ealra godena gode geara andettað,
forþan his mildheortnes is mycel to worulde.

135,8,1 on miht] oⁿmiht   135,9,1 On] n *with the initial capital omitted*
miht nihte] mihte niht   135,11,1 And] nd *with the initial capital*
omitted, as also in the Latin   135,19,1 And] nd *with the initial capital*
omitted, as also in the Latin   135,23,1 And] Oþ   135,26,1 flæscea] flæ
csea

PSALM 136

1 Ofer Babilone   bradum streame,
þær we sittað   and sare wepað,
þonne we Sion gemunan   swiðe georne.
2 On salig we sarige   swiðe gelome
ure organan   up ahengan.
3 Forþon us þær frunon   fæcnum wordum,
woh meldedan,   ða us on weg læddan:
4 "Singað us ymnum   ealdra sanga
þe ge on Sione   sungan geneahhige."
Hu magon we singan   sangas drihtne
on þære foldan   þe us fremde is?
5 Gif ic þin, Hierusalem,   forgyten hæbbe,
forgyte min seo swyðre   symble æt þearfe;
ætfeole min tunge   fæste gomum,
gif ic ofergittol þin   æfre weorðe,
6 Gif ic ne forsette þe   symble æt frymðe;
ac ic on Hierusalem   georne blissie.
7 Gemune þu, drihten,   manigra bearna,
þe on Edom synt   eal lifigende,
þonne þu Hierusalem   gegodie;
þa nu oft cweðað: "Wutun hi idle gedon,
oðþæt hi heora   eard geceosan."
8 Hwæt, þu eart Babilone   bitere ætfæsted
ænge and yfele,   hire earm dohter;
eadig byð hwæðere   se þe eft gyldeð
þa þu him on ealdre   ær forgeafe
and us eallum   eac gesealdest.
9 Eadig byð se þe nimeð   and eac seteð
his agen bearn   on þone æþelan stan.

PSALM 137

1 Ic þe andette,   ecne drihten,
on minre gehygde   heortan ealre;
forðon þu ealle mine word   earum gehyrdest,

136,3,2 woh] *Not in MS.*   136,9,1 seteð] seceð

þa ic mid muðe and mid mode cweðe,
and on þinra engla ealra gesihðe
ic þe singe swiðe geneahhige.
2 Eac ic þin tempel tidum weorðige,
þæt halige hus, holde mode,
and þær þinne naman on neod secge.
3 Ofer þine þa miclan mildheortnesse
and soðfæstnesse samed ætgædere,
þu þinne þone halgan naman neode gedydest,
ofer us ealle æghwær micelne.
4 Swa hwylce daga ic þe deorne cige,
gehyr me hwætlice, and me hraðe gedo
micle mine sawle on þines mægenes sped.
5 Ealle þe andettan eorðan kyningas,
forðon þe hi gehyrdon hlude reorde
þines muðes þa mæran word;
þa on sangum singan drihtne.
6 Forþon þin wuldur is wide geond eorðan
micel and mære, ofer middaneard
eart þu healice ahafen, drihten;
þu eadmodra ealra locast
on heofonhame her on eorðan.
7 Þeah þe ic on midle manes gange,
þær me costunga cnysdan geneahhe,
a þu me weredest wraþum feondum
þe me woldan yrre on acyðan;
þu me geræhtest ·recene mid handa
and me þin swyðre sneome hælde.
8 Drihten for me dome gylde,
is his mildheortnes mycel on worulde;
ne forseoh æfre, þæt þu sylfa ær
mid þinum handum her geworhtest.

137,5,1 kyningas] kynining *at the end of a line, followed by* as *at the beginning of the next line* 137,6,1 þin] *Not in MS.* wuldur] wundur
137,8,1 gylde] *After this word* h *was added above the line and then erased*
137,8,2 his] *Added above the line*

PSALM 138

1　þu min costadest　cynnum, drihten,
and me ongeate　gleawe mode;
þu min setl　swylce oncneowe,
and minne ærist　æfter gecyðdest.

2　And mine geðohtas eac　þriste oncneowe,
feorran ongeate　fore mine,
and mine gangas　gearwe atreddest
and ealle mine wegas　wel foresawe,
forþan me inwit næs　ahwær on tungan.

3　Efne þu, drihten,　eall oncneowe
þa ærestan,　eac þa nehstan;
þu me gehiwadest　handa þinre,
me ofer heafod　holde gesettest.

4　Wundorlic is geworden　þin wisdom eall,
se is beutan me　eac gestrangod;
ne mæg ic him on neode　a neah cuman.

5　Hwider mæg ic fram þinum gaste　gangan ahwær,
oþþe þinne andwlitan befleon　eorðan dæles?

6　Gif ic on heofenas up　hea astige,
þu me þær on efn　andweard sittest;
gif ic on helle gedo　hwyrft ænigne,
þu me æt byst　efne rihte.

7　Gif ic mine fiðeru gefo,　fleoge ær leohte,
oþþæt ic beutan wese　eallum sæwum,

8　Hwæt, me þin hand þyder　ofer holma begang
lædeð lustum,　and me lungre eft
þin seo swiðre　þær gehendeð.

9　Ic on mode cwæð　minum swylce:
"Wen is, þæt me þystru　ðearle forgripen
and me on nihte　neode onlihte,
þæt ic minum bleom　bregde neahhige."

10　Ne beoð þeostru deorc　butan þinre miht;
þurh þa onlihtest niht,　þæt heo byð dæge gelic.

11　Swa þragum gæð　þeostru wið leohte,

138,3,3 me]　*Not in MS.*　138,4,1 wisdom]　wordom *corrected to* wisdom
138,10,2 þæt]　þæt;

forþon þu hi settest swylce, drihten;
canst mine ædre ealle gearuwe,
onfenge me fægere, swa ic furðum wæs
of modur hrife minre acenned.

12 Ic þe andette, ece drihten,
forþon þu mid egesan eart eall gewuldrad,
and þine weorc wæron wræclice swyþe,
þa min saul oncneow sona georne.

13 Nis min ban wið þe deope behyded,
þæt þu wislice worhtest on diglum,
þeh min lichama lytle ðrage
on niðerdælum eorðan wunige.

14 Eagan þine gesawon þæt ic ealles wæs
unfrom on ferhþe; eall þæt forð heonan
on þinum wisbocum awriten standeð.

15 Dagas syndon trymede, swa hi drihten gesceop.
ne mæg ænig on þam awa lifigean;
me synd arwyrðe ealle swiðe,
þe þine frynd wærun fæste, drihten,
is heora ealdordom ungemete swiðe
on cneorissum cuð gestrangod.

16 Gif ic hi recene nu riman onginne,
hi beoð ofer sandcorn sniome manige;
syþþan ic arise and recene nu gyt
mid þe sylfum eom, gif þu syþþan wylt
þa firenfullan fyllan mid deaðe.

17 Blodhreowe weras, ge bebugað me,
þe þæt on geþohtum þenceað cweðende:
"Wutun þurh idel searu ealle tiligean,
þæt we heora burh tobrecan moton."

18 Ealle þa þe feodan þurh facen god,
ic hi feode nu fæste mid niðe,
and ofer þine feondas beo facne gebolgen.

19 Swa ic hi mid rihte recene feoge,

138,11,5 of modur hrife minre] of minre mo dur hrife 138,12,1 andette]
andetne ece] *Written twice in MS., at the end of a line and at the begin-
ning of the next line* 138,14,1 Eagan] Eagon 138,15,6 gestrangod]
gestͬan god

forþon hi me feondas   fæcne wurdan.

20   Costa min, god,   swa hit cyn wese,
and minre heortan gehygd   her gesceawa,
þone fælan geþanc;   frine me syþþan
and mine stige ongit   gestaðelode.

21   And þu sylfa geseoh,   gif ic on swiculne weg
oþþe on unrihte   ahwær eode;
gelæd me þonne,   lifes ealdor,
þæt ic on ecne weg   æghwær gange.

PSALM 139

1   Genere me wið niþe   on naman þinum
fram yfelum menn,   ece drihten,
and fram þam were,   þe wom fremme.

2   Þa ealne dæg   inwit and facen
hycgeað on heortan   þurh hearme geþoht,
hi þæt to gefeohte georne   gefremed habbað.

3   And heora tungan   torncwidum
neode serwað,   swa oft nædran doð,
and him aspidas,   ætrene wyrmas,
under welerum is   gewunad fæste.

4   Geheald þu me, drihten,   wið heteniðas
and wið firenfulles   folmum swylce,
and fram þam mannum   þe man fremmen,
alys þu me lungre,   lifes ealdur.

5   Þa on hyge þohtan,   þæt hi ahyltan me
and minne gang   georne swylce,
forhyddan oferhygde me   inwitgyrene,
wraðan wealsadan   wundnum rapum;
woldan mine fotas   gefæstnian,
settan me swyce,   þær ic siþade.

6   Ic þa to drihtne cwæð: "Þu me eart dyre god;
gehyr min gebed,   halig drihten,
nu ic stefne to þe   styrme hlude."

139,2,2 heortan] heortað   139,2,3 gefremed] ^{ge}fremed   habbað]
with h *altered from* m   139,5,4 wundnum] wundrum   rapum] rawum
139,5,6 swyce] swyþe

7 Drihten, drihten, þu eart gedefe mægen
hælo minre, and þu min heafod scealt
on gefeohtdæge feondum awergean.

8 Ne alyf þu me æfre ofer lust minne
on fyrenfulra fæcne geðancas,
þa wiðerwearde me wraðe hycgeað;
ne forlæt þu me on lifdagum,
þy læs hi ahafene ofer me hwile weorðen.

9 Him ymb heafod hefegast gewinna,
þæt hi mid welerum geworht habbað,
him þæt ilce sceal on gesittan.

10 Eac hi feallað on fyres glede,
and þu hi mid fyre facnes gehnegest,
þæt hi þam yrmðum a ne wiðstanden.

11 Se getynga wer on teosuspræce,
ne bið se ofer eorþan gereaht ahwær;
unsoðfæstne wer yfel gecnysseð,
oþþe he on eorðan eall forweorðeð.

12 Ic þæt gearuwe ongeat, þæt gode deð
drihten domas, þe on dagum þyssum
wædlum weorðað, wreceð þearfendra.

13 Soð is hwæðere, soðfæste nu
þinne naman willað þuruh neod herigean;
scylan eard niman on þinre ansyne,
þa mid ræde her rihte lifigeað.

PSALM 140

1 Ic þe, drihten, to dyrum clypige;
gehyr me hrædlice holdre stefne,
þonne ic bene to þe bidde ceare full.

2 Sy on þinre gesihþe mines sylfes gebed
ful recene gereht, swa ricels byð,
þonne hit gifre gleda bærnað.

3 Swylce is ahafenes handa minra,
þonne ic þe æfenlac estum secge.

139,7,2 heafod] *Not in MS.* 139,11,3 gecnysseð] gecnyssed
140,1,3 þe] *Added above the line* 140,3,1 is] ic

4　Sete swæse geheald　swylce, drihten,
muðe minum,　ne læt man sprecan,
and æþele dor　ymbstandende,
þæt on welerum　wisdom healde.

5　Ne hyld þu mine heortan,　þæt ic hearme word
þuruh inwitstæf　ut forlæte,
and ic lædend wese　laðra firena.

6　Ne ic æfre mid mannum　manfremmendum
gemænnesse　micle hæbbe,
ne on heora gecorenesse　becume æfre.

7　Ac me soðfæst　symble gerecce
and mildheorte　mode þreage;
ele synfulra　æfre ne mote
heafde minum　hrinan ahwær.

8　Forþon min gebed nu gyt　becnum standeð,
þæt him on wisum is　wel lycendlice;
syndon hi æt strangum　stane forswolgene;
noldan heora deman　mine gedefe word
earan gehyran,　eft ne mihton.

9　Swa unefne is　eorþe þicce,
syndon þas moras　myclum asprotene,
swa ure ban syndon　bitere toworpene
be helwarena　hæfteneodum.

10　Forþon ic, drihten, on þe　dædum minum
eagum and mode　æghwær gelyfe;
ne ascuf þu fram me　sawle mine.

11　Geheald me wið þare gryne　þe me grame setton,
þæt me ne beswice　synwyrcende,
þa þe unrihtes　æghwær þenceað.

12　Feallað firenfulle　on heora fengnettum;
ic me syndrig eom,　oþþæt ic swa fere.

PSALM 141

1　Min stefn to þe　styrmeð, drihten,
and ic mid strangere　stefne swylce

140,4,1 Sete] Gete　140,4,3 ymbstandende] ymstandende　140,5,1
þæt] þær　140,7,1 Ac] Ic　140,9,4 hæfteneodum] hæf te neodun

eam biddende   bealde drihten.

2   Ic mine bene   bealde swylce
on his gesihðe   symble ageote,
and mine earfeþu   ealle full georne
fore him sylfum   sæcge geneahhe,

3   Gif mine grame þenceað   gast teorian,
and þu mine stige   strange ongeate.

4   On þyssum grenan wege,   þe ic gange on,
me oferhydige   æghwær setton
gearwe grine;   geara ic sceawade,
geseah on þa swyðran,   ne me sylfne þær
ænig mid gode   ongitan wolde.

5   Ða me eac frecne fram   fleam gedydan,
næs þa þe mine sawle   secean wolde,
þa ic to þe, drihten,   digle cleopode
and sona cwæð: "Þu eart min se soða hiht;
eart þu on lifigendra   lande swylce
se gedefa dæl,   drihten, æghwær."

6   Beheald mine sawle,   hæleþa wealdend,
forþon ic geeadmeded eom   ungemete swiðe.

7   Alys me fram laþum;   hi me lungre synt
ealle ofer me   ungemete strange.

8   Alæd me of carcernes   cluse swylce
mine sawle,   þæt ic syþþan forð
þinne naman mote   neode sæcgean.

9   Min soðfæste   snotere bidað,
oþþæt þu me edlean   eft forgylde.

PSALM 142

1   Drihten, min gebed   deore gehyre,
and mid earum onfoh   ungemetum georne
mine halsunge;   heald me syððan
on þinre soðfæstnesse   and me on soðe gehyr.

2   Ne ga þu mid þinum esne   in to dome,
forþon on þinre gesihðe ne bið   soðfæst ænig
þe on ðisse foldan   feorhlif bereð.

3   Forþon mine sawle   swiðe feondas

ealle ehtan ungemete strange,
habbað me gehnæged heanne to eorðan
and min lif swylce gelytlad is.

4 Hi me on digle deorce stowe
settan sarlice samed anlice,
swa þu worulddeade wrige mid foldan;
is me ænge gast innan hreðres,
and me is heorte on hearde gedrefed.

5 Þonne ic on mode gemyndgade,
hu me ærran dagas oft alumpan,
metegade on mode ealle þine mæran weorc
and ymbe þine handgeweorc hogode georne.

6 Þonne ic mine handa to þe holde þenede
and mine sawle sette mid mode,
swa eorðan bið ansyn wæteres;
gehyr me hrædlice, hæl me syþþan.

7 Nu me deope is, drihten leofa,
min sylfes gast swær geworden,
ne awend fram me, wuldres ealdur,
þine ansyne; wese ic earmum gelic
þe on sweartne grund syþþan astigað.

8 Gedo þæt ic gehyre holde on morgene
þine mildheortnesse, mihtig drihten,
forþon ic hycge to ðe, helpe gelyfe.

9 Do me wegas wise, þæt ic wite gearwe
on hwylcne ic gange gleawe mode;
nu ic to drihtnes dome wille
mine sawle settan geornast.

10 Afyrr me, frea drihten, feondum minum;
nu ic helpe to þe holde gelyfe;
lær me, hu ic þinne willan wyrce and fremme,
forþon þu min god eart, þu me god dydest.

11 Me þin se goda gast gleawe lædde,
þæt ic on rihtne weg reðne ferde;
for naman þines neodweorðunge,
drihten usser, do me halne,

142,4,4 ænge] ænige   142,5,3 on mode ealle] on mode hu ealle
142,11,1 Me] e with the initial capital omitted

þæt ic on ðinum rihte rædfæst lifige.

12 And þu of costunge clæne alæddest
sawle mine, þær heo syððan forð
on þinre mildheortnesse mote wunian;
and þu mine feondas fæcne todrife,
and eac forleose laðra gehwylcne
þe mine sawle synne ætfæsten,
forþon ic þin esne eom agen symble.

PSALM 143

1 Drihten is gebletsad, min se deora god,
þe mine handa to hilde teah
and mine fingras to gefeohtanne.

2 He is mildheortnes min æt þearfe,
frið and fultum, fæst andfengea
and alysend is lifes mines.

3 Min þu mære eart mihtig scyldend;
ic hiht on ðe hæbbe fæste,
þæt þu me folc mænig fægere underþeoddest.

4 Hwæt is se manna, mihtig drihten,
þe þu him cuðlice cyþan woldest,
oððe mannes sunu, þæt hit gemet wære,
þæt þu him aht wið æfre hæfdest?

5 Man byð merwe gesceaft, mihtum idel;
beoð his dagas swylce demde gelice,
swa þu on scimiendre sceade locige.

6 Ahyld þine heofenas, halig drihten,
onhrin þissum muntum, and hi hraðe reocað.

7 Þine ligetta leohtað and beorhtað,
and þu hi toweorpest wide æfter;
synd þine strele strange swylce,
and ðu hi gedrefed hafast deope syþþan.

8 Onsend þine handa of heanessum,
alys me and genere wið lagustreamum
manegum wæterum and wið manfolmum

143,2,1 He] Me 143,5,1 Man] þan 143,7,1 leohtað] leohteð
beorhtað] beorhteð

fremdra bearna and frecenra.

9 Þara muðas sprecað manidel word,
bið hyra seo swiðre symble abysgod,
þæt hi unrihtes elne tiligeað.

10 Ic niwlice niwne cantic
þam godan gode gleawne singe
on psalterio, þe him swynsað oft
mid tyn strengum getogen hearpe,
on þære þe ic þe singe swiþe geneahhe.

11 Þu healdest and sylest hælu cyningum;
þu alysdest eac leofne Dauid,
þinne agenne ombihtmæcg,
of þam awyrgedan wraðan sweorde.

12 Alys me and oðlæd laþum wætrum,
manegum merestreamum, mærum handum,
þa me fremde bearn fæcne syndan.

13 Þara muðas sprecað manidel word,
byð hyra seo swiðre symble abysgad,
þæt hi unrihtes awa tiligean.

14 Þara bearn swylce bogum æþelum
settum beamum samed anlice,
standað on staðule stiðe wið geoguðe.

15 Wærun heora dohtru deore gesette
and ymb frætwum utan gegyrede,
efne anlicast æþelum temple.

16 Heora frumwæstme fulle syndon,
þæt hi rumlice roccettað swiðe,
of þissan on þæt þonne wendað.

17 Heora sceap wærun swylce tydred
and on siðfatum swiþe genihtsum,
heora oxan eac ungemete fætte.

18 Ne hreosað hi to hrusan hearde gebiged,
ne þær fernes is folca mænegum,
ne care micle cleopiað on worðum.

<hr>

143,9,3 unrihtes elne] rihtes un elne   143,10,4 hearpe] heaṛpe
143,11,3 ombihtmæcg] om *at end of a line, followed by* biht mæcgum *in
the next line*   143,14,1 bogum] be gað   143,14,3 standað] standan
143,18,2 mænegum] ͫ͵ænegum   143,18,3 worðum] wordum

19 Eadig bið þæt folc, oðre hataðʼ,
þe him swa on foldan fægre limpeð;
eadig bið þæt folc þe ælmihtig wile
drihten god dema weorðan.

PSALM 144

1 Ic me heahne god hæbbe to kyninge,
and ic naman þinne neode herige
on ecnesse awa to worulde.
2 Þuruh syndrige dagas symble ic ðe bletsige,
and naman þinne neode herige
on ecnesse awa to worulde.
3 Mycel is drihten, hine man mægene sceal
holde mode herian swiðe;
nis his micelmodes mægenes ende.
4 Cneorissa kynn cwidum symble
þin weorc herigen wordum georne,
and þine mihte eac micle sæcgeon.
5 Mycel mod and strang þines mægen ðrymmes
and þine halignesse holdes modes
wise wordum sprecað, weredum secggeað
eall þin wundur wide mære.
6 And hi mægen swylce mære and egeslic
þinra wundra wislic sæcgen
and þine mægenstrengðu mærsien wide.
7 Gemune þines modes þa miclan geniht,
þinre weðnesse wise sæcgenum
roccette and ræd sprece,
and þine soðfæstnesse sæcge geneahhe.
8 Mildheort is drihten and mannþwære
and geþyldig eac, þearle mildheort.
9 Swylce eallum is ure drihten
manna cynne milde and bliðe;
syndan his miltsa ofer us mære weorc
eall yldum cuð awa to feore.

143,19,4 drihten] drih *at the end of a line*   144,6,3 mægenstrengðu]
mæ ge strengðu   144,9,3 syndan] syndas

10 Andetten þe, drihten,   ealle þine weorc
and þe þine þa halgan   her bletsien.
11 And hi þine mihte   manna bearnum
cyþan mid cynnum   and mid cneorissum,
þines mægenþrymmes   mære wuldur
riht and reðe   rices þines.
12 Þæt þu cuð gedydest   ofer cneorisse,
þær synd manna bearn   manig ætsomne,
and þæt þin miht is   ofer middaneard
and þines rices   rædfæst wuldur.
13 Rice is þin, drihten,   ræde gefæstnod,
and þu woruldricum   wealdest eallum;
is þin anweald eac   ofer eorðware
of cynne on cynn   and on cneorissum.
14 Drihten is on wordum   dædum getreowe
and on eallum his weorcum   wis and halig.
15 Ahefeð halig god   þa ðe hreosað ær,
and he ealle areceð   earme gebrocene.
16 Eagan on þe   ealra, drihten,
wisra gewenað   wiste to genihte,
and þu him mete sylest   mæla gehwylce
and þæs tidlice   tid gemearcast.
17 Onhlidest ðu þine handa   and hi hraðe fyllest,
ealra wihta gehwam   wis bletsunga.
18 Soðfæst is drihten   on his sylfes wegum
eallum on eorðan,   and he æfter þan
on his weorcum is   wis and halig.
19 Neah is drihten   niþum eallum
þe hine mid soðe hige   scceað and ciegað
and his willan her   wyrceað georne
and his ege swylce   elne ræfnað;
he heora bene   bealde gehyreð
and hi hrædlice gedeð   hale sona.
20 Ealle gehealdeð   halig drihten
þe lufan wið hine   lustum healdeð,
and he synfulle   swylce todrifeð
geond widwegas   wearnum ealle.

144,17,1 Onhlidest] On þhlidest   144,19,4 ege] hy ge

21 Sceal lof drihtnes on lust sprecan
min muð mannum mæla gehwylce,
and flæsca gehwylc þurh fæle word
his þone haligan naman her bletsian
on ecnesse awa to feore.

PSALM 145

1 Herige min sawl hælend drihten,
and ic on minum life lustum drihten
herige haligne and holdum gode
sealmas singe, þenden ic sylf lifige.
2 Nelle ge on ealdurmenn ane getreowian,
ne on manna bearn; nis þær mycel hælu.
3 Heora gast gangeð, gearwe onwendeð
on þa eorðan þe hi of comon;
of þam sylfan dæge syðþan forweorðað
ealle þa geþohtas þe hi þohtan ær.
4 Þonne bið eadig þe him æror wæs
Iacobes god geara fultumiend,
and ær his hiht on god hæfde fæste,
5 Se þe heofon worhte, hrusan swylce
and sidne sæ samed ætgædere,
and ealle þa þe him on ahwær syndon.
6 He his soðfæst word swylce gehealdeð,
and on worulde his wise domas
deð gedefe þe her deorce ær
teonan manige torne geþoledan;
syleð mete swylce þe her murcne ær
hungur heaðugrimne heardne geþoledan.
7 Wreceð to ræde rice drihten
þara manna bearn þe ær man gebræc,
swylce þa gefetredan fægre drihten
lungre alyseð and him lif geofeð,
and blinde eac bealde drihten
on heora eagum eft onleohteð;

145,1,1 hælend] *With æ altered from* e   145,6,4 teonan] teonam
145,6,5 mete] mete

soðfæste drihten swylce lufade.

8 þa elðeodigan ealle drihten
lustum healdeð, and lif geofeð
weodewum wencelum; he hiom wel onfehð,
fyrenfulra weg frecne toweorpeð.
9 Rixað mid ræde rice drihten
on ecnesse awa to feore,
and þin, Sione, god symble to worulde.

PSALM 146

1 Heriað drihten, he is heah and good;
singað him sealmas swiðe geneahhe
and hine wlitegum wordum herigeað.
2 Eft Hierusalem georne drihten
timbreð tidum, and to somnað
þa þe ut gewitan of Israhelum.
3 Se hæleð eac heortan geðræste
and heora unrotnesse ealle gewriðeð.
4 He recene mæg riman steorran
and þa neodlice be naman sona
full cuðlice cigean ealle.
5 Micel is ure mihtig drihten,
and his mægen is micel and mihtum strang;
ne his snytru mæg secgean ænig,
on þyssum ealdre æfre ariman.
6 Milde mode and manþwære
he onfehð fægere, and fyrenfulle
wið eorðan niþer ealle gehnegeð.
7 Onginnað ge drihtne geare andettan,
singað gode urum gleawe be hearpan,
8 Se þe heofen þeceð hadrum wolcnum
and regn þanon recene sendeð
þe þeos eorðe fram æfter groweð.
9 He of beorgum ut blæde lædeð,
hig to helpe hæleða bearnum,

145,8,4 toweorpeð] toweor͜peð 146,5,1 Micel] Rice 146,6,1–2 and manþwære he onfehð] 7 he man þwære onfehð 146,9,2 hig] hio

10 Se þe mete syleð manegum neatum,
hrefnes briddum, þonne heo hropende
him cigeað to, cuðes æses.
11 Nafast ðu to manna mægene willan,
ne þe on þinum selegescotum swiðe licað,
þeah þe weras wyrcean wræst on eorðan.
12 Ac wel licað wuldres drihtne,
þa þe hine him ondrædað dædum and wordum,
and on his milde mod mægene gewenað.

PSALM 147

1 Herige Hierusalem georne drihten,
here þu, Sion, swylce þinne soðne god.
2 Forþon he getrymede wið teonhete,
þæt þu þine doru mihtest bedon fæste,
and gebletsade bearna æghwylc
þe on innan þe ahwær wæren.
3 He þine gemæru gemiclade,
þu on utlandum ahtest sibbe,
and þe gesadade mid þy selestan
hwætecynnes holde lynde.
4 He his spræce hider spowendlice
on þas eorðan ærest sendeð,
and his word yrneð wundrum sniome.
5 He snaw sendeð samed anlice
swa þu wulle flys wolcnum bringe,
and þone toweorpeð wide swa æscean.
6 He his cristallum cynnum sendeð
swylc swa hlafgebrece of heofonwolcnum;
for andwlitan celes þær ænig ne mæg
him standan stiðe mode.
7 He his word sendeð þuruh windes gast;
blaweð beorhtlice, burnan floweð
and to wætere weorðeð sniome.
8 He his word eac ær mid wisdome

146,11,1 Nafast] Hafast   147,1,2 god] godd   147,2,3 æghwylc]
æghylc   147,5,3 þone] þonne   147,6,3 ænig] æni

godum Iacobe   geara foresægde,
and Israhele   eac his domas.
9 Ne dyde he ahwær swa   eldran cynne,
þæt he him his domas   digle gecydde.

PSALM 148

1 Heriað ge on heofenum   hælend drihten,
heriað hlude   on heanessum.
2 Heriað hine ealle   engla ðreatas,
lofige hine swylce   eall his leodmægen.
3 Herigen hine swylce   sunna and mona,
æghwylc steorra   and þæt æðele leoht.
4 Heofenas hine heofena   herian georne,
and þa wæter swylce   ðe ofer wolcnum synt
on heofenhame,   herigen drihten.
5 Forðon he sylfa cwæð,   sona wærun
wræclice geworht   wætera ðryþe,
and gesceapene wærun,   þa he sylfa het.
6 Þa he on ecnesse   eall staðelade
and on worulda woruld   wolde healdan;
he sette bebod,   syþþan heo þæt heoldon.
7 Herigen dracan swylce   drihten of eorðan,
and ealle neowelnessa   herian naman drihtnes.
8 Fyr, forst, hægel   and gefeallen snaw,
is and yste,   ealra gastas
þe his word willað   wyrcean georne,
9 Muntas and geswyru,   micle beamas,
þa þe mæst and wæstm   mannum bringað,
and on eallum cedrum   ciið alæded,
10 Deor and neat,   do þæt sniome;
nifle nædran cynn   be naman ealle,
and fugla cynn   fiðerum gescyrped,
11 Eorðcyningas eac   ealle swylce
þe folcum her   fore wisien

148,5,2 wræclice] wlæclice   148,8,2 gastas] *With final* s *altered from* r
148,9,3 ciið] cuð   alæded] alædeð   148,11,1 Eorðcyningas] Forð
cyningas *with the lower horizontal stroke of* E *not quite completed*

and ealdormen ahwær syndan,
and ealle þe þas eorþan ahwær demeð.
12 Beon ge, hægestealdas and glade fæmnan,
ealde and geonge ealle ætsamne;
herian naman drihtnes mid neodlofe.
13 Forþon his anes nama ofer ealle is
ahafen healice hæleða ealra;
is upp ahafen his andetness
heah ofer myclum heofone and eorðan.
14 He horn hefeð holdes folces,
he lofe leohteð leofe þa halgan;
wese awa frið on Israhela
fælum folce, and hi forð heonan
on his neaweste neode wunian.

PSALM 149

1 Singað samheorte sangas drihtne
and him neowne sang nu ða singað;
wese his herenes on haligra
clænre cyricean cyðed geneahhe.
2 Israhelas on hine eac blissien,
and Sione bearn symble hihtan
swiðust ealra.
3 Herigen his naman neode on ðreatum,
on timpano tidum heriað
and on psalterio singað georne.
4 Forðon on his folce is fægere drihtne
wel licendlic, and he wynlice
þam manþwærum syleð mære hælu.
5 Þonne on wuldre gefeoð wel þa halgan,
beoð on heora husum bliðe gedreme.
6 Him on gomum bið godes oft gemynd;
heo þæs wislice wynnum brucað,
and sweord habbaþ swylce on folmum.
7 Mid þy hi wrecan þenceað wraðum cynnum

148,12,2 ealle ætsamne] *An unfinished letter, probably the beginning of* s,
stands between these two words 149,1,4 cyðed] cyðe

and ðrea þearle   þeodum eawan.

8 And hio bindan   balde þenceað
cyningas on campum,   and cuðlice
heora æðelingas don   on isene bendas,
   9 Þæt hio dom on him   deopne gecyðan
and þæt mid wuldre   awriten stande:
þis is haligra wuldor   her on eorðan.

PSALM 150

   1 Heriað on þam halgum   his holdne drihten,
heriað hine on his mægenes   mære hælu.
   2 Heriað hine swylce   on his heahmihtum,
heriað hine æfter mode   his mægenþrymmes.
   3 Heriað hine on hleoðre   holdre beman

*   *   *

149,8,3 on] *Not in MS.*   149,9,3 wuldor] *Not in MS.*

THE METERS OF BOETHIUS

THE METERS OF BOETHIUS

Ðus Ælfred us ealdspell reahte,
cyning Westsexna, cræft meldode,
leoðwyrhta list. Him wæs lust micel
ðæt he ðiossum leodum leoð spellode,
5 monnum myrgen, mislice cwidas,
þy læs ælinge ut adrife
selflicne secg, þonne he swelces lyt
gymð for his gilpe. Ic sceal giet sprecan,
fon on fitte, folccuðne ræd
10 hæleðum secgean. Hliste se þe wille!

1

Hit wæs geara iu ðætte Gotan eastan
of Sciððia sceldas læddon,
þreate geþrungon þeodlond monig,
setton suðweardes sigeþeoda twa;
5 Gotena rice gearmælum weox.
Hæfdan him gecynde cyningas twegen,
Rædgod and Aleric; rice geþungon.
þa wæs ofer Muntgiop monig atyhted
Gota gylpes full, guðe gelysted,
10 folcgewinnes. Fana hwearfode
scir on sceafte. Sceotend þohton
Italia ealle gegongan,
lindwigende. Hi gelæstan swua
efne from Muntgiop oð þone mæran wearoð
15 þær Sicilia sæstreamum in,
eglond micel, eðel mærsað.
Ða wæs Romana rice gewunnen,
abrocen burga cyst, beadurincum wæs

1,5 Gotena] Gotene J   1,12 ealle] ealla J

Rom gerymed.   Rædgot and Aleric
20 *foron on ðæt fæsten;   fleah casere*
mid þam æþelingum   ut on Grecas.
Ne meahte þa seo wealaf   wige forstandan
Gotan mid guðe;   giomonna gestrion
sealdon unwillum   eþelweardas,
25 *halige aðas.   Wæs gehwæðeres waa.*
þeah wæs magorinca   mod mid Grecum,
gif hi leodfruman   læstan dorsten.
Stod þrage on ðam.   þeod wæs gewunnen
wintra mænigo,   oðþæt wyrd gescraf
30 *þæt þe Deodrice   þegnas and eorlas*
heran sceoldan.   Wæs se heretema
Criste gecnoden,   cyning selfa onfeng
fulluhtþeawum.   Fægnodon ealle
Romwara bearn   and him recene to
35 *friðes wilnedon.   He him fæste gehet*
þæt hy ealdrihta   ælces mosten
wyrðe gewunigen   on þære welegan byrig,
ðenden god wuolde   þæt he Gotena geweald
agan moste.   He þæt eall aleag.
40 *Wæs þæm æþelinge   Arrianes*
gedwola leofre   þonne drihtnes æ.
Het Iohannes,   godne papan,
heafde beheawon;   næs ðæt hærlic dæd.
Eac þam wæs unrim   oðres manes
45 *þæt se Gota fremede   godra gehwilcum.*
Da wæs ricra sum   on Rome byrig
ahefen heretoga,   hlaforde leof,
þenden cynestole   Creacas wioldon.
þæt wæs rihtwis rinc,   næs mid Romwarum
50 *sincgeofa sella   siððan longe.*
He wæs for weorulde wis,   weorðmynða georn,
beorn boca gleaw;   Boitius
se hæle hatte   se þone hlisan geþah.
Wæs him on gemynde   mæla gehwilce

1,38 Gotena]   Godena *J*

55   *yfel and edwit þæt him elðeodge*
     kyningas cyðdon.   Wæs on Greacas hold,
     gemunde þara ara   and ealdrihta
     þe his eldran mid him   ahton longe,
     lufan and lissa.   Angan þa listum ymbe
60   *ðencean þearflice,   hu he ðider meahte*
     Crecas oncerran,   þæt se casere eft
     anwald ofer hi   agan moste.
     Sende ærendgewrit   ealdhlafordum
     degelice,   and hi for drihtne bæd
65   *ealdum treowum,   ðæt hi æft to him*
     comen on þa ceastre,   lete Greca witan
     rædan Romwarum,   rihtes wyrðe
     lete þone leodscipe.   Đa þa lare ongeat
     Đeodric Amuling,   and þone þegn oferfeng,
70   *heht fæstlice   folcgesiðas*
     healdon þone hererinc.   Wæs him hreoh sefa,
     ege from ðam eorle.   He hine inne heht
     on carcernes   cluster belucan.
     Þa wæs modsefa   miclum gedrefed
75   *Boetius.   Breac longe ær*
     wlencea under wolcnum;   he þy wyrs meahte
     þolian þa þrage,   þa hio swa þearl becom.
     Wæs þa ormod eorl,   are ne wende,
     ne on þam fæstene   frofre gemunde,
80   *ac he neowol astreaht   niðer of dune*
     feol on þa flore,   fela worda spræc,
     forþoht ðearle;   ne wende þonan æfre
     cuman of ðæm clammum.   Cleopode to drihtne
     geomran stemne,   gyddode þus:

2

     Hwæt, ic lioða fela   lustlice geo
     sanc on sælum,   nu sceal siofigende,
     wope gewæged,   wreccea giomor,
     singan sarcwidas.   Me þios siccetung hafað

1,73 carcernes]   carcerne *J*

5   *agæled, ðes geocsa, þæt ic þa ged ne mæg*
    gefegean swa fægre, þeah ic fela gio þa
    sette soðcwida, þonne ic on sælum wæs.
    Oft ic nu miscyrre cuðe spræce,
    and þeah uncuðre ær hwilum fond.
10 *Me þas woruldsælða welhwæs blindne*
    on ðis dimme hol dysine forlæddon,
    and me þa berypton rædes and frofre
    for heora untreowum, þe ic him æfre betst
    truwian sceolde. Hi me to wendon
15 *heora bacu bitere, and heora blisse from.*
    Forhwam wolde ge, weoruldfrynd mine,
    secgan oððe singan þæt ic gesællic mon
    wære on weorulde? Ne synt þa word soð,
    nu þa gesælða ne magon simle gewunigan.

3

    Æala, on hu grimmum and hu grundleasum
    seaðe swinceð þæt sweorcende mod,
    *þonne hit þa strongan stormas beatað> *
    weoruldbisgunga, þonne hit winnende
5   *his agen leoht an forlæteð,*
    and mid uua forgit þone ecan gefean,
    ðringð on þa ðiostro ðisse worulde,
    sorgum geswenced. Swa is þissum nu
    mode gelumpen, nu hit mare ne wat
10 *for gode godes buton gnornunge*
    fremdre worulde. Him is frofre ðearf.

4

    Æala, ðu scippend scirra tungla,
    hefones and eorðan! Ðu on heahsetle
    ecum ricsast, and ðu ealne hræðe
    hefon ymbhwearfest, and ðurh ðine halige miht
5   *tunglu genedest þæt hi ðe to herað .*
    Swylce seo sunne sweartra nihta
    ðiostro adwæsceð ðurh ðine meht.

Blacum leohte   beorhte steorran
mona gemetgað   ðurh ðinra meahta sped,
10 *hwilum eac þa sunnan   sines bereafað*
beorhtan leohtes,   þonne hit gebyrigan mæg
þæt swa geneahsne   nede weorðað.
Swelce þone mæran   morgensteorran,
þe we oðre naman   æfensteorra
15 *nemnan herað,   ðu genedest þone*
þæt he þære sunnan   sið bewitige;
geara gehwelce   he gongan sceal
beforan feran.   Hwæt, ðu, fæder, wercest
sumurlange dagas   swiðe hate,
20 *þæm winterdagum   wundrum sceorta*
tida getiohhast.   Ðu þæm treowum selest
suðan and westan,   þa ær se swearta storm
norðan and eastan   benumen hæfde
leafa gehwelces   ðurh þone laðran wind.
25 *Eala hwæt, on eorðan   ealla gesceafta*
hyrað ðinre hæse,   doð on heofonum swa some
mode and mægne,   butan men anum,
se wið ðinum willan   wyrceð oftost.
Wel la, ðu eca   and ðu ælmihtiga,
30 *ealra gesceafta   sceppend and reccend,*
ara ðinum earmum   eorðan tudre,
monna cynne,   ðurh ðinra mehta sped.
Hwi ðu, ece god,   æfre wolde
þæt sio wyrd on gewill   wendan sceolde
35 *yflum monnum   ealles swa swiðe?*
Hio ful oft dereð   unscyldegum.
Sittað yfele men   giond eorðricu
on heahsetlum,   halige þriccað
under heora fotum;   firum uncuð
40 *hwi sio wyrd swa wo   wendan sceolde.*
Swa sint gehydde   her on worulde
geond burga fela   beorhte cræftas.
Unrihtwise   eallum tidum
habbað on hospe   ða þe him sindon
45 *rihtes wisran,   rices wyrðran;*

biᵹ þæt lease lot   lange hwile
bewrigen mid wrencum.   Nu on worulde her
monnum ne deriaᵹ   mane aᵹas.
Gif ᵹu nu, waldend, ne wilt   wirde steoran,
50 *ac on selfwille   sigan lætest,*
þonne ic wat þætte wile   woruldmen tweogan
geond foldan sceat   buton fea ane.
Eala, min dryhten,   ᵹu þe ealle ofersihst
worulde gesceafta,   wlit nu on moncyn
55 *mildum eagum,   nu hi on monegum her*
worulde yᵹum   wynnaᵹ and swincaᵹ,
earme eorᵹwaran;   ara him nu ᵹa.

5

*Ð*u meaht be ᵹære sunnan   sweotole geþencean
and be æghwelcum   oᵹrum steorran
þara þe æfter burgum   beorh*t*ost sci*ne*ᵹ.
Gif him wan fore   wolcen hangaᵹ,
5   ne mægen hi swa leoh*tne*   leoman ansendan,
ær se þicca mist   þynra weorᵹe.
Swa oft smylte sæ   suᵹerne wind
græge glashlutre   grimme gedrefeᵹ,
þonne hie gemengaᵹ   micla ysta,
10   onhreraᵹ hronmere;   hrioh biᵹ þonne
seo þe ær gladu   onsiene wæs.
Swa oft æspringe   ut awealleᵹ
of clife harum   col and hlutor,
and gereclice   rihte floweᵹ,
15   irneᵹ wiᵹ his eardes,   oᵹ him on innan *felᵹ*
muntes mægenstan,   and him on midda*n* geligeᵹ,
atrendlod of ᵹæm *torre.   He on* tu siᵹᵹan
tosceaden wyrᵹ,   scir biᵹ gedrefed,
burna geblonden,   broc biᵹ onwended
20   of his rihtryne,   ryᵹum toflowen.
Swa nu þa þiostro   þinre heortan

5,3 beorhtost] beortost *C*   5,9 micla] miꞔla *C*   5,17 atrendlod]
atren^d lo d *C*

willað minre leohtan lare wiðstondan
and ðin modgeþonc miclum gedrefan.
Ac gif ðu nu wilnast, þæt ðu wel mæge,
25 þæt soðe leoht sweotole oncnawan,
leohte geleafan, ðu forlætan scealt
idle ofersælða, unnytne gefean.
Þu scealt eac yfelne ege an forlætan,
woruldearfoða, ne most ðu wesan for ðæm
30 ealles to ormod, ne ðu ðe æfre ne læt
wlenca gewæcan, þe læs þu weorðe for him
mid ofermettum eft gescended,
and to up ahafen for orsorgum
woruldgesælðum, ne eft to waclice
35 geortreowe æniges godes,
þonne þe for worulde wiðerwearda mæsð
þinga þreage and þu ðe selfum
swiðost onsitte. Forðæm simle bið
se modsefa miclum gebunden
40 mid gedrefnesse, gif hine dreccean mot
þissa yfla hwæðer, innan swencan.
Forðæm þa twegen tregan teoð tosomne
wið þæt mod foran mistes dwoleman,
þæt hit seo ece ne mot innan geondscinan
45 sunne for ðæm sweartum mistum, ærðæm hi geswiðrad
weorðen.

6

Ða se wisdom eft wordhord onleac,
sang soðcwidas, and þus selfa cwæð:
Ðonne sio sunne sweotolost scineð,
hadrost of hefone, hræðe bioð aðistrod
5 ealle ofir eorðan oðre steorran,
forðæm hiora birhtu ne bið auht
to gesettane wið þære sunnan leoht.
Ðonne smolte blæwð suðan and westan
wind under wolcnum. Þonne weaxeð hraðe
10 feldes blostman, fægen þæt hi moton.
Ac se stearca storm, þonne he strong cymð

norðan and eas*tan*, *he* genimeð hraðe
þære rosan wlite, and eac þa ruman sæ
norðerne yst *nede* gebædeð,
15 þæt hio strange geond*styre*d *on* sta*ðu* beateð.
Eala, þæt on eor*ðan* auht *fæstlices*
weorces on worulde *ne wunað æfre!*

7

Ða ongon se wisdom his gewunan fylgan,
gliowordum gol, gyd *æfter* spelle,
song soðcw*ida* sumne þa geta,
cwæð þæt he ne herde þæt on heane munt
5 monna ænig meahte *a*settan
healle hroffæste. Ne *þearf eac hæleða nan*
wenan þæs weorces, þæt he wisdom mæge
wið oferme*tta æfre gemengan.*
Herdes þu æfre þætte ænig mon
10 *on sondbe*orgas *settan meahte*
*fæste h*e*alle?* Ne mæg eac f*ira nan*
*wisdom timbr*an þær ð*ær woruldgitsung*
beorg oferbrædeð. B*aru sond willað*
ren forswelgan; swa deð *ricra nu*
15 grun*dleas* gitsung gilpe*s and æhta*,
gedr*ince*ð to dryg*gum* dreos*endne welan*,
and þeah þæs þearfan *ne bið þurst a*celed.
Ne mæg hæleþa gehwæm *hus on* munte
lange gelæsta*n*, *forðæm* him lungre on
20 swift *wind swape*ð. Ne bið sond þon m*a*
wið micelne ren manna ængum
h*uses hirde, ac hit hreo*san wile,
sigan sond æfter rene. Swa bioð anra gehwæs
monna modsefan miclum awegede,
25 *of hiora stede styrede, þonne hi strong dreceð*
*wind under wolcnum woruldea*rfoða,
oþþe hi eft se reða ren onhrereð

6,14 gebædeð] ge ded *with several letters illegible between* ge *and* d *C;*
gebæded *J* 7,2 æfter] æst *J* 7,25 hi] he *J* 7,27 hi] hit *C*

*su*mes ymbhogan,   ungemet gemen.
    Ac se ðe þa ecan   agan wille
30 so*ð*an gesælða,   he sceal swiðe fli*on*
    *ð*isse worulde *wlite*,   *wy*rce him si*ðð*an
    his modes hus,   þær he mæge *findan*
    ea*ð*metta stan   *unigme*t fæst*ne*,
    *grundweal gearone;   se to*glidan *ne þearf,*
35 *þeah hit wecge wind*   woruldearfo*ð*a
    o*ðð*e *ymbhogena*   *orme*te *ren*,
    forþæm on þære dene   drihten selfa
    *þara eadmetta   eardfæst wuniga*ð,
    *þær se wisdom a   wuna*ð *on gemyndum.*
40 Forðon *orsorg lif   ealnig læda*ð
    woruldmen *wise   buton wendinge.*
    Þonne he eall forsihð   *eor*ð*licu good*,
    and eac þ*ara* yfela   or*sorh wuna*ð,
    hopa*ð* to þæm ecum   *þe þær æfter cu*ma*ð,*
45 hine þonne *æghwonan   ælmi*htig good
    sing*a*llice   *simle gehealde*ð
    *a*nwunigendne   his *agenum*
    *modes gesæl*ð*um*   þurh me*todes gife*,
    *þeah hine se wi*nd   *woruldearfo*ð*a*
50 *swi*ð*e swence,   and hine singale*
    gemen gæle,   þonne him grimme on
    *woruldsæl*ð*a wind   wra*ð*e blawe*ð,
    þeah þe *hine ealneg   se ymbhoga*
    *ð*yssa* woruldsælða   wraðe *d*recce.

8

    Sona swa se wisdom   þas word hæfde
    swetole areahte,   he þa siðða*n* ongan
    singan so*ð*cwidas,   and þus selfa cwæ*ð*:
    Hwæt, *sio* forme eld   foldbuendum
5 geond *eor*ð*an* sceat   æghwam dohte,
    þa þa anra gehwæm   on eorðwæstmum
    genoh *ðuh*te.   Nis hit nu ð*a* swelc!
    Næron þa *geo*nd weorulde   welige hamas,

ne mis*lice* mettas ne drincas,

10 ne hi þara *hræ*gla huru ne gemdon

þe nu driht*gum*an diorost læta*ð*.

Forðæm hiora *næn*ig næs þa gieta,

ne hi ne gesawon *sun*dbuende,

ne ymbutan hi awer ne *h*erdon.

15 Hwæt, hi firen*lusta* frece ne wæron,

buton swa hi meahton gemet*lic*ost

ða gecynd began þe him Crist *g*esceop,

and hi æne on dæge æton sym*le*

on æfentid eorðan wæstmas,

20 *wu*des and wyrta, nalles win druncon

scir *of* steape. Næ*s* þa *s*cealca nan

þe mete o*ðð*e drin*c* mængan cuðe,

wæter wið *hu*nige, ne heora wæda þon ma

sioloce siowian, ne hi siarocræftum

25 godweb giredon, ne hi gimreced

sett*on searolice*, ac hi simle him

eallum *tidum* ute slepon

under beamscead*e*, *drunc*on burnan wæter,

calde wyl*lan*. *Nænig cepa ne seah*

30 *ofer ear*geblond ellend*ne wearod*,

ne huru ymbe sci*p*hergas scealcas ne herdon,

ne furðum *fira* nan ymb ge*feoht* sprecan.

Næs ðeos *eorðe besmiten* awer þa geta

beor*nes blode þe hine bill rude*,

35 *ne furð*um *wund*ne *wer* *weoruldbuende*

gesawan under *sunnan. Nænig siððan wæs*

weorð on weorulde, gif mon his willan ongeat

yfelne mid eldum; he wæs æghwæm la*ð*.

Eala, þær hit wurde o*ðð*e *wolde god*

40 þæt on eor*ðan nu* *ussa tida*

geond þas widan *weoruld* *wæren æghwæs*

swelce under sunnan. Ac hit is sæmre nu,

þæt *ð*eos gitsunc hafa*ð* *gumena gehwelces*

mod amerred, þæt he maran ne rec*ð*,

8,24 siowian] si$_{o}^{o}$wian C   8,31 scealcas] s tilcas *with one or two letters*
illegible after the first s C? sætilcas J

45   *ac hit on witte   weallende byrnð.*
Efne sio gitsung   þe nænne grund hafað
swearte swæfeð   sumes onlice
efne þam munte   þe nu monna bearn
Etne hatað.   Se on iglonde
50   *Sicilia   swefle byrneð,*
þæt mon helle fyr   hateð wide,
forþæm hit symle *bið* sinbyrnen*de*,
and ymbutan *h*it   oðra stowa
blate forbærnð   biteran lege.
55   Eala, hwæt *se forma*   feohgitsere
wære on w*o*rulde,   se þas wongstedas
grof æfter golde   and æfter gimcynnum.
Hwæt, he *frecnu* ge*streon*   fun*de* mænegum
be*wr*igen on *w*e*o*rulde,   *wætere oððe eorðan.*

9

Hwæt, we ealle witon   hwelce ærleste
ge neah ge feor   Neron worhte,
Romwara cyning,   þa his rice wæs
hehst under heofonum,   to hryre monegum.
5   *Wælhreowes gewed   wæs ful wide cuð,*
unrihthæmed,   arleasta fela,
man and morð*or,   misdæda worn,*
unrihtwises   *inwidþoncas.*
He het him to ga*mene   geara for*bærnan
10   Ro*mana burig,   sio his* rices wæs
ealles e*ð*elstol.   *He for* unsnyttrum
wolde fandian   gif þæt fyr meahte
lixan swa leohte   and swa longe *eac,*
rea*d* rasettan,   swa he Rom*ane*
15   *secgan* geherde   þæt on sume *tide*
Troia burg   ofertogen hæfde
le*ga le*ohtost,   lengest burne
*hama un*der hefonum.   Næs þæt herli*c* dæ*d,*
þæt hine swelces gamenes   gilpan lyste,

9,14 swa] swa (*or* swæ *?*) *C;* swæ *J*

20 þa he ne earnade   elles wuhte,
buton þæt he wolde   ofer werðiode
his anes huru   anwald *cyðan.*

Eac hit gesælde   *æt sumum cierre*
ðæt se ilca het   ealle acwellan
25 *þa ricostan   Romana witan*
and *þa æþelestan   eorlgebyrdum*
þe he on þæm folce   gefrigen hæfde,
and on uppan   agene broðor
and his modor mid   meca ecgum,
30 *billum ofbeatan.* He *his bryde ofslog*
self mid sweorde,   and he symle wæs
micle þe bliðra   on breostcofan
þonne he swylces morðres   mæst *gefremede.*
*N*alles sorgode   hwæðer *siððan* a
35 *m*ihtig drihten   *ametan wolde*
wrece *be* ge*w*yrhtum   wohfremmendum,
ac he on ferðe fægn   facnes and searuwa
wælriow wunode.   Wiold emn*e* swa *þeah*
ealles þisses mæran   middangeardes,
40 swa swa lyft and *l*agu   land *ymbc*lyppaðð,
garsecg embegyrt   gumena rice,
secgea sitlu, suðð, east and west,
oðð ða norðmestan   næssan on eorðan;
eall þæt Nerone   nede *o*ðððe *l*ustum,
45 *heaðorinca gehwilc,   heran sceolde.*
He hæfde *him to gamene,   þonne he on gylp astag,*
hu he eorðcyningas   yrmde and cwelmde.
Wenst ðu þæt se anwald   eaðe ne meahte,
godes ælmihtiges   þone gelpscaðan
50 *rice berædan   and bereafian*
his anwaldes   ðurh þa ecan meaht,
oðððe him his yfelcs   elles gestioran?
Eala, gif he wolde,   ðæt he wel meahte,
þæt unriht him   eaðe forbiodan!
55 *Eawla, þæt se hlaford   hefig gioc slepte*

sware on þa swyr*an*   sinra ðeg*ena,*
ealra ðara hæleða   þe on his *tidum*
geond *þas* lænan *wor*old   liban sce*oldon.*
He on unscyldgum   eorla *b*lode
60   his sweord selede   swiðe *gelome;*
ðær *wæs* swiðe sweotol,   þæt we *sædon* oft,
þæt se anwald ne deð   awiht godes
gif se wel nele   þe *his* geweald hafað.

10

*Gif nu hæleða hwon*e   hlisa*n lyste,*
*unnytne gelp   agan w*ille,
þonne *ic hine wolde   wordum* biddan
þæt he hine æghwonon utan   ymb*eþohte,*
5   *sweotole ymb*sawe,   suð, *east and west,*
*hu widgil s*int   wolcnum *ymbutan*
heofones hwealfe.   Higesnotrum mæg
*eaðe ðincan   þæt þ*eos eorðe sie
eall *for ðæt o*ðer   *u*nigmet lytel;
10   *þeah hio unwisum*   widgel þince,
on stede *strongl*ic   steorleasum men,
*þeah mæg þ*one wisan   *on gewitl*ocan
*þære gits*unge   gelpes scamian,
ðon*ne* hine þæs hlisan   heardost lysteð,
15   *and he* þeah ne mæg   þone tobredan
ofer ðas nearowan   nænige ðinga
eorðan sceatas;   is ðæt unnet gel*p!*
Eala, ofermodan,   hwi eow a lys*te*
*m*id eowrum swiran   selfra *willum*
20   þæt swære gioc   symle *underlutan?*
Hwy ge ymb ðæt unn*et   ealnig* swincen,
þæt ge þone hlisan   *habba*n tilia ð
ofer ðioda ma   *þonne* eow þearf *sie?*
Þeah eow nu gesæle   þæt eow suð *oððe* norð
25   *þa* ytmestan   eorðbu*ende*
on monig ðiodisc   miclum herien,
*ðeah hwa æ*ðele sie   eorlgebyrdum,

welum geweorð*ad, and on wlencum* ð*io,*
*dugu*ð*um* di*ore, dea*ð *þæs ne scrife*ð,
30 þonne *him rum forlæt* rod*ora wald*en*d,*
ac he þone welegan wæd*lum gelice*
*efnmærne gede*ð *æl*ces þ*inges.*
Hwær sint nu þæs wisan Welandes *ban,*
þ*æs goldsmi*ð*es,* þ*e* wæs *geo mærost?*
35 Forþy *ic cwæ*ð þ*æs wisan* W*elandes ban,*
*for*ð*y ængum ne mæg* eor*ð*buen*dra*
se cræft losian þ*e him Crist* onlænð.
Ne mæg mon æfre þ*y e*ð *ænne wræccan*
his cræftes beniman, þ*e mon oncerran mæg*
40 *sunnan onswifan, and* ð*isne swiftan rodor*
of his rihtryne *rinca ænig.*
*Hw*a *wat nu* þ*æs wisan* Wela*n*des *ban,*
on hwelcum *hi* hlæwa *hrusan* þ*eccen?*
Hwær is nu se rica Roma*na wita,*
45 and se aroda, þe we ymb *sprecað,*
hiora heretoga, se ge*haten wæs*
mid þ*æm* burg*waru*m Brutus *nemned?*
Hwær is eac se wisa *and se weor*ð*georna*
and se fæstræda fol*ces hyrde,*
50 *se wæs u*ð*wita æl*ces ð*inges,*
cene and cræftig, ð*æm wæs Caton* nama?
Hi wæro*n* ge*fyrn* forð*gewitene;*
nat nænig mon *hwær hi nu* sindon.
Hwæt is hiora here *buton se* hlisa an?
55 *Se* is ea*c to lytel* swel*cra lariowa,*
*for*ð*æm* þ*a* magorincas *maran wyr*ð*e*
wæron on worulde. Ac hit is *wyrse nu,*
þ*æt* geon*d* þas eor*ð*an *æghwær* sindo*n*
hiora gelican hwon *ymb*spræce,
60 sume openlice ealle forgitene,
þæt hi se hlisa hiwcuð*e ne mæg*
fore*mære* weras forð gebrengan.
Þea*h ge nu wenen and* wilnigen

þæt ge lange *tid   libban moten,*
65 hwæt iow *æfre þy bet   bio* oððe þince?
Forðæm *þe nane forlet,*   þeah hit lang *ðince,*
deað æfter dogorrime,   þonne *he hæfð* drihtnes leafe.
Hwæt þonne *hæbbe   hæleþa* ænig,
guma æt *þæm gilpe,*   gif hine gegripan *mot*
70 *se eca* deað   æfter þissum *worulde?*

11

*An sceppend is   but*an ælcum tweon.
*Se is eac we*aldend   woruldge*sceafta,*
heofones and eorðan   *and heare* sæ
and ealra þara   þe ðær *in wunia*ð,
5 *u*ngesæwenlicra,   and eac swa *same*
ðara ðe we eagum   on locia ð,
*ealra gesceaf*ta.   Se is ælmihtig,
þæm oleccað   ealle gesceafte
þe þæs ambehtes   awuht cunnon,
10 ge eac swa same   þa ðæs auht nyton
þæt *hi þæs* ðeodnes   þeowas sindon.
Se *us gesette*   sido and þeawas,
eallum *gesceaftum   una*wendende,
*s*ingallice   *sibbe gecyn*de,
15 þa þa *he wolde,   þæt þæt he wolde,*
swa lange swa he wolde   þæt hit wesan sceolde.
*Swa hit eac to worulde   sceal wunian for*ð,
*forþæm æfre ne magon   þa unst*illan
woruldgesceafta   weorðan *gestilde,*
20 of ðæm ryne onwend   ðe *him rodera* weard
ende*byrdes*   eallum *gesette.*
Hæfð se alwealda   ealle *gesceafta*
gebæt mid his bridle,   hafað butu gedon,
ealle *gema*node   and eac getogen,

11,3 heare] heah *J*   11,5 ungesæwenlicra] nge sæwenlicra *with one or*
more letters lost before n *C;* ungesewenlicra *J*   11,13 unawendende] wen-
dendne *with the beginning of the word lost C;* unawendendne *J*   11,17
wunian] wuniað *J*

25 *þæt hi ne mo*ten   ofer metodes est
   æfre *gestillan,*   ne eft eallunga
   swiðor *stirian,*   þonne him sigora weard
   his gewealdleðer   wille onlæten.
   He *hafað þe* bridle   butu befangen
30 *heofon and eor*ðan   and eall *h*olma bego*ng.*
   Swa *hæf*ð gehea*ð*ærod   hefonrices weard
   mid his anwealde   ealle gesceaf*ta,*
   þæt hiora æghwilc   wi*ð* o*ð*er win*ð,*
   *and þeah winn*ende   wreðiað fæste,
35 *æghwilc o*ð*er utan* ymbclyppe*ð,*
   *þy læs hi tos*wifen.   For*ð*æm hi sy*mle* sculon
   *ð*one ilcan ryne   eft *ge*cyrran
   þe æt frym*ð*e   fæder *geti*ode,
   and swa edniwe   eft gewior*ð*an.
40 Swa hit nu faga*ð,*   frean eald*geweorc,*
   *þætt*e winnende   wi*ð*erweard g*esceaft*
   fæste sibbe   for*ð* anhealda*ð.*
   Swa nu fyr and wæter,   folde and lagustream,
   ma*n*igu o*ð*ru gesceaft   *efnswi*ð*e him*
45 *giond þas widan worulde*   winna*ð* betweox him,
   and swa þea*h* magon   hiora þegnunga
   and geferscipe fæste gehealdan.
   Nis hit *no þæt* an   þæt swa ea*ð*e mæg
   *wi*ð*erweard ge*sceaft   wesan ætgædere
50 *symbel* geferan,   *ac hit* is sellicre
   þæt hiora ænig ne mæg   butan oþrum bion.
   Ac sceal *wuhta* gehwilc   wi*ð*erweardes hwæt*hwugu*
   habban under *heofo*num,   þæt his *hige du*rre
   gemetgian,   ær *hit to micel* weor*ð*e.
55 Hæf*ð* se ælmihtiga   *eallum* gesceaft*um*
   *ð*æt gewrixle *geset* þe *nu* wuni*an* sc*eal,*
   wyrta growan,   *leaf grenian,*
   þæt on hærfest eft   h*rest* and wealuwa*ð.*
   Winter bringe*ð weder unge*met cald,
60 swifte windas.   *Sumor æfter* cyme*ð,*

11,27 him] hi C   11,44 manigu] mænigu *or* manugu C? manigu J
11,45 widan] widas J

wearm gewid*eru*. *Hwæt, þa* wonnan niht
mona *o*nlih*teð*, *oðð*æt monnum dæg
sunne b*ringeð* giond þas sidan gesceaft.
Hæfð se ilca god eorðan and wætere
65 *m*earce gesette. Merestream ne dear
ofer eorðan sceat *eard* gebrædan
fisca cynne butan frean leafe,
ne hio æfre *ne* mot eorðan þyrscwold
up *o*fersteppan, ne ða ebban þon ma
70 foldes *mearce* *oferfa*ran mo*t*on.
þa ge*setnes*sa sigora wealdend,
lifes leohtfruma, læt þenden *he* wile
geond þas mæran *gesceaft* *m*earce healden.
Ac þonne *se eca* *and se ælmi*htiga
75 þa geweald*leðeru* *wile onlætan*
efne þara bri*dla* *þe he gebætte* mid
his agen weorc eall *æt frymðe*,
(þæt is wiðerweardnes wuhte g*ehwelcre*
þe we mid þæm bridle *becnan tiliað*);
80 gif se ðioden læt *þa toslupan*,
sona hi forlætað lufan and sibbe,
ðæs geferscipes freondræd*enne;*
tilaþ anra gehwilc agnes wi*llan*,
woruldgesceafta winnað betweox him,
85 oððæt *ðios* eorðe eall *forw*eorðeð,
and eac swa same oðra gesceafta
*weor*ðað him selfe sið ðan to na*uhte.*
Ac se ilca god, se þæt eall *m*etga*ð*,
*se ge*feh*ð* fela folca tosom*n*e,
90 *and mid* freondscipe fæste gega*dra*ð,
gesamnað sinscipas, sibbe g*em*enge*ð*,
clænlice lufe. Swa se *cræftga* eac
geferscipas fæste gesamna*ð*,
þæt hi hiora freondscipe for*ð* on sym*bel*
95 untweofealde treowa gehealda*ð*,
*s*ibbe samrade. Eala, sigora god,

11,91 gesamnað] gesamniað C

wære þis moncyn   miclum gesælig,
gif hiora modsefa   meahte weorðan
*sta*ðolfæst gereaht   þurh þa strongan meaht,
and geendebyrd,   swa swa oðra sint
woruld*gesceafta*. *Wære* hit, la, þonne
murge mid monnum,   gif hit *meahte swa*.

12

*Se þe wille wyrcan   wæstm*bære lond,
atio of ðæm æcere   ærest sona
fearn and þor*nas   and* fyrsas swa same,
wiod þa þe willað   welhwær derian
clæ*num hwæ*te,   þy læs he ciða *leas*
licge on ðæm lande.   Is leoda gehwæm
ðios oðru bysen   efnbe*hefu*,
þæt is, þætte ðynceð   þegna gehwelcum
*huniges bibre*ad   healfe þy swetre,
gif *he hwene* ær   huniges teare
bitres *onbyrge*ð.   Bið eac swa same
monna æghwilc   micle þy fægenra
liðes *we*ðres,   gif hine lytle ær
st*ormas ge*stondað   and se stearca wind
*nor*ðan and eastan.   Nænegum þuhte
dæg on þonce,   gif sio dimme ni*ht*
ær *of*er eldum   egesan ne brohte.
Swa þincð anra gehwæm   eorðbuendra
sio soðe gesælð   symle ðe betere
and þy wynsumre,   þe he wita ma,
*heardra hen*ða,   her adreogeð.
Þu meaht *eac* mycle þy eð   on modsefan
soð*a* gesælða   sweotolor gecnawan,
and *to* heora cyððe   be*cuman* si*ðð*an,
gif þu *up* atyhsð   ærest sona
and ðu awyrtwalast   of gewitlocan
*leasa gesæl*ða,   swa swa *londes* ceorl
of *his æcere lyc*ð   *yfe*l weod monig.

11,97 wære]   wær *C*   12,20 þy]   *See Note*

Si✫✫*an ic ✫e* secge þæt þu sweotole m*eaht*
30 *so✫*a gesæl✫a sona oncn*a*wan,
and þu æfre ne recst æniges *✫inges*
ofer þa ane, gif þu hi *ealles ongitst.*

13

*Ic wil*le mid giddum get gecy✫an
*hu se æl*mihtga ealla gesceafta
bryr✫ mid his bridlum, beg✫ ✫ider he w*ile*
mid his anwalde, ge endebyrd
5 *w*undorlice wel gemetga✫.
Hafa✫ swa gehea✫orad heofona wealdend,
ut*an* befangen ealla gesceaf*ta*,
geræped mid his racentan, *þæt* hi aredian ne magon
þæt hi hi *æfre* him of aslepen;
10 and þeah *wuhta* gehwilc wriga✫ *toheald*
sidra gesceafta, swi✫e on*helded*
wi✫ þæs *gecyndes* *þe him* cyning *engla,*
fæder æt *frym✫e, fæste* getiode.
Swa nu þing*a gehwilc* *✫ider*weard funda✫
15 sidra *gesceafta, buton* sumum englum
and m*oncynne, þara* micles to feola
wor*oldwuniendra* win✫ wi✫ gecynde.
Þeah *nu on londe leon* gemete,
wynsume w*iht wel atemede,*
20 hire magister miclum *lufige,*
and eac ondræde dogora gehw*elce,*
gif hit æfre gesæl✫ þæt hio *æniges*
blodes onbyrge✫, ne ✫earf *beorna nan*
wenan þære wyrde *þæt hio wel si✫✫an*
25 hire taman healde, *ac ic tiohhie*
þæt hio ✫æs niwan taman nau*ht ne g*ehicgge,
ac ✫one wildan gew*unan* *wille* geþencan
hire eldrena; ongin✫ *eor*neste
racentan slitan, ryn, *grymet*igan,
30 and ærest abit hire agenes

13,2 ealla] ealra *C* 13,12 him] hi *J*

huses hirde,   and hraðe siððan
hæleða gehwilcne   þe hio gehentan mæg.
Nele hio forlætan   libbendes wuh*t*,
*n*eata ne monna,   nimð eall þæt hio fint.

35 Swa doð wudufuglas;   þeah hi wel s*i*en,
*t*ela atemede,   gif hi on treowum *weor*ðað
holt*e* tomiddes,   hræðe bioð *for*sewene
heora lareowas,   þe hi lange *ær*
tydon and temedon.   Hi on treowum *wilde*

40 *ealdgecynde   a forð siððan*
*willum wunia*ð,   *þeah him* wolde hwi*l*c
*h*eora *lareowa   listum* beodan
þone ilcan *mete   þe he hi ær*or mid
tame gete*de*.   *Him þa twigu* þinca*ð*

45 emne swa me*rge   þæt hi þæs metes* ne recð,
ðincð him *to ðon wynsu*m   þæt him se weald on*cwy*ð;
þonne *hi* gehera"ð   hleoðrum *brægdan*
o*ðre* fugelas,   hi heora ag*ne*
*stefne st*yriað;   *stu*nað eal geado*r*

50 *welwynsum s*anc,   wudu eallum on*cwy*ð.
Swa bið eallum treowum   þe *him on æðele* bið
þæt hit on holte   hy*hst geweaxe;*
þeah ðu hwilcne boh   *byge wið eor*ðan,
he bið upweardes,   *swa ðu an for*lætst

55 widu on willan,   *went on gecyn*de.
Swa deð eac sio *sunne,   þon*ne hio on sige weorðeð,
ofer midne dæg,   merecondel scyfð
on *of*dæle,   uncuðne weg
nihtes ge*neðe*ð,   *nor*ð eft and east;

60 eldum oteweð,   bre*n*cð eorðwarum
morgen meretorhtne.   Hio ofer moncyn stihð
a upweardes,   oð hio eft cymeð
þær hir*e* yfemesð bið   eard gecynde.
Swa swa ælc gescea*f*t   ealle *mægene*

65 geond ðas widan woruld   *wriga*ð *and* higað,
ealle mægene   eft symle on*lyt*,

wið his gecyndes   cymð to, ðonne hit mæg.
Nis nu ofer eorðan   ænegu gesceaft
þe ne wilnie   þæt hio wolde cuman
70 *to þam earde   þe hio of becom;*
þæt is orsorgnes   and ecu rest,
þæt is openlice   *ælmihti god.*
Nis nu ofer eorðan   æneg*u gesceaft*
þe ne hwearfige,   swa *swa hweol deð,*
75 *on* hire selfre.   For*ðon hio swa hwearfað,*
þæt hio eft cume   *þær hio æror wæs;*
*þon*ne hio ærest sie   u*tan behwerfed,*
*þon*ne hio ealles wyrð   *utan becerred,*
hio sceal eft don   *þæt hio ær dyde,*
80 *and eac* wesan   *þæt hio æror wæs.*

14

*H*wæt bið ðæm welegan   woruld*gits*ere
on his mode ðe bet,   *þeah* he micel age
goldes and gimma   *and gooda* gehwæs,
æhta unrim,   and *him mon erigen s*cyle
5 æghwelce dæg   *æcera ðusend,*
ðeah ðes middangeard   *and þis manna cyn*
sy *u*nder sunnan   *suð, west and east*
his anwalde   eall un*der ðieded?*
Ne mot he þara hyrsta   *hionane lædan*
10 *of* ðisse worulde   *wuhte þon m*arc,
hordgestreona,   *ðonne he hi*ðe*r* brohte.

15

*Ð*eah hine *nu se yfela   unriht*wisa
Nero*n cynincg   niwan ge*scerpte
wlitegum *wædum   wund*orlice,
golde geglen*gde   and gimcyn*num,
5 þeah he wæs on woru*lde   wite*na gehwelcum

13,71–72 rest . . . openlice] *Above these words, the first legible words on fol. 46a in C are* si   weoroda ge (*or* go?), *in the same hand as the rest of the text, with two or more letters illegible after* si; *there is no corresponding text in J*   14,1 bið] *Added above the line in C*

on his lifdag*um*   *la*ð and unweorð,
fierenfull. Hwæt, s*e feond* swa ðeah
his diorlingas   duguð*um* stepte.
Ne mæg ic þeah gehy*cgan*   *hwy* him on hige þorfte
10 a ðy s*æl wesan;* þeah hi sume hwile
gecure *butan* cræftum   cyninga dysegast,
næron hy ðy weorðran   witena ænegu*m*.
*Ð*eah hine se dysega   do to cynin*ge*,
hu mæg þæt gesceadwis   scealc gere*ccan*
15 *þæt* he him ðy selra   sie oððe *þince?*

16

Se þe wille anwald agon,   ðonne scea*l* he ærest tilian
þæt he his *sel*fes   on sefan age
anwald *i*nnan,   þy læs he æfre sie
his unþeaw*um*   eall underðyded,
5 ado of his mode   mi*sl*icra fela
þara ymbhogona   þe him *u*nnet sie,
læte sume hwile   siofun*ga* ana
ermða sinra. Þeah him eall sie
þes middangeard,   swa swa merestreamas
10 utan b*elicga*ð,   on æht *gi*fen,
efne swa wid*e*   swa swa westmest nu
an *iglond lig*ð   *ut on garsecg,*
*þær nængu bi*ð   *nih*t on sumera
ne wuhte þon ma   o*n wi*ntra dæg
15 toteled tidum,   þæt is Tile ha*ten;*
þeah nu anra hwa   ealles wealde
þæs *igla*ndes,   and eac þonan
oð Indeas   eastewe*ar*d*e*;
þeah he nu þæt eall   agan mote,
20 hwy *bi*ð his anwald   auhte ðy mara,
gif he siððan nah   his selfes geweald
ingeðances,   and hine eorneste
wel ne bewarenað   wordum and dædum
wið ða unþeawas   þe we ymb sprecað?

16,7 ana] and *C*   16,8 sinra] þinra *C*

17

Hwæt, eorðwaran ealle hæ*fden,*
foldbuende, fruma*n gelicne;*
hi of anum twæm ea*lle comon,*
were and wife, on woruld *innan,*
5 and hi eac nu get ealle gelice
on woruld cuma*ð,* wlance and heane.
*Nis þæt nan wund*or, forðæm witan ea*lle*
þæt an god is ealra gesceafta,
frea *moncynnes, fæd*er and scippend.
10 Se ðære *sunnan leoht seleð of heofonum,*
monan and þyssum mærum steorrum.
Se milda metod gesceop men on eorðan,
and gesamnade sawle to lice
æt fruman ærest, folc under wolcnum
15 *emnæðele gesceop æghwilcne mon.*
Hwy ge þonne æfre ofer oðre men
ofermodigen buton andweorce,
*nu ge unæðe*lne nænigne *metað?*
Hwy ge eow for æþelum up *ahebben,*
20 *nu on þæm m*ode bi*ð* mon*na gehwilcum*
*þa rih*tæþelo *þe ic ðe recce ymb,*
*nales o*n ðæm flæ*sce foldbuendra?*
Ac nu æghwilc *mon þe mid e*alle bi*ð*
his unþeaw*um under*ðieded,
25 he forlæt ærest *lifes fru*msceaft
and his agene *æþelo swa s*elfe,
and eac þone fæder *þe hine æt* fruman gesceop.
Forðæm *hine anæþelað* ælmihtig god,
þæt he unæþele a for*ð* þanan
30 wyr*ð on weoru*lde, to wuldre ne cym*ð.*

18

Eala ðæt se yfla unrihta ge*deð*
wra*ða* willa wohhæmetes,

þæt *he* mid ealle gedræfð   anra ge*hw*ylces
monna cynnes   mod *fulneah* ðon.
5 Hwæt, sio wilde beo,   þeah *wis sie*,
anunga sceal   eall forweorðan
gif hio yrringa   awuht stin*ge*ð.
Swa sceal sawla gehwilc   siððan lo*sian*,
gif se lichoma   forlegen weorðeð
10 *u*nrihthæmede,   bute him ær *cume*
hreow to heortan,   *ær he hionan wende*.

<h2 style="text-align:center">19</h2>

* Æ*ala, þæt is hefig dysig,   hygeð *ym*be se ðe wile,
and f*r*ecenlic   *fira* gehwilcum
þæt ða ea*rman men*   *mid* ealle gedwæleð,
of ðæm *rihtan wege*   *recene alæded*.
5 *Hwæðer ge willen   on wuda secan*
gold ðæt reade   *on* grenum triowu*m?*
Ic wat swa ðeah   þæt hit *wit*ena nan
þider *ne sece*ð,   forðæm *hit þ*ær ne wexð,
ne *on w*ingeardum   *wlitige* gimmas.
10 Hwy *ge* nu ne settan   *on su*me dune
fisc*net* eowru,   þonne eow fon lysteð
leax oððe cyperan?   Me gelicost ðincð
þætte ealle witen   eorðbuende
þoncolmode   ðæt hi þær ne sint.
15 Hwæþer ge nu willen   wæþan mid hundu*m*
on sealtne sæ,   þonne eow secan lyst
heorotas *and* hinda?   Þu gehicgan meaht
þæt ge willa*ð* ða   on wuda secan
oftor micl*e   þ*onne ut on sæ.
20 Is ðæt wundorlic,   þæt we w*it*an ealle,
þæt mon secan sceal   be sæwaroðe
and be eaofrum   æþele gimmas,
hwite and reade   and hiwa gehwæs.
Hwæt, hi eac witon   hwær hi eafiscas
25 secan þurfa*n*,   *and* swylcra fela
weoruldwelena;   hi þæt wel do*ð*,

geornfulle men, geara gehwilc*e*.
Ac ðæt is earmlicost ealra þing*a*
þæt þa dysegan sint on gedwolan word*ene*,
30 *efne sw*a blinde þæt hi on breostum n*e magon*
*ea*ð*e* gecnawan hwær þa ec*an good*,
*so*ð*a ge*sæl*ð*a, sindon gehydda.
Forþæm hi æfre ne lyst æfter spyri*an*,
*secan þa gesælða. Wena*ð *samwise*
35 þæt hi on ðis lænan mægen life *findan*
*so*ð*a gesælða, þæt is* selfa god.
Ic *nat* hu ic mæge *næ*nige ðinga
ealles swa swiðe on sefan minum
hiora dysig *tælan* swa hit me don lysteð,
40 ne ic þe *swa* sweotole *gesec*gan ne mæg,
forðæm hi sint earm*ran* and eac dysegran,
ungesæligran, *þon*ne ic þe secgan mæge.
Hi wiln*ia*ð *w*elan and æhta
and weorðscipes to gewinnanne;
45 þonne hi habbað þæt hiora *hige* seceð,
wenað *þon*ne swa gewitlease
ðæt hi þa soðan gesælða hæbben.

20

*E*ala, min drihten, þæt þu eart ælmihtig,
*m*icel, modilic, mærþum gefræg*e*,
and wundorlic witena gehwylcum.
*Hwæt, *ð*u,* ece god, ealra gesceafta
5 wun*dorlice w*el gesceope,
ungesewenlica, and *eac swa s*ame
gesewenlicra softe wealdest
scirra gesceafta mid gesceadwisum
mægne and cræfte. Þu þysne middangear*d*
10 from fruman ærest forð oð ende
tidum totældes, swa hit getæsos*t* wæs,
endebyrdes, þæt hi æghwæðer
ge ær farað ge eft cumað.

19,41 hi] hit *C*

Þu þe unstilla   agna *gesceafta*
15 *to ðinum willan   wislice* astyrest,
and þe self wunæst   swiðe stille
unanwendendlic   a forð simle.
Nis nan mihtigra   ne nan mærra
ne geond ealle þa gesceaft   efnlica þin,
20 ne þe ænig nedþearf   næs æfre giet
ealra þara weorca   þe þu geworht hafast;
ac mid þinum willan   þu hit worhtes eall,
and mid anwalde   þinum agenum
weorulde geworhtest   and wuhta gehwæt,
25 þeah ðe nænegu   nedðearf wære
eallra þara mærþa.   Is ðæt micel gecynd
þines goodes,   þencð ymb se ðe wile,
forðon hit is eall an   ælces þincges,
þu and þæt ðin good.   Hit is þin agen,
30 forðæm hit his utan   ne com auht to ðe,
ac ic georne wat   þæt ðin goodnes is,
ælmihtig good,   eall mid ðe selfum.
Hit is ungelic   urum gecynde;
us is utan cymen   eall þa we habbað
35 gooda on grundum   from gode selfum.
Næfst þu *to* ænegum   andan genumenne,
forðam þe nan þing nis   þin gelica,
ne huru ænig   ælcræftigre,
forðæm þu ealgood   anes geþeahte
40 þines geþohtest,   and hi þa worhtest.
Næs æror ðe   ænegu gesceaft
þe auht oðða nauht   auðer worhte,
ac ðu butan bysne,   brego moncynnes,
ælmihtig god,   eall geworhtest
45 þing þearle good;   eart þe *selfa*
þæt hehste good.   *Hwæt, ðu, halig* fæder,
æfter þinum willan   woruld gesceope,
ðisne middangeard,   meahtum þinum,
weorada drihten,   swa þu woldest self,

20,41 æror ðe] aworðe C   20,44 ælmihtig] æl ælmihtig C

50 and mid ðinum willan   wealdest ealles;
   forðæm þu, soða god,   selfa dælest
   gooda æghwilc.   Forðæm þu geara ær
   ealla gesceafta   ærest gesceope
   swiðe gelice,   sumes hwæðre þeah
55 ungelice,   nemdest eall swa ðeah
   mid ane noman   ealle togædre
   woruld under wolcnum.   Hwæt, þu, wuldres god,
   þone anne naman   eft todældes,
   fæder, on feower;   wæs þara folde an
60 and wæter oðer   worulde dæles,
   and fyr is þridde   and feowerðe lyft;
   þæt is eall weoruld   eft togædere.
   Habbað þeah þa feower   frumstol hiora,
   æghwilc hiora   agenne stede,
65 þeah anra hwilc   wið oðer sie
   miclum gemenged,   and mid mægne eac
   fæder ælmihtiges   fæste gebunden
   gesiblice   softe togædre
   mid bebode þine,   bilewit fæder,
70 þætte heora ænig   oðres ne dorste
   mearce ofergangan   for metodes ege;
   ac geþweorod sint   ðegnas togædre,
   cyninges cempan,   cele wið hæto,
   wæt wið drygum,   winnað hwæðre.
75 Wæter and eorðe   wæstmas brengað;
   þa sint on gecynde   cealda ba twa,
   wæter wæt and ceald.   Wangas ymbelicgað,
   eorðe ælgreno,   eac hwæðre ceald.
   Lyft is gemenged,   forþæm hio on middum wunað;
80 nis þæt nan wundor   þæt hio sie wearm and ceald,
   wæt wolcnes tier,   winde geblonden,
   forðæm hio is on midle,   mine gefræge,
   fyres and eorðan.   Fela monna wat
   þætte yfemest is   eallra gesceafta
85 fyr ofer eorðan,   folde neoðemest.

20,77 ymbelicgað]   ymbe li^{c}gað C

Is þæt wundorlic,   weroda drihten,
þæt ðu mid geþeahte   þinum wyrcest
þæt ðu *þæm* gesceaftum   swa gesceadlice
mearce *geset*test,   and hi gemengdest eac.
90 Hwæt, ðu þæm wættere   wætu*m and cea*ldum
foldan to flore   fæste gesettest,
forðæm hit unstille   æghwider wolde
wide toscriðan   wac and hnesce.
Ne meahte hit on him selfum,   soð ic geare wat,
95 æfre gestandan,   ac hit sio eorðe hylt
and swelgeð eac   be sumum dæle,
þæt hio siðþan mæg   for ðæm sype weorðan
geleht lyftum.   Forðæm leaf and gærs
bræd geond Bretene,   bloweð and groweð
100 eldum to are.   Eorðe sio cealde
brengð wæstma fela   wundorlicra,
forðæm hio mid þæm wætere   weorðað geþawened.
Gif þæt nære,   þonne hio wære
fordrugod to duste   and todrifen siððan
105 wide mid winde,   swa nu weorðað oft
axe giond eorðan   eall toblawen.
Ne meahte on ðære eorðan   a*w*uht libban,
ne wuhte *þ*on ma   *wæ*tre*s brucan*,
on eardian   ænige cræfte
110 for cele anum,   gif þu, cyning engla,
wið fyre hwæthwugu   foldan and lagustream
ne mengdest *to*gædre,   and gemetgodest
cele and hæto   cræf*te* þine,
þæt þæt fyr ne mæg   foldan and me*re*stream
115 blate forbærnan,   þeah hit wið ba twa sie
*fæ*ste gefeged,   fæder ealdgeweorc.
Ne þincð me þæt wundur   wuhte þe læsse
þæt ðios eorðe mæg   and egorstream,
swa ceald *ge*sceaft,   cræfta nane
120 ealles *a*dwæscan   þæt þæt him on innan sticað
fyres gefeged   mid frean cræ*fte*.

20,89 gemengdest]   ne mengdest C   20,101 wundorlicra]   wundorlic̦ra
C   20,112 ne]   *Not in* C   mengdest]   men̦gdest C

þæt is agen cræft   eagorstreames,
wætres and eorþan,   and on wolcnum eac,
and efne swa same   uppe ofer rodere.
125 Þonne is þæs fyres   frumstol on riht,
eard ofer eallum   oðrum gesceaftum
gesewenlicum   geond þisne sidan grund;
þeah hit wið ealla sie   eft gemenged
weoruldgesceafta,   þeah waldan ne mot
130 þæt hit ænige   eallunga fordo
butan þæs leafe   þe us þis lif tiode,
þæt is se eca   and se ælmihtga.
Eorðe is hefigre   oðrum gesceaftum,
þicre geþuren,   forðæm hio þrage stod
135 ealra gesceafta   under niðemæst,
buton þæm rodere,   þe þas ruman gesceaft
æghwylce dæge   *utan* ymbhwyrfeð,
and þeah þære eor*ðan*   æfre ne oðrineð,
ne hire on nanre ne mot   near þonne on oðre
140 stowe gestæppan;   striceð ymbutan
*ufan*e and neoða*ne*,   efenneah gehwæðer.
*Æghwi*lc gesceaft   þe we ymb sprecað
*hæfð hi*s agenne   eard onsundran,
*bið þeah wi*ð þæm oðrum   eac gemenged.
145 Ne mæg *hira æn*ig   butan oðrum bion.
Þeah hi *un*sweotole   somod eardien,
swa nu eorðe and wæter   earfoðtæcne
unwisra gehwæm   wuniað on fyre,
þeah hi sindan   sweotole þæm wisum.
150 Is þæt fyr swa same   fæst on þæm wætre
and on stanum eac   stille geheded
earfoðhawe,   is hwæðre þær.
Hafað fæder engla   fyr gebunden
efne to þon fæste   þæt hit fiolan ne mæg
155 eft æt his eðle,   þær þæt oðer fyr
up ofer eall þis   eardfæst wunað.
Sona hit forlæteð   þas lænan gesceaft,

mid cele ofercumen,   gif hit on cyððe gewit,
and þeah wuhta gehwilc   wilnað þiderweard
160 þær his mægðe bið   mæst ætgædre.
Þu gestaðoladest   þurh þa strongan meaht,
weroda wuldorcyning,   wundorlice
eorðan swa fæste   þæt hio on ænige
healfe ne heldeð;   ne mæg hio hider ne þider
165 sigan þe swiðor   þe hio symle dyde.
Hwæt, hi þeah eorðlices   auht ne haldeð,
is þeah efneðe   up and of dune
to feal*l*anne   fol*d*an ðisse,
þæm anlicost   þe on æge b*i*ð,
170 *g*ioleca on middan,   glideð hwæðre
æg *ymbut*an.   Swa stent eall weoruld
stille on til*l*e,   *stream*as ymbutan,
lagu*f*loda gel*a*c,   *lyfte* and tungla,
and sio scire scell   scriðeð *ymbutan*
175 dogora gehwilce;   dyde lange swa.
Hwæt, þu, ðioda god,   ðriefalde on us
sawle gesettest,   and hi siððan eac
styrest and stihtest   þurh ða strongan meaht,
þæt hire þy læsse   on ðæm lytlan ne bið
180 anum fingre   þe hire on eallum bið
þæm lichoman.   Forðæm ic lytle ær
sweotole sæde   þæt sio sawl wære
þriefald gesceaft   þegna gehwilces,
forðæm uðwitan   ealle seggað
185 ðætte an gecynd   ælcre saule
irsung sie,   oðer wilnung;
is sio ðridde gecynd   þæm twæm betere,
sio gesceadwisnes.   Nis ðæt scandlic cræft,
forðæm hit nænig hafað   neat buton monnum.
190 Hæfð þa oðra twa   unrim wuhta;
hæfð þa wilnunga   welhwilc neten
and þa yrsunga   eac swa selfe.
Forðy men habbæð   geond middangeard
eorðgesceafta   ealla oferþungen,
195 forðæm ðe hi habbað,   þæs ðe hi nabbað,

þone ænne cræft   þe we ær nemdon.
Sio gesceadwisnes   sceal on ge*hwelcum*
þære wilnunge   waldan semle,
and irsunge   eac swa selfe;
200   hio sceal mid geþeahte   þegnes mode,
mid an*dgite*,   ealles waldan.
Hio is þæt mæste mægen   monnes saule
and se selesta   sun*dor*cræfta.
Hwæt, þu ða saule,   sigora *waldend*,
205   þeoda þrymcyning,   þus gesceo*pe*,
þæt *hio* hwearfode   on hire selfre
hire utan ymb,   swa swa eal deð
rineswifte rodor,   recene ymbscriðeð
dogora gehwilce   drihtnes meahtum
210   þisne middangeard.   Swa deð monnes saul,
hweole gelicost,   hwærfeð ymbe hy selfe,
oft smeagende   ymb ðas eorðlican
drihtnes gesceafta   dagum and nihtum.
Hwilum ymb hi selfe   secende smeað,
215   hwilum eft smeað   ymb þone ecan god,
sceppend hire.   Scriðende færð,
hweole gelicost,   hwærfð ymb hi selfe.
Þonne hio ymb hire scyppend   mid gescead smeað,
hio bið up ahæfen   ofer hi selfe,
220   ac hio bið eallunga   an hire selfre,
þonne hio ymb hi selfe   secende smeað;
hio bið swiðe fior   hire selfre beneoðan,
þonne hio þæs lænan   lufað and wundrað
eorðlicu þing   ofer ecne ræd.
225   Hwæt, þu, ece god,   eard forgeafe
saulum on heofonum,   selest weorðlica
ginfæsta gifa,   god ælmihtig,
be geearnunga   anra gehwelcre.
Ealle hi scinað   ðurh þa sciran neaht
230   hadre on heofonum,   na hwæðre þeah
ealle efenbeorhte.   Hwæt, we oft gesioð

20,208 recene]   rec ne C   20,214 ymb]   *Not in C or J*

hadrum nihtum   þætte heofonsteorran
ealle efenbeorhte   æfre ne scinað.
Hwæt, þu, ece god,   eac gemengest
235   *þa* heofoncundan   hider wið eorðan,
saula wið lice;   siððan wuniað
þis eorðlice   and þæt ece samod,
saul in flæsce.   Hwæt, hi simle to ðe
hionan fundiað;   forðæm hi hider of ðe
240   æror comon,   sculon eft *to* ðe.
Sceal se lic*hama*   *last* weardigan
eft on eorðan,   forðæm he ær of hire
weox on weorulde.   Wunedon ætsomne
efen swa lange   swa him lyfed wæs
245   from þæm ælmihtigan,   þe hi æror gio
gesomnade,   þæt is soð cining.
Se þas foldan gesceop   and hi gefylde þa
swiðe mislicum,   mine gefræge,
neata cynnum,   nergend user.
250   He hi siððan asiow   sæda monegum
wuda and wyrta   weorulde sceatum.
Forgif nu, ece god,   urum modum,
þæt hi moten to þe,   metod alwuhta,
þurg þas earfoðu   up astigan,
255   and of þisum bysegum,   bilewit fæder,
þeoda waldend,   to ðe cuman,
and þonne mid openum   eagum moten
modes ures,   ðurh ðinra mægna *sped*,
æwelm gesion   eallra gooda,
260   *þæt* þu eart selfa   sigedrihten god,
ge þa eagan hal   ures modes,
þæt we hi on ðe selfum   siððan moten
afæstnian.   Fæder engla, todrif
þone þiccan *mist*   þe þrage nu
265   wið þa eagan foran   usses modes
hangode hwyle,   hef*ig* and þystre.
Onliht nu þa eagan   usses modes

20,239 hionan]   hion *C*

mid þinum leohte, lifes waldend,
forðæm þu eart sio birhtu, bilewit fæder,
270 soðes leohtes, and þu selfa eart
sio fæste ræst, fæder ælmihtig,
eallra soðfæstra. Hwæt, þu softe gedest
þæt hi ðe selfne gesion moten.
þu eart eallra þinga, þeoda waldend,
275 fruma and ende. Hwæt, þu, fæder engla,
eall þing birest eðelice
buton geswince. þu eart selfa weg
and latteow eac lifgendra gehwæs,
and sio wlitige stow þe se weg to ligð,
280 þe ealle to a fundiað
men of moldan on þa mæran gesceaft.

21

Wel la, monna bearn geond *mid*dangeard,
friora æghwilc fundie to
þæm ecum gode þe *we ymb* sprecað,
and to þæm gesælðum *þe we* secgað ymb.
5 Se ðe ðonne nu sie nearwe gehefted
mid þisses mæra*n* middangeardes
unnyttre lufe, sece him eft hræðe
fulne friodom, þæt he forð cume
to þæm gesælðum saula rædes.
10 Forþæm þæt is sio an *rest* callra geswinca,
hyhtlicu hyð heau*m* ceolum
modes usses, meresmylt*a wic.*
Þæt is sio an hyð þe æfre bið
æfter þam yðum *ura* geswinca,
15 *ysta* gehwel*c*re, ealnig smylte.
Þæt is sio friðst*ow* and sio frofor an
eallra yrminga æfter þissum
weoruldgeswincum. *Þæt is wyn*sum stow
æfter þyssum yrm*ðum to* aganne.
20 Ac ic georne wat þæt*te gylden* maðm,
sylofren sincstan, *searogim*ma nan,

middangeardes wela   *modes* eagan
æfre ne onlyhtað,   auh*t ne* gebetað
hiora scearpnesse   to *þære scea*wunga
25 soðra gesælða,   ac hi *swiðor* get
monna gehwelces   modes *eagan*
ablendað on breostum,   þon*ne hi hi beor*htran ged*on*.
Forðæm æg*hwilc ðing   þe on þys andweardan*
life licað   lænu sindon,
30 eorðlicu þing   a fleondu.
Ac þæt is wundorlic   wlite and beorhtnes
þe wuhta gehwæs   wlite geberhteð,
and æfter þæm   eallum wealdeð.
Nele se waldend   ðæt forweorðan scylen
35 saula *u*sse,   ac he hi selfa wile
leoman *on*lihtan,   lifes wealdend.
Gif þonne hæleða hwilc   hlutrum eagum
modes sines   mæg æfre ofsion
hiofones leohtes   hlutre beo*rhto*,
40 þonne wile he secgan   þæt ðære sunnan sie
beorhtnes þiostro   beorna gehwylcum
to metanne   wið þæt micle leoht
godes æl*mi*htiges;   þæt is gasta gehwæm
ece butan *ende*   eade*gum* saulum.

22

Se þe æfter rihte   mid gerece wille
inweardlice   æfter spyrian
swa deoplice,   þæt hit todrifan ne mæg
monna ænig,   ne amerran huru
5 *ænig eorðlic ðincg,   he ærest sceal*
secan on him selfum   þæt he sume hwile
ymbutan hine   æror sohte.
Sece þæt siððan   on his sefan innan,
and forlæte an,   swa he oftost mæge,
10 *ælcne ymbhogan   ðy him unnet sie,*
and gesamnige,   swa he swiðost mæge,

22,10 ælcne]   ælcre *J*

ealle to þæm anum   his ingeðonc,
gesecge his mode   þæt hit mæg findan
eall on him innan   þæt hit oftost nu
15 ymbutan hit   ealneg seceð,
gooda æghwylc.   He ongit siððan
yfel and unnet   eal þæt he hæfde
on his incofan   æror lange
efne swa sweotole   swa he on þa sunnan mæg
20 eagum andweardum   on locian,
and he eac ongit   his ingeþonc
leohtre and berhtre   þonne se leoma sie
sunnan on sumera,   þonne swegles gim,
hador heofontungol,   hlutrost scineð.
25 Forðæm þæs lichoman   leahtras and hefignes
and þa unþeawas   eallunga ne magon
of mode ation   monna ænegum
rihtwisnesse,   ðeah nu rinca hwæm
þæs lichoman   leahtras and hefignes
30 and unþeawas   oft bysigen
monna modsefan,   mæst and swiðost
mid þære yflan   oforgiotolnesse;
mid gedwolmiste   dreorigne sefan
fortihð mod foran   monna gehwelces,
35 þæt hit swa beorhte ne mot   blican and scinan
swa hit wolde,   gif hit geweald ahte;
þeah bið sum corn   sædes gehealden
symle on ðære saule   soðfæstnesse,
þenden gadertang wunað   gast on lice.
40 Ðæs sædes corn   bið symle aweaht
mid ascunga,   eac siððan mid
goodre lare,   gif hit growan sceal.
Hu mæg ænig man   andsware findan
ðinga æniges,   þegen mid gesceade,
45 þeah hine rinca hwilc   rihtwislice
æfter frigne   gif he awuht nafað
on his modsefan   mycles ne lytles

22,13 mode]   mod J   22,21 he]   hi J

rihtwisnesse   ne geradscipes?
Nis þeah ænig man   þætte ealles swa
50 *þæs geradscipes   swa bereafod sie*
þæt he andsware   ænige ne cunne
findan on ferhðe,   gif he frugnen bið.
Forðæm hit is riht spell   þæt us reahte gio
ald uðwita,   ure Platon;
55 *he cwæð þætte æghwilc   ungemyndig*
rihtwisnesse   hine hræðe sceolde
eft gewendan   into sinum
modes gemynde;   he mæg siððan
on his runcofan   rihtwisnesse
60 *findan on ferhte   fæste gehydde*
mid gedræfnesse   dogora gehwilce
modes sines   mæst and swiðost,
and mid hefinesse   his lichoman,
and mid þæm bisgum   þe on breostum styreð
65 *mon on mode   mæla gehwylce.*

23

Sie ðæt la on eorðan   ælces ðinges
gesælig mon,   gif he gesion mæge
þone hlutrestan   heofontorhtan stream,
æðelne æwelm   ælces goodes,
5 and of him selfum   ðone sweartan mist,
modes þiostro,   mæg aweorpan.
We sculon ðeah gita   mid godes *fylste*
*ealdu*m and leasum   ðinne ingeðonc
be*tan bi*spellum,   þæt ðu ðe bet mæge
10 are*di*an to rodorum   rihte stige
on ðone ecan eard   ussa saula.

24

*I*c hæbbe fiðru   fugle swiftran,
mid ðæm ic fleogan mæg   feor fram eorðan

22,48 rihtwisnesse] rihtwisnesses *J*

ofer heane hrof   heofones þisses,
ac ðær ic nu moste   mod gefeðran,
5 ðinne ferðlocan,   feðrum minum,
oððæt ðu meahte   þisne middangeard,
ælc eorðlic ðing,   eallunga forsion.
Meahtes ofer rodorum   gereclice
feðerum lacan,   feor up ofer
10 wolcnu windan,   wlitan siððan
ufan ofer ealle.   Meahtes eac faran
ofer ðæm fyre   ðe fela geara
for lange betweox   lyfte and rodere,
swa him æt frymðe   fæder getiode.
15 Ðu meahtest ðe siððan   mid ðære sunnan
faran betweox   oðrum tunglum.
Meahtest ðe full recen   on ðæm rodere ufan
siððan weorðan,   and ðonne samtenges
æt ðæm ælcealdan   anum steorran,
20 se yfmest is   eallra tungla,
ðone Saturnus   sundbuende
hatað under heofonum;   he is se cealda
eallisig tungl,   yfemest wandrað
ofer eallum ufan   oðrum steorrum.
25 Siððan ðu ðonne   ðone up a hafast
forð oferfarenne,   ðu meaht feorsian;
ðonne bist ðu siððan   sona ofer uppan
rodere ryneswiftum.   Gif ðu on riht færest,
ðe ðone hehstan heofon   behindan lætst,
30 ðonne meaht ðu siððan   soðes leohtes
habban þinne dæl,   ðonan an cyning
rume ricsað   ofer roderum up
and under swa same   eallra gesceafta,
weorulde waldeð.   þæt is wis cyning,
35 þæt is se ðe waldeð   giond werðioda
ealra oðra   eorðan cyninga,
se mid his bridle   ymbebæted hæfð

24,14 swa] swæ C? swa J   24,24 steorrum] steor rȧm C   24,27
uppan] oꝏppan C   24,30 siððan] siðða C   24,31 cyning] cynig
C   24,37 ymbebæted] ymbe bæteð C

ymbhwyrft ealne eorðan and heof*one*s.
He his ge*waldle*ðer wel gemetgað,
40 se stioreð *a* þurg ða strongan meaht
ðæm hr*æ*dwæne heofones and eorðan.
Se *an* dema is gestæððig,
unawendendlic, *wlitig and mære*.
Gif ðu weorðest on wege rih*tum*
45 up to ðæm earde, þæt is æðele stow,
ðeah ðu hi nu geta forgiten hæbbe,
gif ðu æfre eft þær an cymest,
ðonne wilt þu *s*ecgan and sona cweðan:
"Ðis is eallunga min agen cyð,
50 eard and eðel. Ic wæs ær hionan
cumen and acenned ðurh ðisses cræftgan meaht.
Nylle ic æfre hionan ut witan,
ac ic symle her softe wille
mid fæder willan fæste stondan."
55 Gif ðe ðonne æfre eft geweorðeð
þæt ðu wilt oððe most weorolde ðiostro
eft fandian, ðu meaht eaðe gesion
unrihtwise eorðan cyningas
and þa ofermodan oðre rican
60 ðe þis werige folc wyrst tuciað,
þæt hi symle bioð swiðe earme,
unmehtige ælces ðinges,
emne ða ilcan þe þis earme folc
sume hwile nu swiðost ondrædæð.

25

Geher nu an spell be ðæm ofermodum
unrihtwisum eorðan cyningum,
ða her nu manegum and mislicum
wædum wlitebeorhtum wundrum scinað
5 on heahsetlum, *hrofe* getenge,
golde gegerede and gimcynnum,
utan ymbestandne mid unrime

24,44 weorðest] wyrft *or* wyrst C; wyrfst *with the* f *added above the line* J

ðegna and eorla. Þa bioð gehyrste
mid heregeatwum hildetorhtum,
10 sweordum and fetelum swiðe gegiengde,
and þegniað ðrymme micle
ælc oðrum, and hi ealle him
ðonan mid ðy ðrymme þreatiað gehwider
ymbsittenda oðra ðeoda;
15 and se hlaford ne scrifð, ðe ðæm here waldeð,
freonde ne feonde, feore ne æhtum,
ac he reðigmod ræst on gehwilcne,
wedehunde wuhta gelicost;
bið to up ahæfen inne on mode
20 for ðæm anwalde þe him anra gehwilc
his tirwina to fultemað.
Gif mon ðonne wolde him awindan of
þæs cynegerelan claða gehwilcne,
and him þonne oftion ðara ðegnunga
25 and þæs anwaldes ðe he ær hæfde,
ðonne meaht ðu gesion þæt he bið swiðe gelic
sumum ðara gumena þe him geornost nu
mid ðegnungum ðringað ymbeutan;
gif he wyrsa ne bið, ne wene ic his na beteran.
30 Gif him þonne æfre unmendlinga
weas geberede þæt him wurde oftogen
þrymmes and wæda and þegnunga
and ðæs anwaldes þe we ymbe sprecað,
gif him ænig þara ofhende wyrð,
35 ic wat þæt him þynceð þæt he þonne sie
becropen on carcern, oððe coðlice
racentan geræped. Ic gereccan mæg
þæt of ungemete ælces ðinges,
wiste and wæda, wingedrinces,
40 and of swetmettum, swiðost weaxað
þære wrænnesse wodðrag micel;
sio swiðe gedræfð sefan ingehygd
monna gehwelces, þonan mæst cymeð

25,25 ær] her C

yfla ofermetta,   unnetta saca.

45 þonne hi gebolgene weorðað,   him wyrð on breostum
                                               inne
    beswungen sefa on hraðre   mid ðæm swiðan welme
    hatheortnesse,   and hreðe siððan
    unrotnesse   eac geræped,
    hearde gehæfted.   Him siððan onginð
50 sum tohopa   swiðe leogan
    þæs gewinnes wræce;   wilnað þæt irre
    anes and oðres;   him þæt eall gehæt
    his recelest,   rihtes ne scrifeð.
    Ic ðe sæde ær   on ðisse selfan bec
55 þæt sumes goodes   sidra gesceafta
    anlepra ælc   a wilnode
    for his agenum   ealdgecynde.
    Unrihtwise   eorðan cyningas
    ne magon æfre þurhtion   awuht goodes
60 for ðæm yfle   þe ic ðe ær sæde.
    Nis ðæt nan wundor,   forðæm hi willað hi
    þæm unðeawum   þe ic ðe ær nemde,
    anra gehwelcum,   a underðeodan.
    Sceal ðonne nede   nearwe gebugan
65 to ðara hlaforda   hæftedome,
    þe he hine eallunga ær   underþiodde.
    Ðæt is wyrse get,   þæt he winnan nyle
    wið ðæm anwalde   ænige stunde;
    þær he wolde a   winnan onginnan,
70 and þonne on ðæm gewinne   þurhwunian forð,
    þonne næfde he   nane scylde,
    ðeah he oferwunnen   weorðan sceolde.

26

    Ic þe mæg eaðe   ealdum and leasum
    spellum andreccan   spræce gelice
    efne ðisse ilcan   þe wit ymb sprecað.

Hit gesælde gio on sume tide
5 ðæt Aulixes under hæfde
ðæm casere cynericu twa.
He wæs þracia ðioda aldor
and Retie rices hirde.
Wæs his freadrihtnes folccuð nama,
10 Agamemnon, se ealles weold
Creca rices. Cuð wæs wide
þæt *on* þa tide Troia gewin
wearð under wolcnu*m*. F*or* wiges heard
Creca drihten campsted secan,
15 Aulixes mid, an hund scipa
lædde ofer lagustream, sæt longe ðær
tyn winter full. þa sio tid gelomp
þæt hi ðæt rice geræht hæfdon,
diore gecepte drihten Creca
20 Troia burg *ti*lum gesiðum.
Ða ða Aulixes le*a*fe hæfde,
Ðracia cining, þæt he þonan moste,
he let him behindan hyrnde ciolas
nigon and hundnigontig, nænigne þonan
25 merehengesta ma þonne ænne
ferede on fifelstream, famigbord*on*,
ðriereðre ceol; þæt bið ðæ*t* mæste
*C*reciscra scipa. þa wearð ceald weder,
stearc storma gelac; stunede sio brune
30 yð wið oðre, ut feor adraf
on Wendelsæ wigendra scola
up on þæt igland þær Apolines
dohtor wunode dægrimes worn.
Wæs se Apollinus æðeles cynnes,
35 Iobes eafora, se wæs gio cyning.
Se licette litlum and miclum
gumena gehwylcum þæt he good wære,
hehst and halgost; swa se hlaford þa
þæt dysige folc on gedwolan lædde,
40 oððæt him gelyfde leoda unrim,

26.12 Troia] trioia *C*   26,17 þa] þe *C*   26,21 Ða ða] ða ðu *C*

forðæm he wæs mid rihte   rices hirde,
hiora cynecynnes.   Cuð is wide
þæt on ða tide   þeoda æghwilc
hæfdon heora hlaford   for ðone hehstan *god*,
45 and weorðodon   swa swa wuldres cin*ing*,
gif he to ðæm rice wæs   on rihte boren.
Wæs þæs Iobes fæder   god eac swa he;
Saturnus ðone   sundbuende
heton, hæleða bearn.   Hæfdon ða mægða
50 ælcne æfter oðrum   for ecne god.
Sceolde eac wesa*n*   Apollines
dohtor diorboren,   dysiges folces,
gumrinca gyden;   cuðe galdra fela,
drifan drycræftas.   Hio gedwolan fylgde
55 manna swiðost   manegra þioda,
cyning*es* dohtor;   sio Circe wæs
haten for *he*rigum.   Hio ricsode
on ðæm iglonde   þe Aulixes,
cining Þracia,   com ane to
60 ceole liðan.   Cuð wæs sona
eallre þære mænige   þe hire mid wunode
æþe*li*nges sið.   Hio mid ungemete
lissum lufode   liðmonna frean,
and he eac swa same   ealle mægne
65 efne swa swiðe   hi on sefan lufode,
þæt he to his earde   ænige nyste
modes mynlan   ofer mægð giunge;
ac he mid þæm wife   wunode siððan,
oððæt him ne meahte   monna ænig
70 ðegna sinra   þær mid wesan,
ac hi for ðæm yrmðum   eardes lyste;
*my*nton forlætan   leofne hlaford.
Ða ongunnon wercan   werðeoda spell,
sædon þæt hio sceolde   mid hire scinlace
75 beornas *for*bredan,   and mid balocræftum
wraðum weorpan   on wildra *l*ic

26,42 cynecynnes] cyne cyn̄es *C*   26,63 frean] frea *C*   26,70 ðegna]
ðegnra *C*

cyninges þegnas, cyspan siðða n
and mid racentan eac ræpan mænigne.
Sume hi *to* wulfum wurdon, ne meahton þonne word
        forðbringan,
80 ac hio þragmælum ðioton ongunnon.
Sume wæron eaforas, a gryme*te*don
ðonne hi sares hwæt siofian scioldon.
Þa ðe leon wæron ongunnon laðlice
yrrenga ryn a ðonne hi sceoldon
85 clipian for corðre. Cnihtas wurdon,
ealde ge giunge, ealle forhwerfde
to sumum diore, swelcum he æror
on his lifdagum gelico*st* wæs,
butan þam cyninge, þe sio *cwen* lufode.
90 Nolde þara oþra ænig onbitan
mennisces metes, ac hi ma lufedon
diora drohtað, swa hit gedefe ne wæs.
Næfdon hi mare monnum gelices
eorðbuendum ðon*ne* ingeþonc;
95 hæfde anra gehwy*lc* his agen mod,
þæt wæs þeah swiðe so*r*gum gebunden
for ðæm earfoðu*m* þe him on sæton.
Hwæt, ða dyse*gan* men þe ðysum drycræftum
lo*nge* gelyfdon, leasum spellum,
100 *wisson* hwæðre þæt þæt gewit ne mæg
mo*d* *on*wendan monna ænig
mid drycræftum, þeah hio gedon meahte
þæt ða lichoman lange þrage
onwend wurdon. Is þæt wundorlic
105 mægencræft micel moda *gehwilces*
ofer lichoman lænne and sænne.
Swylcum and swylcum þu meaht sweotole ongitan
þæt ðæs lichoman listas and cræftas
of ðæm mode cumað monna gehwylcum,

26,81 grymetedon] g⌈yme don *with several letters illegible after* e *C;*
grymetedon *J* 26,99 longe gelyfdon] lo *at the end of a line, with some
letters illegible after* o, *followed by* ge lyfdon *at the beginning of the next line
C;* long lyfdon *J*

110 anlepra ælc. Þu meaht eaðe ongitan
      þætte ma dereð   monna gehwelcum
      modes unðeaw   þonne mettrymnes
      lænes lichoman.   Ne þearf leoda nan
      wenan þære wyrde   þæt þæt werige flæsc
115 þæt mod mæge   monna æniges
      eallunga to him   æfre onwendan,
      ac þa unðeawas   ælces modes
      and þæt ingeþonc   ælces monnes
      þone lichoman   lit þider hit wile.

27

    *H*wy ge æfre scylen   unrihtfioungum
    eower mod drefan,   swa swa mereflodes
    yþa hrera ð   iscalde sæ,
    wecggað for winde?   Hwy oðwite ge
5   wyrde eowre   þæt hio geweald nafað?
    Hwy ge þæs deaðes   þe eow drihten gesceop
    gebidan ne magon   bitres gecyndes,
    nu he eow ælce dæg   onet toweard?
    Ne magon ge gesion   þæt he symle spyreð
10 æfter æghwelcum   eorðan tudre,
    diorum and fuglum?   Deað eac swa same
    æfter moncynne   geond ðisne middangeard,
    egeslic hunta,   a bið on waðe;
    nyle he ænig swæð   æfre forlætan
15 ær he gehede   þæt he hwile ær
    æfter spyrede.   Is þæt earmlic þing
    þæt his gebidan ne magon   burgsittende,
    ungesælige men;   hine ær willað
    foran to sciotan,   swa swa fugla cyn
20 oððe wildu dior;   þa winnað betwuh,
    æghwylc wolde   oðer acwellan.
    Ac þæt is unriht   æghwelcum men
    þæt he oðerne   inwitþoncum

fioge on færðe, swa swa fugl oððe dior,
25 ac þæt wære rihtost, þætte rinca gehwylc
oðrum gulde edlean on riht,
weorc be geweorhtum weoruldbuendum
þinga gehwilces, þæt is, þæt he lufige
godra gehwilcne swa he geornost mæge,
30 mildsige yflum, swa we ær spræcon.
He sceal þone monnan mode *lufian*,
and his unþeawas ealle hatian
and ofsniðan, swa he swiðost mæge.

28

Hwa is on eorðan nu unlærdra
þe ne wundrige wolcna færeldes,
rodres swifto, ryne tunglo,
hu hy ælce dæge utan ymbhwerfeð
5 eallne middangeard? Hwa is moncynnes
þæt ne wundrie ymb þas wlitegan tungl,
hu hy sume habbað swiðe micle
scyrtran ymbehwerft, sume scriðað leng
utan ymb eall ðis? An þara tungla
10 woruldmen hatað wænes þisla;
þa habbað scyrtran scriðe and færelt,
ymbhwerft læssan, ðonne oðru tungl,
forðæm hi þære eaxe utan ymbhweorfeð,
þone norðende *nean ymbcerreð*.
15 *On ðære ilcan* eaxe hwerfeð
eall ruma rodor, recene scriðeð,
suðheald swifeð, swift, untiorig.
Hwa is on weorulde þæt ne wafige,
buton þa ane þe hit ær wisson,
20 þætte mænig tungul maran ymbhwyrft
hafað on heofonum, sume hwile eft
læsse geliðað, þa þe lacað ymb
eaxe ende oððe micle
mare geferað þa hire middre ymbe

27,30 ær] *Not in C or J* 28,24 middre] mid ore *C*

25 þearle þrægeð?   þara is gehaten
    Saturnus sum,   se hæfð ymb þritig
    wintergerimes   weoruld ymbcirred.
    Boetes eac   beorhte scineð,
    oðer steorra,   cymeð efne swa same
30 on þone ilcan stede   eft ymb þritig
    geargerimes,   ðær he gio ða wæs.
    Hwa is weoruldmonna   þæt ne wafige,
    hu sume steorran   oð ða sæ fara ð
    under merestreamas,   þæs ðe monnum ðincð?
35 Swa eac sume wenað   þæt sio sunne do,
    ac se wena nis   wuhte þe soðra.
    Ne bið hio on æfen   ne on ærmorgen
    merestreame þe near   ðe on midne dæg,
    and þeah monnum þyncð   þæt hio on mere gange
40 under sæswife,   þonne hio on setl glideð.
    Hwa is on weorulde   þæt ne wundrige
    *fulles monan,   þonne he fæ*ringa
    wyrð under wolcnum   wlites bereafad,
    beþeaht mid þiostrum?   Hwa þegna ne mæge
45 eac wafian   ælces stiorran,
    hwy hi ne scinen   scirum wederum
    beforan ðære sunnan,   swa hi symle doð
    middelnihtum   wið þone monan foran,
    hadrum heofone?   Hwæt, nu hæleða fela
50 swelces and swelces   swiðe wundrað,
    and ne wundriað   þætte wuhta gehwilc,
    men and netenu,   micelne habbað
    and unnetne   andan betweoh him,
    swiðe singalne.   Is þæt sellic þincg,
55 þæt hi ne wundriað   hu hit on wolcnum oft
    þearle þunrað,   þragmælum eft
    anforlæteð,   and eac swa same
    yð wið lande   ealneg winneð,
    wind wið wæge.   Hwa wundrað þæs
60 oððe oþres eft,   hwi þæt is mæge

28,59 wind]   winð C

weorðan of wætere; wlitetorht scineð
sunna swegle hat; sona gecerreð
ismere ænlic   on his agen gecynd,
weorðeð to wætre.   Ne þincð þæt wundor micel
65 monna ænegum   þæt he mægge gesion
dogora gehwilce,   ac ðæt dysie folc
þæs hit seldnor gesihð   swiðor wundrað,
þeah hit wisra gehwæm   wundor ðince
on his *modsefan   micle læsse.*
70 *U*nstaðolfæste   ealneg wenað
þæt þæt ealdgesceaft   æfre ne wære
þæt hi seldon gesioð,   ac swiðor giet
weoruldmen wenað   þæt hit weas come,
niwan gesælde,   gif hiora nængum hwylc
75 ær ne oðeowde;   is þæt earmlic þinc.
Ac gif hiora ænig   æfre weorðeð
to ðon firwetgeorn   þæt he fela onginð
leornian lista,   and him lifes weard
of mode abrit   þæt micle dysig
80 ðæt hit oferwrigen mid   wunode lange,
þonne ic wæt geare   þæt hi ne wundriað
mæniges þinges   þe monnum nu
wæfðo and wunder   welhwær þynceð.

29

*G*if ðu nu wilnige   weorulddrihtnes
heane anwald   hlutre mode
on*gi*tan *giorn*e,   gem almægene
heofones *tunglu,   hu hi him healdað betwuh*
5 *sibbe* singale,   dydon swa lange.
Swa hi gewenede   wuldres aldor
æt frumsceafte   þæt sio fyrene ne mot
sunne gesecan   snawcealdes weg,

28,61 wlitetorht]   wlite torh *C*   28,70 Unstaðolfæste]   r staðol fæste *C*,
*the first letters visible at the top of fol. 109*b; understaðolfæste *J*   28,83
wæfðo]   wærðo *C*   29,1 weorulddrihtnes]   weoruld drih^tnes *C*   29,3
giorne]   gionne *J*   29,7 ne]   *Not in C or J*

　　　monan gemæro.　Hwæt, ða mæran tungl
10　auðer oðres rene　a ne gehrineð
　　　ær þæm þæt oðer　of gewiteð.
　　　Ne huru se stiorra　gestigan wile
　　　westdæl wolcna,　þone wise men
　　　Ursa nemnað;　ealle stiorran
15　sigað æfter sunnan　samod mid rodere
　　　under eorðan grund,　he ana stent.
　　　Nis þæt nan wundor;　he is wundrum fæst,
　　　upende neah　eaxe ðæs roderes.
　　　Ðonne is an steorra　ofer oðre beorht,
20　cymeð eastan up　ær þonne sunne;
　　　þone monna bearn　morgenstiorra
　　　hatað under heofonum,　forðæm he hæleþum dæg
　　　bodað æfter burgum,　brengeð æfter
　　　swegeltorht sunne　samad eallum dæg.
25　Is se forrynel　fæger and sciene,
　　　cymeð eastan up　ær for sunnan
　　　and eft æfter sunnan　on setl glideð,
　　　west under weorulde.　Werðioda his
　　　noman onwendað　þonne niht cymeð,
30　hatað hine ealle　æfenstiorra.
　　　Se við þære sunnan swiftra;　siððan hi on setl gewitað,
　　　ofirneð *þæt æþele tungol,　oðþæt he be eastan weorðeð*
　　　eldum oðewed　ær þonne sunne.
　　　Habbað æðele tungol　emne gedæled
35　dæg and nihte　drihtnes meahtum,
　　　sunna and mona,　swiðe geþwære,
　　　swa him æt frymþe　fæder getiohhode.
　　　Ne þearft þu no wenan　þæt ða wlitegan tungl
　　　ðæs þeowdomes　aðroten weorðe
40　ær domes dæge;　deð siððan ymbe
　　　moncynnes fruma　swa him gemet þinceð,
　　　forðon hi be healfe　heofones þisses
　　　on ane ne læt　ælmihtig god,
　　　þy læs hi oðra fordyden　æþela gesceafta,

29,9 monan] monna C　29,17 fæst] east C　29,21 þone] þonne C
29,32a þæt] þæt is J　29,36 mona] mone C

45 ac se eca god ealla gemetgað
   sida gesceafta, softa geþwerað.
   Hwilum ðæt drige drifð þone wætan,
   hwylum he gemengeð, metodes cræfte,
   cile wið hæto; hwilum cerreð eft
50 on uprodor ælbeorhta leg,
   leoht on lyfte; ligeð him behindan
   hefig hrusan dæl, þeah hit hwilan ær
   eorðe sio cealde oninnan hire
   heold and hydde haliges meahtum.
55 Be þæs cyninges gebode cymeð geara gehwæt,
   eorðe bringeð æghwylc tudor,
   and se hata sumor hæleða bearnum
   geara gehwilce giereð and drigeð
   geond sidne grund sæd and bleda,
60 hærfest to honda herbuendum,
   ripa receð. Ren æfter þæm
   swylce hagal and snaw hrusan leccað
   on wintres tid, weder unhiore.
   Forðæm eorðe onfehð eallum sædum,
65 gedeð þæt hi growað geara gehwilce;
   on lenctentid leaf up spryttað.
   Ac se milda metod monna bearnum
   on eorðan fet eall þættc groweð,
   wæstmas on weorolde, wel forðbrengeð
70 hit þonne he wile, heofona waldend,
   and eowað eft eorðbuendum,
   nimð þonne he wile, nergende god.
   And þæt hehste good on heahsetle
   siteð self cyning, and þios side gesceaft
75 þenað and ðiowað. He þonan waldeð
   þæm geweltleðrum weoruldgesceafta.
   Nis þæt nan wundor; he is weroda god,
   cyning and drihten cwucera gehwelces,
   æwelm and fruma eallra gesceafta,
80 wyrhta and sceppend weorulde þisse,

29,48 he] hi C   29,51 on] *Not in C or J*   29,52 hwilan] hwilán C
29,55 gehwæt] gehwæm C   29,75 þonan waldeð] þone anwald deð C

wisdom and æ woruldbuendra.
Ealla gesceafta on his ærendo
hionane he sendeð, hæt eft cuman.
Gif he swa gestæððig ne staðolade
85 ealla gesceafta, æghwylc hiora
wraðe tostencte weorðan sceolden,
æghwilc hiora ealle to nauhte
weorðan sceoldon wraðe toslopena,
þeah þa ane lufe ealla gesceafta
90 heofones and eorðan hæbben gemæne,
þæt hi þiowien swilcum þiodfruman,
and fægniað þæt hiora fæder wealdeð.
Nis þæt nan wundor, forðæm wuhta nan
æfre ne meahte elles wunian,
95 gif hi eallmægene hiora ordfruman
ne þiowoden, þeodne mærum.

30

Omerus wæs east mid Crecum
on ðæm leodscipe leoða cræftgast,
Firgilies freond and lareow,
þæm mæran sceope magistra betst.
5 Hwæt, se Omerus oft and gelome
þære sunnan wlite swiðe herede,
æðelo cræftas oft and gelome
leoðum and spellum leodum reahte.
Ne mæg hio þeah gescinan, þeah hio sie scir and beorht,
10 ahwærgen neah ealla gesceafta;
ne furðum þa gesceafta ðe hio gescinan mæg
endemes ne mæg ealla geondlihtan
innan and utan. Ac se ælmihtega
waldend and wyrhta weorulde gesceafta
15 his agen weorc eall geondwliteð,
endemes þurhsyhð ealla gesceafta.

Ðæt is sio soðe   sunne mid rihte,
be ðæm we magon singan   swylc butan lease.

31

   Hwæt, ðu meaht ongitan,   gif his ðe geman lyst,
þætte mislice   manega wuhta
geond eorðan faraðh   ungelice;
habbaðh blioh and fær,   bu ungelice,
5 *and mægwlitas   manegra cynna*
cuðh and uncuðh.   Creopaðh and snicaðh,
eall lichoma   eorðan getenge,
nabbaðh hi æt fiðrum fultum,   ne magon hi mid fotum
                                       gangan,
eorðan brucan,   swa him eaden wæs.
10 *Sume fotum twam   foldan peðhðaðh,*
sume fierfete,   sume fleogende
windaðh under wolcnum. Biðh ðeah wuhta gehwylc
onhnigen to hrusan,   hnipaðh of dune,
on weoruld wliteðh,   wilnaðh to eorðan,
15 sume nedþearfe,   sume neodfræce.
Man ana gæðh   metodes gesceafta
mid his andwlitan   up on gerihte.
Mid ðy is getacnod   þæt his treowa sceal
and his modgeþonc   ma up þonne niðer
20 habban to heofonum,   þy læs he his hige wende
niðer swa ðær nyten.   Nis þæt gedafenlic,
þæt se modsefa   monna æniges
niðerheald wese   and þæt neb upweard!

31,5 cynna] cynnu *J*   31,12 windaðh] windeðh *J*   31,21 Nis] is *C*

NOTES

ABBREVIATIONS IN THE NOTES

An. Andreas   Beow. Beowulf   Dan. Daniel   El. Elene   Ex.
Exodus   Met. Meter(s)   Rid. Riddle(s)

For Thorpe, see Bibliography of the Paris Psalter, Part I. For Fox, Krämer, Rawlinson, Sedgefield, see Bibliography of the Meters of Boethius, Part I. For Assmann, Grein, see both Bibliographies, Part I. For Ettmüller, see Bibliography of the Meters of Boethius, Part II.

Anglia Beibl.   Beiblatt zur Anglia.
Beitr.   Beiträge zur Geschichte der deutschen Sprache und Literatur.
Bonner Beitr.   Bonner Beiträge zur Anglistik.
Bos.-Tol.   Bostworth-Toller, Anglo-Saxon Dictionary.
Feiler.   Das Benediktiner-Offizium.
Grein-Köhler.   Sprachschatz der angelsächsischen Dichter, revised ed. by
   Köhler.
Holthausen (unless otherwise indicated).   Zu alt- und mittelenglischen
   Texten, in Anglia Beibl. XXXI, 190–207.
Kock, JJJ.   Jubilee Jaunts and Jottings.
Lye-Manning.   Dictionarium Saxonico- et Gothico-Latinum.
Tschischwitz.   Die Metrik der angelsächsischen Psalmenübersetzung.

NOTES ON THE PARIS PSALTER

51-60

Psalm 51] For the numbering of the Psalms and verses, see Introd., p. xiii. For the interrupted beginning, see Introd., p. xi. **51,7]** This verse is numbered 7 to agree with the Vulgate numbering, and this probably accords with the number of verses originally in the Anglo-Saxon version of the Psalm, although the loss in the manuscript makes it impossible to tell. **51,7,2** ece gewene] Grein, followed by Assmann, alters to *geoce gewene.* This provides an alliteration in the second half-line, but the places at which alliteration is defective in the text of these Psalms are so numerous that lack of alliteration in itself scarcely justifies emendation. The Latin text has *speraui in misericordia dei mei in eternum,* therefore nothing corresponding directly to a word *geoce.* The common construction in the Psalms is *gewenan on.* **51,8,4** þara haligra] Grein and Assmann read *þara haligra, þe þinne held curan,* a more natural word order, but the style of this poet is far from natural. **52,4,2** þa wæs soð nan man] The manuscript reading *socne* provides no intelligible meaning for the corresponding Latin *non est qui faciat bonum.* Grein and Assmann read *þa wæs soð ne man.* Holthausen proposes *þa næs soðe mann.* **52,5,1** Ac ge] Grein suggests *Ac hie.* **52, 5,5** æniges ne þurfon] Grein and Assmann complete this line by supplying *þær hio onegan* as a first half. But incomplete lines are frequent in this text, and the Anglo-Saxon translation represents adequately the Latin *trepidauerunt timore ubi non erat timor.* **52,6,2** liste] The Latin reads here, *Quoniam deus dissipat ossa hominum sibi placentium.* Grein and Assmann alter the MS. *lisne* to *liswe,* and Bos.-Tol., p. 651, suggests that *lisne* may be a form of *lyswen,* "corrupt." But a word of such full content is not required here by the evidence of the Latin text. All that is required is a colorless adverbial modifier, and the proper reading for the MS. *lisne* is suggested by Psalm 90,13,3, *liste gebygean.* **52,6,3** gehyrwede] Corresponding to the Latin *confusi sunt.* Grein and Assmann read *gehyrwede* for the MS. *gehyrnede,* and the scribe evidently wrote *n* for *w* here, as he had written *n* for *t* in the preceding line. **52,7,3** his folc] Holthausen would alter to *folc his,* presumably for metrical reasons, but alterations of this kind could be made without end in these Psalms. **53,1,1-2]** This verse is in the Benedictine office, see Feiler, p. 61:

> On þinum þam halgan naman, gedo me halne, god!
> alys me fram laðum þurh þin leofe mægen!

53,4,1 me þonne god] Holthausen would rearrange to read *god me þonne* or *me god þonne.* **53,6,2** niode] For the MS. *mode,* Grein and Assmann read *neode,* but *niode* would be more probable from the paleographical point of view.   **54,4,1** heah] Grein alters to *hean*, but Germania X, 425, returns to the MS. *heah*, as adverb, and so Assmann.   **54,5,1** forcwomon] Grein alters to *ofercwomon*, but Germania X, 425, returns to the MS. reading. **54,7,3** bete] Grein corrects the MS. *bote* to *bete*, and so Assmann.   **54,7,4** modes mindom] Grein and Assmann add nothing to complete the half-line. Holthausen would read *mindom minne*. But *modes* corresponds more closely to the Latin, *qui me saluum faceret a pusillo animo et tempestate*. **54,8,2**] The line has no alliteration, but there are many similar lines in this text.   To secure an alliteration, Holthausen would change *heora* to *weora* and also change the order of the two half-lines.   **54,9,1** þunie him] For the MS. *þume*, Grein reads *þu ne*, but Germania X, 425, changes to *þunie*, and so also Assmann.   The equivalent phrase in the Latin is *circumdabit eum*.   **54,10,2** mansceat] Grein and Assmann retain the MS. reading *ma scyte*, with difficulties of interpretation.   Holthausen would read *swyce*, a verb, for *scyte*.   Kock, Anglia XLVII, 269, proposed *mansceat*, a reading supported by Psalm 71,14,1.   Kock translates, "May on his homestead never sorrow cease, and on his ground not usury and evil."   The Latin reads, *Et non defecit de plateis eius usura et dolus*.   **54,10,3**] Holthausen would change *wyrgeð* to *wyrgde*, and change the order of *min feond* to *feond min*.   **54,11,3** hete] Holthausen alters to *heteniðum*.   **54,12,1** se man] Holthausen alters to *se manna*.   **54,12,5** gangan] The Latin text has *ambulauimus cum consensu*.   Grein takes *gangan* as equivalent to *eamus*, as though the Latin text had *ambulabimus*, but Germania X, 425, he suggests *gungan*, as preterite plural of *geongan*.   **54,15,3**] To complete this line, Holthausen reads *gehyrde hælend, halig drihten*.   **54,16,3** and bodie] Holthausen reads *and bodie swylce*.   **54,22,2** innan hreðre] Thorpe suggested *hreðie* (*hreðige*), from *hreðian*, "to rage," an unrecorded verb. Grein suggested the ellipsis of *wese*.   Holthausen would omit *þæt him* in the first half-line.   This would bring the passage in closer syntactical accord with the Latin, *Non dabit in eternum fluctuationem iusto*.   **54,22,4** soðe] The MS. apparently first had *seaðe*, which was altered by adding the unusual Latin abbreviation for *s* at the end, and by the partial erasure of the first *e* in *seaðe*.   The proper word was undoubtedly *soðe*, as corresponding to the Latin *tu uero deus deduces eos in puteum interitus*.   Holthausen would replace *seaðes* in the second half-line by *swiðe* to avoid the repetition. **54,23,1** Se blodhreowa] So Grein and Assmann; see Psalm 58,2,3 and 138,17,1.   Kock, Anglia XLVII, 269, would place a comma after both *bealuinwites* and *facne*, construing one as a genitive, the other as an instrumental with *gefylled*.   **55,5,4** on yfel] Grein retains the MS. *and*, or *ond*, written with the usual abbreviation, taking this word as a preposition translating the Latin *in malum*.   Holthausen reads *on yfel*, and also adds *swylce* at the end of l. 3a and changes *geðeaht* to *geðeahte*.   The Latin reads *aduersum me omnia consilia eorum in malum*.   **55,6,1** On eardiað] Grein and Assmann supply *sæte æfter On*.   This provides an alliteration for the line.   Holthausen would secure an alliteration for the line by changing *swa* in the second half-line to *a*, making the alliteration vocalic. It seems probable that *On eardiað* is what the translator wrote as a literal rendering of the Latin *Inhabitabunt*. 55,6,2 hælun mine] Translating *calcaneum meum*, in the Authorized Version, "they mark my steps, when they wait for my soul." 55,6,3–4] The Latin reads *sicut expectauit anima mea pro nichilo saluos facies eos*. 55,8,4 min god] Holthausen alters to *god min*, Latin *deus meus*. 56,4,4 reðe gemanan] Grein alters *reðe* to *hreðe*, but Germania X, 425, he returns to *reðe*, though he suggests also *laðe* for *reðe*. In his text Grein placed a comma after *hwelpum* and a colon after *gemanan*, but Germania X, 425, he places a colon after *hwelpum* and no punctuation after *gemanan*. So also Assmann. But the Latin text indicates that Grein's first punctuation was correct, *eripuit animam meam de medio catulorum leonum*. 56,11,1 frine drihten] As it stands *frine* seems to be an accusative masculine adjective from *freo*, but perhaps there is a scribal error here for a vocative compound *freodrihten*. The Latin reads *Confitebor tibi in populis domine*. 56,13,2 swylce] The MS. has *swylc*, but read *swylce* for better grammar and meter. 57,2,1 Eft ge] Grein suggests *Oft ge*. The Latin has *Etenim in corde*. 57,9,1 þonne he sið ongan] Grein takes *sið* as for *sihð*, from *seon*, and *ongan* as a form of *ongean*. So also Assmann. This corresponds with the Latin, *Letabitur iustus cum uiderit uindictam impiorum*. 58,1–2] These two verses are also in the Benedictine office, see Feiler, p. 68:

> Ahrede me, halig god, hefiges niðes
> feonda minra. þe me feohtað to!
> alys me fram laðum, þe me lungre [*MS*. luge] on
> risan willað, nymþe þu me ræd gife!
> Genere me fram niðe nahtfremmendra,
> þe her unrihtes ealle wyrceað,
> 7 me wið blodhreowes weres bealuwe gehæle!

58,10,1 goda god] Holthausen suggests *eca* for *goda*. 58,13,3 gemæru] Grein and Assmann change to *gemæra*. 59,1,1 þu us todrife] Holthausen alters to *þu todrife usic*. 59,2,1 Eorðan] Thorpe, Grein and Assmann correct the MS. *Forðan* to *Eorðan*, and *ahreded* in the next line to *ahrered*. 59,3,1 Feala] Grein and Assmann correct the *MS*. *Eeala* to *Feala*, Thorpe to *Eala*. 59,5,5 Sicimam et Conuallem] The Latin here reads *letabor et diuidam sicimam et conuallem tabernaculorum metibor*. The translator mistook *metibor* as a noun, and did not translate *conuallem tabernaculorum*. See Psalm 107,6,6, note. 59,7,1 Iuda cuð] Thorpe indicates a loss after *cuð*, but supplies nothing. To complete the half-line metrically Grein and Assmann read *cuðlice*. Holthausen revises the whole line to read *cyninc is me Juda | ful cuðlice*. The following line Holthausen would also revise to read *hwer is me Moab | hyhtes mines*. Grein remarks that *aðenige* and *sende* both have *gescy* as object, and that the translator has mistakenly interpreted the Latin *allophili* as a proper noun; see Psalm 107,8, where the word is properly translated. The Latin text for this verse reads *Iuda rex meus, Moab olla spei meae, in Idumeam extendam calciamentum meum, michi allophili subditi sunt.* Comparison with the Latin text indicates no loss in the Anglo-Saxon translation. **59,9,2** us] Grein reads *ut* for *us*, but Germania X, 425, he returns to the MS. reading, but adds *ut* after *mægene*. Assmann follows the manuscript. The Latin has *et non egredieris deus in uirtutibus nostris*. **60,1,6** on halne stan] Grein suggests *on harne stan*. The Latin has *in petra exaltasti me*. **60,5,3** he] Supplied by Thorpe, Grein and Assmann. Holthausen would read *oð dæg þone | þe on drihtnes sceal*. But Grein correctly takes *on* as governing *þe*, "to the day on which he shall." The forced word order is characteristic of this translator. **60,6,2–4**] These lines are also in the Benedictine office, see Feiler, pp. 68–69:

> Swa ic naman þinum neode singe,
> þæt ic [*Not in MS.*] min gehat her agylde
> of dæge on dæg, swa hit gedefe wese.

60,6,3 min gehat] Holthausen would read *gehat min*.

61–70

61,3,2 dædun] The MS. has *dædū*, and Thorpe prints *dædum*. But Grein, though he accepts Thorpe's reading of the MS. as an abbreviation for *dædum*, prints *dædun* in his text as a verb, and so Assmann. The Latin has *interficitis uniuersos*. **61,6,2** ahwær befleon] Holthausen would read *befleon ahwær*. **61,7,1** hælu] For the MS. *hæle*, retained by Thorpe, Grein reads *hælo*, and Assmann has *hælu*, this latter being the usual form in this text, see Psalms 59,10,2; 61,1,3; 68,13,4, etc. **61,9,2**] Holthausen would read *wyrceað wegum on | ond woh doað*. **61,9,4** ilcan] Supplied by Grein and Assmann. **61,10,2** ræda þencean] Grein alters to *ræd aþencean*, but Germania X, 425, he returns to the MS. reading. **61,11,1** wearnum] Grein prints *wearnum*, but suggests *wornum*. But *wearnum* is supported by Psalm 144,20,4, and in both passages the word is merely adverbial. The preposition *to* at the end of the first half-line goes with *eow*. Similarly in the next line *þa* is governed by *on*, and *heortan* and *hige* are parallel accusatives, or *heortan* may be a genitive with *hige*, "the thought of your heart." The Latin reads *Diuitie si affluant, nolite cor adponere*. **61,12,4** earnungum] So Grein and Assmann, but Thorpe retains the MS. reading. **62,2,1** min] The scribe wrote *in* here at the beginning of a line, corrected by all editors to *min*, but not taken by the editors as the beginning of a new verse. Since the corresponding Latin verse begins with *itiuit*, the initial capital *S* being omitted, the scribe evidently omitted the initial capital in both the Latin and Anglo-Saxon. **62,5,3** mine handa þwea] The Latin text has *leuabo*, apparently misread, as Grein points out, as *lavabo*. **62,7,1** þin gemynd] Holthausen reads *gemynd þin*. **62,9,4** wæran geseald] Holthausen reads *geseald wæran*. **62,9,5** syndon] The MS. has *synd* at the end of a line and *on* at the beginning of the next line. Thorpe reads *synd on fracuðe*, Grein and Assmann, *syndon fracuðe*. **62,10,1** drihtne] For the MS. abbrevia-

tion here, see Introd., p. xvi.   **63,2,3** unrihte] Grein suggests *unriht* for
unrihte.   **63,4,2** on scotiað] Holthausen would read *on gescotiað*.   **63,6,2**
hine ahefeð] Holthausen would read *ahefeð hine*.   **63,7,1** wita] Grein
reads *witu*, but Thorpe and Assmann retain the MS. reading *wita*.
63,7,2-3] The corresponding passage in the Latin text reads *et pro
nichilo habuerunt contra eos lingue ipsorum*. The Vulgate text reads *et
infirmatae sunt contra eos linguae eorum*. The syntax in the Anglo-Saxon
is not clear. Grein, Germania X, 425, takes *tungan* as a dative and *teonan*
as a nominative plural. In Grein-Köhler, p. 615, *teonan* is given as instru-
mental. If *on* is construed with *him*, this would correspond to *contra eos*,
and if *tungan* is taken as nominative subject of *sittað*, this also would corre-
spond with the Latin. This leaves *teonan* to be construed as an independent
word, perhaps best as an instrumental.   **64,2,2** ælc flæsc] Holthausen,
following Tschischwitz, p. 42, would change *ælc* to *æhwylc*, and he would
also change the order to read *flæsc æhwylc*. The Latin reads *ad te omnis caro
ueniet*.   **64,5,1** ðin hus] Holthausen changes to *hus ðin*.   **64,6**] In the
Benedictine office, see Feiler, p. 69:

> Gehyr us hælend god! þu eart hiht ealra,
> þe on ðisse eorðan   utan syndon,
> oððe feor on sæ   foldum wuniað.

64,9,1 æfentid] Thorpe and Grein print incorrectly *æftentid* as the MS.
reading, but Grein suggests *æfen-*, and Assmann reads *æfentid*.   **64,11,2**
cynnes] So Grein and Assmann.   **64,13,2** geswiru] So Grein and Assmann.
64,14,1 godre wulle] Kock, Anglia XLVII, 270, places a comma after *wulle*
and takes this word and *eowdesceapum* as parallel in construction though
not altogether parallel in sense. Grein has a comma after *wulle*, but Ger-
mania X, 425, he removes the comma and so also Assmann. Grein-Köhler,
p. 833, takes *godre wulle* as instrumental, in the same syntax therefore as
eowdesceapum.   **64,14,3** wæstm] Grein suggests *wæstme*.   **65,3,5** se
hehsta] Grein suggests *se hehsta hyht*, but does not place *hyht* in his text.
65,12,1 on þin hus] Holthausen would read *on hus þin*.   **65,12,3** min
gehat] Holthausen would read *gehat min*.   **65,13,4** þa gehat] Holthausen
would read *gehat þa*.   **65,15,2** mine tungan] To be taken as instrumental,
as Grein points out.   **65,16,2** wealdend] Grein gives as MS. reading here
wealde, and he constructs his text to read *ne wite me þæs wælde drihten*, but
Germania X, 425, he reads *wealdend* for the MS. *wealden*. Assmann as in
the text.   **66,1,3**] To supply an alliteration in this line, Holthausen adds
onliht ofer usic as a first half-line, with *þinne ondwlitan* as the second half,
he then omits l. 4a, replacing this half-line by l. 3b.   **66,2,2** ure wegas]
Grein and Assmann supply *and* before *ure*. Thorpe added *and* before *on
þinre hælo*, l. 3.   **66,6,3** user] Grein and Assmann correct to *usic*, but
compare the Latin, *Benedicat nos deus deus noster et benedicat nos deus*.
67,2,1 Rece] The Latin reads *Sicut defecit fumus*.   **67,4,5**] Holthausen
changes the order to read *þam is nemned to naman drihten*.   **67,8,2** ferað]
Grein suggests *færeð*.   **67,14,2** syþþan] Holthausen would replace *syþþan*

by *hwitran*, citing the Latin *niue dealbabuntur*. Grein suggests adding *to* before *snawe*, but he does not put this in his text. **67,18,4** wæs lacgeofa] The Latin reads *dedit dona hominibus*. The noun *lacgeofa* is clearly recorded and requires a verb like *wæs* to complete the syntax. So Grein, Germania X, 425, and Assmann. In his text Grein had previously read *lac geofað*. **67,21,4** þara] Supplied by Grein and Assmann. **67,23,2** wæron gesewene] Grein and Assmann read *wæron geara gesewene*. But there is nothing in the Latin text to justify this. **67,27,2** under folcum] Grein reads *under folcum cuna*, the supplied word being the genitive plural of *cu*, but Germania X, 425, he omits *cuna*, and takes *folcum* as being a compound *folc-cum*, see Grein-Köhler, p. 204, *folc-cu*, "vacca populi." If there is such a word, it occurs only in this passage, as a translation of the Latin *Increpa feras siluarum concilium taurorum inter uaccas populorum*. Since even *folc-cum* would not make a full half-line, possibly a completer reconstruction is called for, e.g., *under folces cum*. This would correspond to *inter uaccas populorum*. **67,28,1**] According to the Vulgate numbering, five verses, besides the rest of the incomplete verse 28, have been lost in the MS. This was not enough to fill the whole of a missing folio, see Introd., p. vii. **68,3,2** æt þam earon] There is nothing in the Latin corresponding to these words, the whole of the Latin verse being *Laboraui clamans rauce facte sunt fauces meae; defecerunt oculi mei dum spero in deum meum*. Grein suggests that *earon* = "oceanis," and cites Dan. 323, *in eare gryndeð*. If this is the proper interpretation, the allusion in *earon* must be carried over from the preceding verse. **68,7,4** ne sceal æt me] Holthausen would read *æt me ne sceolon*. Grein and Assmann place *ænige*, l. 5, at the end of l. 4*b*. **68,8,3** framþe] Grein reads *fremde*, but *framþe* in Germania X, 425, and so Assmann. The form *framþe* may stand as a variant of *fremde*. In the MS. this word is written *fram þe*, and it was probably the unusual form *framþe* that led the scribe to separate it as two words. **68,11,1** witehrægl] Grein alters to *wlitehrægl*, but Germania X, 425, returns to the MS. *witehrægl*, "Büssergewand." The Latin has *uestimentum meum cilicium*. **68,15,2** mid muðe] Holthausen would omit *mid* and add *sinum*, reading *sinum muðe*. **68,19,1** arscame] Though there is no indication of loss in the MS. it is obvious that a number of words have disappeared here. Thorpe, p. 443, remarks that through the carelessness of the scribe a whole verse has been lost here except some final letters. He prints these final letters as *ar scame*. Grein makes a compound word *ar-scame*, and so Assmann. This appears also in the Sprachschatz, see Grein-Köhler, p. 30, *ār-sceamu*, and so also in Bos.-Tol., p. 51. But it is extremely improbable that there is such a word as *ar-scame*. Verse 18 ends properly with *freondum*. The next line begins with what looks like two words *arsca me* followed by the remaining two lines of this verse. Although the corresponding Latin verse begins with a capital, there is no capital for this verse in the Anglo-Saxon text. Too much has been lost, however, to permit the assumption that a capital has been omitted before *arsca*. The Latin text corresponding to *arsca me*, and what has been lost, reads *Tu enim scis inproperium meum, confusionem et uerecundiam meam.* It seems probable therefore that *arsca me* in the MS. corresponds to the last word of the Latin, *uerecundiam meam*, or perhaps to *inproperium meum*, and that *arsca me* is an imperfect record of what was originally written. The original word was probably *hleorscame* or *-sceame*, as in verse 8 of this Psalm, the corresponding Latin for which reads *Quoniam propter te subportaui inproperium; operuit reuerentia faciem meam.* 68,25,2 þinc oneardiendes] Holthausen would omit *þinc* and read *oneardende*. 68,26,3 ecton] Supplied by Grein, Germania X, 425, and so also Assmann. 68,36,3 his naman] Holthausen would read *his naman swylce*. 69,1] This verse occurs twice in the Benedictine office, see Feiler, p. 58, where the readings correspond to those in the Paris Psalter, except *syððan* for *syþþan* in l. 2, and Feiler, p. 71, where the readings also correspond, except *beheald me, drihten* for *beheald, drihten, me*, l. 2a, and *syððan for syþþan*, l. 2b. 70,3,4 þine æ] Holthausen reads *æ þine.* 70,7] Also in the Benedictine office, see Feiler, p. 67, and corresponding except *mægne* for *mægene, wuldor* for *wuldur, ðin* for *þin*, l. 3, and *ðe* for *þe.* 70,12,1 gedrette] The Latin reads *Confundantur et deficiant.* Perhaps *gedrette* should be read as *gedrecte*, or at least as intended for this word. Grein and Assmann supply *ealle* before *gedrette* for alliteration. 70,22,3 yfel] Holthausen reads *yfles.*

71–80

71,4,2 on folce] Holthausen supplies *ealle* after *folce* to complete the half-line metrically, or as alternative, *sinum.* 71,6,3 upon] Grein suggests *ufon* for this word. Holthausen changes to *uppon.* 71,8,2 sæ] Grein suggests *sæm.* 71,11,3 þeoda] To provide alliteration Grein and Assmann read *werþeoda.* Holthausen replaces *þeoda* by *weorod.* But see verse 13, where alliteration is also lacking. 71,16,3 yþa] The Latin reads *super Libanum fructus eius*, and as Thorpe, p. 443, points out, the translator apparently read *fluctus* for *fructus.* 71,17,1 eall] The MS. has *ealle*, but read *eall* as neuter plural, and see Psalm 65,3,4. Holthausen reads *nama his* in this line and alters *niða* to *niðða.* 72,11,2 ænne] Thorpe reads *ænigne* in his text, but p. 443 suggests *ænig ne*, though even so he considers the passage corrupt. Grein and Assmann read *ænigne* and supply *ne* after this word. The Latin reads *iustificaui cor meum et laui inter innocentes manus meas.* 72,11,6 leawfinger] The Latin here reads *et index meus in matutino;* the Vulgate has *et castigatio mea in matutinis.* Grein-Köhler, p. 410, glosses the word under *leaw-finger*, "index finger," but Bos.-Tol., Supplement, p. 604, would place it under *læw-finger*, both taking the first element as cognate with *læwan*, "betray." The finger of scorn, of accusation? 72,13,3–4 þis gewinn, his hus] Holthausen reads *gewinn þis* and *hus his.* 72,18,2 ic symble] Grein suggests supplying *eom* after *ic*, and questions whether *symble* may not be a verb. The Latin has *et ego semper tecum* and the Anglo-Saxon is probably a literal translation with the form of the verb "to be" unexpressed. **73,4,2** on wege] Holthausen would read *wege on*. **73,5 3** adesan] Grein suggests *acesan* for *adesan*. **73,7,2** gemot] Supplied by Grein and Assmann. **73,9,1** hu] Grein suggests *nu*. **73,10,2** hand] Holthausen would omit *hand*. **73,11,3]** Holthausen reads *on efenmidre eorþan þisse*. **73,16,4** ne wat] Holthausen reads *nat* for *ne wat*. **73,19,2]** Grein remarks that this line seems corrupt. The Latin for this verse reads *Ne auertatur humilis factus confusus; pauper et inops laudabunt nomen tuum*. There is nothing in the Latin corresponding to *þeah þe*, and the translator seems not to have clearly assimilated the Latin text. **74,2,3** and eac soð] Holthausen reads *ond eac soðne dom*. **74,4,3** agyltan] Holthausen changes to *agyltendum*. The Latin reads here, *Dixi iniquis nolite inique agere, et delinquentibus nolite exaltare cornu*. gulpan] Grein changes to *gylpan*, but Germania X, 426, he restores the MS. *gulpan*, and so Assmann. **74,6,1** gumena ænig] Holthausan reads *ænig gumena*. **75,3,2** sweord and sceld] Holthausen reads *sceld and sweord*. **75,4,5** swæfun] So Grein and Assmann, but Grein suggests also *slepun*. **75,7,1** mægen] The Latin for this verse reads, *Quia cogitatio hominis confitebitur tibi et reliquie cogitationum diem festum agent tibi*. Grein suggests *mægene*, as an adverbial form, but Germania X, 426, he makes a compound verb, see Grein-Köhler, p. 441, *mægen-andettan*. Assmann reads *mægenandetteð*. A compound verb seems doubtful, and perhaps *mægen* may stand as adverbial, see Psalm 106,17,2. **75,8,2** gode georne] Holthausen reads *gode ful georne*. **76,9,2** þas geunwendnes] So Grein and Assmann, but Grein suggests *geonwendnes*. The Latin has *hęc inmutatio dextere excelsi*. **76,10,4** sylf begangen] Grein and Assmann supply *wæs* after *sylf*. **76,14,1** wolcnas] So Grein and Assmann, but Grein suggests *wolcnu*. **76,14,3** þunurradstefn] Thorpe has *þunur-rad stefn*, but places *wæs* at the end of l. 2*b*, with no punctuation following, though a semi-colon after *stræle*, l. 2*a*. Grein reads *wæs þunur-rade stefn* for l. 3*a*, but Germania X, 426, changes to *þunur-rad-stefn*, and so Assmann. The Latin has *uox tonitrui tui in rota*. For *þunurradstefn*, Holthausen reads *stefn þunres*. **77,7,3** cinn] Grein suggests *cinne*. **77,14,2** worhte fore] Grein supplies *werude* after *fore*, but Germania X, 426, he removes the word as unnecessary. **77,19,1** ehtan] For *ectan*, from *iecan*. See also Psalm 104,20,1. **77,20,1** heortan] Grein prints *eorðan* for *heortan* without comment, but Assmann has *heortan*. **77,20,3** foddur geafe] Thorpe and Grein take this as a noun compound, but Grein, Germania X, 426, and Assmann as in the text. The Latin has *ut peterent escas animabus suis*. **77,20,5** ne] Supplied by Grein and Assmann. **77,25,3** manna to mose] Grein reads as in the MS., but takes *manna*, l. 3*b*, as meaning "manna," and *cynne* as a modifying adjective, though he suggests *cyme* for *cynne*. Assmann follows Grein's text and presumably his interpretation. Kock, Anglia XLVII, 270, reads *manna* for *mannum*, his interpretation being "manna as food for the race of men," citing An. 136. This seems the best rendering, unless one wishes to take *mannum* as an instrumental plural of the word for "manna." But the Latin has a singular, *et pluit illis manna*. **77,27,3** gefiðrade] So Grein, Germania X, 426, and Assmann. **77,37,1** is] Grein suggests *wæs*. **77, 38,3** þurh hatne hyge] Thorpe, Grein and Assmann read *þurh-hatne* as an adjective compound modifying *hyge*, but Grein suggests *þurh hatne*. An object for *cyðan* may be supplied from *yrre*, l. 2. The Latin reads, *Et multiplicauit ut auerteret iram suam ab eis et non accendit omnem iram suam*. **77,39,1** moldan] Thorpe and Grein emend to *molde*, but Grein, Germania X, 426, returns to *moldan* as a nominative plural, and so Assmann. **77,39,2** geancyr] Grein and Assmann emend the MS. reading *geomær* to *geon-cer*, "a return." The Latin has *spiritus uadens et non rediens*. In Grein-Köhler, p. 253, the word is glossed under *gegn-, geancyr*, and as an emendation seems necessary here, it seems also advisable to emend to a recognizable form of the word. **77,40,3**] The equivalent Latin reads *concitauerunt eum in terra sine aqua*. The Vulgate has *concitaverunt eum in inaquoso*. This clause is preceded by the phrase *in iram*, which the translator incorporates in his first clause. **77,44,2** wæter] Grein and Assmann retain *þær* and supply *wæter* after it, but it seems more probable that the *þær* of the MS. is merely a verbal echo from l. 1 and should be replaced by *wæter*. **77,45,1–2**] The Latin reads *Inmisit in eos muscam caninam et comedit eos, ranam, et extermi-nauit eos*. This punctuation is intended to indicate that *muscam* and *ranam* are parallel objects of *Inmisit*. In the Anglo-Saxon text, *yfle tostan* is nominative plural subject of *ætan*. See Kock, Anglia XLV, 129. **77,46,1** erucan] Thorpe and Grein retain *erucan*, and Grein characterizes this as a foreign word, perhaps for Latin *eruca*, "caterpillar," suggested by the Latin text, which reads *Et dedit erugini fructus eorum et labores eorum locustę*. But Grein also suggests *er utan*, the first word for "ear," and so in Germania X, 426, and in Assmann, a reading awkward and difficult to translate. Holt-hausen would change *erucan* to *eorðan*. But it seems most probable that the translator was translating the Latin *erugini* as literally as he could, and that *erucan* is a noun, appositive to *yfelan wyrme*. **77,47,3** æpla] A genitive plural, going with *hrorra*. Holthausen would change the order to *æpla hrim*. The Latin text reads *Occidit in grandini uineas eorum et moros eorum in pruina*. **77,49,1** æbyligðe] Grein changed the MS. *æbyligde* to *æbyligðe*, but Germania X, 426, he reads *abyligde*, and Assmann has *æby-ligde*. But a noun object is required here, to agree with the Latin, *Inmisit in eos iram indignationis sue*. Holthausen would read *æbylgðe*, and in the second half-line, *yrre ond bitter*. **77,54,1–2** leofre, haligre] Grein changes to *leofne* and *haligne*, citing Psalm 73,3. In Germania X, 426, he restores *leofre* and *haligre*, but adds *on* before *haligre*, and so Assmann. The Latin has *Et induxit eos in montem sanctificationis sue, montem hunc quem adqui-siuit dextera eius*. **77,50,3** heora neat] Holthausen reads *neat heora*, and rejects Tschischwitz's reading *heora nytena*. **77,56,2** heanne] Grein reads *heahne*. **77,56,4** fæste healdan] Grein and Assmann supply *on hiora ferhðe* as a first half-line to complete this line. Holthausen reads *his bebodu noldon* for l. 3b, and *on ferhðe hiora* for l. 4a. Perhaps *fæste healdan* is merely to be added to *noldon his bebodu* as part of l. 3*b*. If *fæste* were omitted this would make a normal half-line. **77,57,2** heora fæderas] Holthausen reads *fæderas heora*. **77,60,1**] Holthausen would omit *swa gelome* and substitute *sinum* for these words, placing *sinum* at the beginning of l. 1*b*. **77,65,3** man] Holthausen changes to *manna*. **77,67,3**] Holthausen reads *ac he him Iudan geceas*. **77,71,2** hi forð] Grein and Assmann supply *ferhð* before *lædeð*, but this does not make a full half-line. Holthausen would change *folmum* to *folma* and supply *snyttrum* before *lædeð*. The reading in the text is simpler and maintains the parallelism of the Latin, *Et pauit eos sine malitia cordis sui, et in sensu manuum suarum deduxit eos*. **78,2,2** in] Thorpe and Grein retain *hi*, and Grein reads *anne* for *ane*, but Grein, Germania X, 426, returns to *ane*. Assmann has *in* and *ane*. **78,4,3** ahwær neah] Holthausen reads *neah ahwær*. **78,6,1** on þæt rice] Grein suggests *ut on*. **78,9,2** alys us] Holthausen reads *alys usic*. **79,5,3** Tyhst] Grein suggests that the MS. *tyhstð* may be for *tyhst ðu*. **79,6,2** cunnion] Grein suggests *cunnon* for *cunnion*. **79,10,2** tanas] Thorpe read *tanas* here, and so in his text. Grein and Assmann for alliteration read *canas* as an emendation. It seems perhaps as easy to find *canas* in the MS. reading as *tanas*, but a word *canas*, "germina," is not authenticated, and *tanas* corresponds to the Latin, *Operuit montes umbra eius, et arbusta cedros dei*. Holthausen would read *tanas*. **79,11,3** hi to] For the MS. *hit*, Thorpe suggested *his*, and Grein and Assmann emend to *wið*. The Latin reads *Extendisti palmites eius usque ad mare et usque ad flumen propagines eius*. **79,18,1** Gehweorf us, mægena] These words occur at the foot of fol. 97*b*. A few words more would have finished the verse and this Psalm. The rest of the verse is contained in the Benedictine office, see Feiler, p. 71:

> Gehweorf us, mægna god, 7 us milde æteow
> þinne andwlitan! ealle we beoð hale.

The next folio in the present state of the MS., that is the folio numbered 98, begins with the latter part of Psalm 80,8. A little over seven verses have therefore been lost. See Introd., p. vii. **80,9,3** sylfa] Grein and Assmann replace by *fylsta*, but there is nothing in the Latin corresponding to *fylsta*; the Latin reads *neque adorabis deum alienum*. To secure an alliteration one might supply a colorless word like *fyrhðe*. Thorpe proposed *frecne*. **80,11,2-3**] Holthausen reads *nelle*, and supplies *wile* after *behealdan*. His half-line divisions come after *folc, stefne, gehyran, Israhel, wile* (supplied), and *mode*. Grein reads *næfre* for *æfre* in l. 2*b*. **80,12,1** Ac] Grein suggests *Ic* for *Ac*. **80,12,2** leode] Grein changes to *leoda* without comment. **80,13,1** þær] Thorpe suggests *Gif* for *þær*. **80,13,6** fornam] Holthausen changes to *forname*, as optative.

82–90

82,1,1 ece] Holthausen would replace by *þrymfæst* or *þeoda*, for alliteration. **82,6,1** Selegesceotu] Perhaps the scribe who wrote in the capital *T* was

thinking of *teld*, "tabernaculum."   **82,6,2** Ismæhelita] So Thorpe;
Grein and Assmann have *Ismahelita*.   **82,6,3** Ammalech] Thorpe reads
Ammaleth, Grein *Amaleth*, but the MS. has *Ammalech*, and so Assmann.
82,6,4 swylce] Supplied by Grein and Assmann.   **82,7,3** on leodstefnum]
Kock, Anglia XLVII, 270, places commas before and after this phrase,
taking it as parallel to *on wegum*, "on roads and in meetings," equating
-stefnum with O. N. *stefna*, "meeting." Holthausen reads *wegum on* in l. 2a.
82,8,1 dagum] Holthausen would replace by *dallum*, or *dolum*?   **82,9,5**
godes] Holthausen regards the word as metrically superfluous.   **82,10,1**
min god] Holthausen alters to *god min*.   **82,10,2** swa se] Grein, Ger-
mania X, 426, suggests that *swa se* is for *swa swa*.   **83,2,1** flæsc] Holt-
hausen supplies *min* after *flæsc*, or would read *heorte and flæsc min*.   **83,6,3**
gesawen] Grein suggests *gesewen*.   **83,7,2** mildum earum] The Latin
reads *auribus percipe deus iacob*, that is, according to the Latin, *mildum
earum* goes with the second clause. Grein and Assmann read *mildum earum*
as l. 2a and *þu eart mære god* as l. 2b. Grein suggests *mihta god* for *mære god*.
83,10,1 me] Grein suggests *ma* for *me*, and supplies *me* before *wel* without
remark.   **84,2,2** heora fyrene] Holthausen reads *fyrene heora*.   **84,4,**
1–2] These two lines are in the Benedictine office, see Feiler, p. 70, the
only variation being *ðin* for *þin*.   **84,7,4** hine seceað] Holthausen reads
seceað hine.   **84,8,2** þam] So Grein and Assmann for the MS. *áá*.
84,9,2 mildheortnesse] Holthausen reads *mildheorte*, as a weak adjective.
85,6,1 me on dæge] Holthausen reads *on dæge me*.   **85,15,3** geteoh] For
the MS. *geseoh*, Grein substitutes *gesele*, but in Germania X, 426, changes to
geteoh, and so Assmann.   **87,4,1** þæs sume] Holthausen reads *sume þæs*.
87,4,3 men] So Grein and Assmann, and so also *deadum*, l. 4a.   **87,5,3**
gymynde] For *gemynde*, and so altered in Thorpe, Grein and Assmann.
But this scribe sometimes uses *y* for unstressed *e*, see *helpys*, Psalm 101,2,5,
and *amawyn*, Psalm 101,4,2.   **87,8,3** ut] Holthausen would omit *ut*.
87,12,4 manna ænig] Holthausen reads *ænig manna*.   **87,13**] This verse
occurs in the Benedictine office, see Feiler, p. 65, the variants being *mægne*
for *mægene*, *clypode* for *clypade*, *ðe* for *þe*. In the first line, the Benedictine
office reads *Ic me to ðe*. The reading *þo* of our MS. Thorpe emends to
þonne. Grein reads *Ic nu to þe*, Assmann as in the text.   **87,14,1** gebed]
Holthausen reads *ingebed*, to supply alliteration.   **88,3,7** þæt] Grein sug-
gests *þær* for *þæt*.   **88,5,1**] Thorpe changes the MS. *drihten* to *drihtne*,
and Grein suggests adding *þe* after *Nis*, to complete the syntax of *anlic*.
88,11,1 niode] So Grein and Assmann.   **88,18,2** halige ele] Thorpe sug-
gested changing *halige* of the MS. to *haligne*, but the reading of Grein and
Assmann, with *ele* supplied, is better.   **88,20,1** ænig facen] Holthausen
reads *facn ænig*.   **88,22,4**] Grein suggests supplying *bið* before *ahafen*,
and reading *heah* for *heane*, as being closer to the Latin; or as another possi-
bility, he suggests taking *heane* as modifying *Hine*, l. 1, with *healdeð* as
predicate for the whole sentence. But in Germania X, 426, he takes *heane*
as modifying *horn*. The Latin reads *Et ueritas mea et misericordia mea cum
ipso et in nomine meo exaltabitur cornu eius*. The translator has translated

cum ipso by *samod ætgædere*, though presumably the intention of the Latin was merely "with him," a form of the verb "to be" to be supplied. But the translator has supplied *healdeð* and given it an object *Hine*. The second clause should be syntactically independent of the first, and *bið* supplied provides a correspondence to *exaltabitur*. The Latin has nothing equivalent to l. 4*b*, and this seems to have been added to complete the line, apparently as a modifier of *Hine*. **88,29,1** fracoðe] Holthausen changes to *reðe*, and in l. 2 reads *bebodu mine*. **88,30,2** hiora synne] Holthausen reads *synne hiora*. **88,33,3** gewitnesse] For the MS. 7 *gewitnesse*, Thorpe, p. 444, suggests *ealle gewitnesse*, and for *ealle gewemdest*, l. 4*b*, he suggests *and gewemdest*. Grein and Assmann read as in the text. **88,39,2** onmettest] Thorpe and Grein give incorrectly *onmeltest*, Assmann as in the text. **88,42,1-4**] Grein notes that each first half-line in this verse has *h* as a possible alliterating sound but no corresponding alliteration in the second half-line. **89,1,2** on cynne] Grein suggests *on cyn*. **89,3,1a**] Grein suggests that this first half-line is corrupt. The Latin reads *Ne auertas hominem in humilitate*. To correspond to the Latin, *mænn* should be an object and *eadmedu* should be governed by a preposition. **89,4,3** geostran dæg] Grein suggests *geostra dæg*. **89,13,1** soð me cann] For the MS. *soð ne cann*, Thorpe, p. 444, suggests *soðe cann*. Grein and Assmann read as in the text. **89,14,1** hand] Holthausen would omit. **89,15,1-2**] These two lines are in the Benedictine office, see Feiler, p. 73:

Gehweorf us hwæthwygu, halig drihten!
wes ðinum scealcum wel eaðbene!

It would seem as though the scribe in the Paris Psalter had first written *eaðmede*, and then corrected this imperfectly to *eaðbene*. **89,17,3** þe we on gesawon] Grein suggested adding *on* after *we*. This gives the line an alliteration, though the first half-line remains cumbersome. Neither Grein nor Assmann places *on* in the text. **89,18-19**] These two verses are in the Benedictine office, see Feiler, p. 71:

Geseoh þine scealcas swæsum eagum
7 on þin agen weorc, ece drihten,
7 heora bearn gerece bliðum mode!
Wese us beorhtnys ofer bliðan drihtnes ures,
þæs godan godes georne ofer ealle!
gerece ure handgeweorc heah ofer usic!

90,1,1-3 Me, me] Thorpe, p. 444, suggested *þe* for *me* in both passages. The Anglo-Saxon does not clearly translate the Latin, *Qui habitat in adiutorio altissimi, in protectione dei celi commorabitur*.

91–100

91,2,3 and his soðe] Holthausen reads *ond his soðfæstnesse*. For *soðe*, Grein suggests *soð a*. **91,7,2** heahesta] The MS. has *heahehsta*, written as one word, probably an error for *heahesta*, see Psalm 91,1,3. Thorpe, Grein and Assmann treat as two words, *hea, hehsta*. Holthausen would

read *heahesta*.   91,11,3 beorh] Grein and Assmann change to *bearu*.
But see Psalm 103,16,3.   92,4,1] Holthausen reads *setl þin* and *god ece*.
93,7,1 þæt ne gesawe] Holthausen adds *god* after *gesawe*. The Latin has
Et dixerunt non uidebit dominus nec intellegit deus iacob.   93,9,1] After
this line, Grein and Assmann add a line, *se sceolde sylfa ne gehyran*. The
Latin does not require an addition, *Qui plantauit aurem, non audiet?* The
sense of the Anglo-Saxon is also complete without addition. For *ealdum*
in l. 1 Grein reads *eallum*, but Germania X, 426, he returns to *ealdum*,
"hominibus."   93,10,1 guman] Grein suggests *gumena*.   93,13,3 nymeð]
Grein and Assmann change to *myneð*, "admonish." The Latin text
has *et qui tenent eam omnes qui recto sunt corde.* The emendation gains an
alliteration, but *nymeð* stands closer to the Latin.   93,16,2 wære] So
Thorpe, Grein and Assmann.   93,18,4 heora sawle] Holthausen reads
sawle heora.   94,10,2 wunade neah] Holthausen reads *gewunade neah*.
96,1,4] On the gap in the MS., see Introd., p. vii.   97,1,1] Grein and
Assmann supply *Streamas swylce* as a first half-line.   98,3,4 aare] The
MS. has *ááre*, and so Thorpe and Assmann. Grein has *are*, but suggests *ar*,
returning, Germania X, 426, to *are*.   98,8,2 his bebodu] Holthausen
supplies *swylce* after *bebodu*.   99,1,3 blisse] An instrumental, according
to Grein, Germania X, 426.   99,3,3 his doru] Holthausen reads *doru his*.
99,4,1 niðum] Holthausen alters to *niððum*.   99,2,3 his syndon] Grein,
Germania X, 426, suggests *his weorc syndon*.   100,1,1 Mildheortnesse]
Thorpe, Grein and Assmann supply *Ic* before this word. The Latin text
begins with *Misericordiam*, with a colored capital, and the Anglo-Saxon
with *Mildheortnesse*, also with a colored capital and with no space for either
Ic or *ic*. The pronoun was probably omitted under the influence of the
Latin.   100,5,2 men] Holthausen changes to *monnan*.   100,6,1 eorð-
bugende] Holthausen reads *landbugende* for alliteration. But the following
line also lacks alliteration.   100,7,2 oferhygd] Holthausen reads *oferhygda*.

101–110

101,1] In the Benedictine office, Feiler, p. 70, the variants being *þu* for *Ðu*,
mære for the MS. reading *mere* in the Paris Psalter, and *heofonas* as MS.
reading in the Benedictine office for *heofones*.   101,5,2 swiðe geare]
Holthausen would omit *swiðe* and read *gearwe*.   101,6,1 edwitspræce on]
So Thorpe, Grein and Assmann. Tschischwitz, p. 9, suggests omitting *on* and
taking *me*, l. 1*a*, as dative.   101,5,5 gelice] Holthausen changes to *onlice*.
101,20,2 þæt hraðe] Grein suggests *þæt hi raðe*.   102,1–5] These five
verses are in the Benedictine office, see Feiler, p. 69. The variants are as
follows: (1) *þone* for *þæne*, *ecan* for *ecean*; (2) *drihten* for *dryhten, wilt* for
wylt, ðu for *þu, ofergeotul* for *ofergeottul, ðe* (after *he*) for *þe*; (3) *ðine* for
þine; (4) *Se*, l. 1, for *He*; (5) *ðe* l. 1, for *þe, mildse* for *miltse, ðu* for *þu*,
edniwe for *edneowe, gelicost* for *gelicast, geoguðe* for *geogoðe, gleaw* for *gleawe*.
102,14,3 æghwær] Grein suggests *æghwæs*.   102,15,2 syððan wat] Grein
suggests *wat syððan*.   102,16,3 ofer ealle] Holthausen would omit *ealle*,

220 NOTES

and also one þe of the MS. Grein and Assmann omit one þe but retain *ealle*. Kock, Anglia XLVII, 270, would retain the first þe as a relative particle, and also the second as the accusative of þu. **102,21,3** egsa anweald] In Grein-Köhler, p. 535, *egsan* is suggested for *egsa*, or as alternative, to take *anweald* as adjective. If the text is not emended, it is better to take the words as appositive nouns, with Kock, Anglia XLVII, 271. **103,7,1** swa swa ryfte] The Latin reads *Abyssus sicut pallium amictus eius*; *super montes stabunt aqaue* (for *aquae*). **103,9,1** ba] The MS. has *bo*, and so Thorpe, but Grein and Assmann read *ba*. **103,17**] Thorpe, p. 444, says the beginning of verse 17 is incurably corrupt. It is, however, a literal translation of the Latin, *Fulicae domus dux est eorum*; *montes excelsi ceruis, petra refugium herinaciis.* The MS. for the first word reads *Uphebbe an*, but as a genitive singular the form would be *Uphebbean*. See Grein-Köhler, p. 746. Kock, Anglia XLVII, 271, would place a comma after *beorh*, l. 2*b*, and one also after *muntum*, l. 3*a*, the noun *beorh* and the prepositional phrase *on hean muntum* to be construed separately with *wuniað*. **103,24,1** His] Grein changes to þis, but Assmann retains *His*. **104,4,2** teonan gehwylce] Grein, Germania X, 426, and Assmann supply *wið* before *teonan*, and Grein in his text suggests *gehwylcre* for *gehwylce*. **104,5,2** wræclice] Adverb, according to Grein-Köhler, p. 824, but adjective, according to Kock, Anglia XLV, 129. **104,20,1** ehte] See Psalm 77,19,1, note. **104,24,2** heora] Thorpe, p. 444, suggests *his* for *heora*. **104,26,2** toscean] "Non intellego," says Thorpe, p. 444. But see Psalm 77,45,2. **104,35,3** and hi] Grein suggests *and he hi*. **105,1,4**] Grein and Assmann supply þe before *on*. **105,11,1** wordon] For *wordum*, and so emended by Grein and Assmann. But *wordon* may well be a lapse into colloquialism on the part of the scribe. **105,18,4** cymu] For *cymu*, Thorpe, p. 445, suggests *cynne*. But *cymu* is an adjective, "glorious," agreeing with *wundur*, corresponding to *magnalia, mirabilia* and *terribilia* in the Latin. **105,24,1** þæs feondætes] Thorpe changes to *feond-hetes*, and there is nothing in the Latin directly corresponding to *feondætes*. The Latin reads *Stetit finees et exorauit et cessauit quassatio*; *et reputum est illi ad iustitiam a generatione in generationem usque in sęculum.* But the reference is to verse 22, l. 2. **105,24,4**] Grein omits this line, probably through inadvertence. **105,36,7** geherede] The MS. *generede* is possible on the side of meaning but does not correspond to the Latin *gloriemur in laude tua*. **106,4,2** aðolude] Grein suggests *adolude*, and see Grein-Köhler, p. 718. **106,10,2** and his] Grein suggests supplying *eac* after *and*. **106,21,1** laces lof] The Latin has *Ut sacrificent sacrificium laudis.* See Psalm 115,7,2, where the Latin reads *tibi sacrificabo hostiam laudis.* **106,32,1** wynne streamas] Grein suggests a compound *wylle-streamas*. **106,32,3** geðewde] A participial adjective from *geþywan*, "oppressed." **106,36,2** growan] The *e* is marked for deletion, but Grein and Assmann nevertheless read *greowan* as a preterite plural. But apparently the scribe's intention was to read *growan*, an infinitive parallel in syntax to *seowan*. **106,41,4** hemneð] Thorpe retains *nemneð* in his text, but remarks, p. 445, that he does not understand it. Grein reads *rempeð*, but in Germania X, 426, rejects this reading for *hemneð*, and so Assmann. The Latin reads *et omnis iniquitas oppilauit os suum*. For *hemnan*, see Grein-Köhler, p. 327. **107,6,4** bu] Kock, Anglia XLVII, 271, takes this as a noun, "dwellings, homes," as in Psalm 101,25,1, appositive therefore to *selegesceotu*. **107,6,6** Metibor] The Latin reads *et conuallem tabernaculorum metibor*, the translator mistaking the verb *metibor* as a proper name. See Psalm 59,5,5, note. **108,3,1** dædum] Grein altered to *dædun*, a verb, and retained *teonan*, l. 2, but in Germania X, 426, he returned to *dædum*, and changed *teonan* to *teodan*. So also Assmann. **108,12,2** ne his] Grein suggests *þe his*. **108,15,1–2**] Grein thinks a line has disappeared between these two lines, but he supplies nothing. The Latin reads, *Fiant contra dominum semper, ut disperdat de terra memoriam eorum*. As the verse stands in the text, *hine* lacks a clear antecedent, but the verse may nevertheless be intended as an equivalent of the Latin. **108,18,3** ywde] The Latin here reads *Et induit se maledictione sicut uestimento, et intrauit sicut aqua in interiora eius, et sicut oleum in ossibus eius*. There is nothing in the Latin to correspond to the last line of the verse in Anglo-Saxon, but otherwise the Latin and English correspond, though not very closely in ll. 3–4. Thorpe retained the MS. *ydwe* without comment. Grein also retains *ydwe*, but suggests that it should be an adjective, though he cites Dietrich, Zeitschrift für deutsches Altertum IX, 222, as giving the word as a noun, "intestina." Assmann also retains *ydwe*. In Grein-Köhler, p. 849, the reading *yðde swyðe* is suggested. So also Bos.-Tol., Supplement, p. 597, reads *yðde*, translating, "it laid waste his inward parts, fought like a flood." But this literal-minded translator could not have been so metaphorical. A word *ydwe* is extremely improbable, and a verb *ywde*, "appeared, manifested itself," i.e., merely "seemed," satisfies the requirements as corresponding to *intrauit*. **108,19,2** ðe] Kock, Anglia XLVII, 271, omits *se* as a mechanical echo of the last syllable of *gyrdelse*. He also reads *gyrt gelome* instead of *gelome gyrt*. Holthausen, Anglia Beibl. XXXV, 276, also omits *se*, but for *gelome gyrt* he would read *gyrdeð a*. **108,20,3** þam þe] Grein suggests *þone þe*. **108,27,3** and] Grein suggests omitting this *and*. **108,28,3** brechrægle] The Latin here reads *et operiantur sicut diploide confusione sua*. The translator has translated *operiantur*, "covered," as though it meant the opposite. **109,1 ff.**] For the break in the MS, see Introd., p. vii. **110,4,3** miclum] Supplied by Grein and Assmann. In the MS. *myhtum* has a dot before and after, but this is of course no proof that nothing has been omitted. **110,5,3** bebodu] Grein and Assmann read *æbebodu* to secure an alliteration. The form *æbebodu* also improves the line metrically, but see Psalm 118,21,3; and see also Psalm 118,131,3, where the alliteration is also lacking. **110,6,3** a syððan] Metrically short, and easily corrected to *awa syððan*, but probably the line as it stands satisfied this poet.

111–119

111,6,3] Grein and Assmann supply *man* after *him* for alliteration. The Latin reads *ab auditione mala non timebit.* **112,7,2** his folces fruman] Kock, Anglia XLVII, 271, takes *fruman* as a plural object, carrying over the preposition in *on ealdordom* to govern *fruman*. There would thus be three parallel phrases, *on ealdordom, on* (supplied in sense) *his folces fruman, on fæger lif.* The alternative would be to take *fruman* as appositive to *hine*, "as lord of his folk." This seems the more plausible syntax. The Latin reads *Ut collocet eum cum principibus, cum principibus populi sui.* Perhaps a preposition *mid* has dropped out. **112,8,1–3**] The Latin reads *Qui habitare facit sterilem in domo, matrem filiorum laetantem.* Grein translates the Anglo-Saxon verse with its forced word-order as follows: "qui in sterilem matrem constituit habitationem (et) domum multorum filiorum." **113,4,2** restan] The Latin for this verse reads *Montes exultauerunt ut arietes, et colles uel ut agni ouium.* The word *Montes* corresponds to *beorgas* in the Anglo-Saxon version, and *colles* to *geswyru*, as elsewhere in the Paris Psalter, see verse 6, and Psalms 71,3,1–3; 148,9,1. For *exultauerunt*, the Anglo-Saxon has *Hæfdan bliðe sæle* and *wæron swyðe on blisse*. The only word unaccounted for is *restan*. Grein retains *rēstan* in the sense "rejoiced," see Grein-Köhler, p. 552, a word otherwise unrecorded. Assmann follows Grein. So also Bos.-Tol., p. 792, with question. Kock, Anglia XLVII, 272, would change to *ræstan* = *ræsdan*, "skipped," a recollection from the Authorized Version and dubious because this poet almost never makes such figurative additions to his source. Holthausen, Anglia Beibl, XXXV, 276, would change to *rēttan*, from *rētan*, "to comfort, make happy," dubious because a transitive verb would have no object here. It is possible that *restan* is a verb, in which case the idea of *exultauerunt* would be expressed three times in this verse. If it is a verb, Grein's meaning suits the context best. But it may be a noun appositive to *beorgas*, or less probably, an adjective, appositive to *bliðe*. **113,12–17**] see Psalm 134, 15–20. **114,3,1** þar, swylde] Grein suggests *Sar* for *þar* and *swylce* for *swylde*. **114,3,2** ætfeah] Grein changes to *ætfealh*, but in Germania X, 426, returns to the MS. reading, and so Assmann. **116,2,4** ece] supplied by Grein and Assmann. **117,2,2–3**] Thorpe places a semicolon after *standeð*, and supplies *ys* before *mære*. He derives this reading from verse 3, l. 3, where the MS. contains *is*, and verse 4, l. 4, where the MS. has *ys*. But the verbs *is, ys* in the MS. are probably inadvertent echoes of the final syllable of *mildheortnys*, or recollections of verse 1, l. 3. The Latin has merely two parallel clauses, *Dicit nunc israhel quoniam bonus, quoniam in saeculum misericordia eius* for this verse. For *þe* in l. 2, Thorpe reads *þæt*, but Grein retains *þe*, citing El. 984. So also Assmann. **117,4,4** on worulde] Grein changes to *to worulde* without comment. **117,5,2** on heare brædu] Thorpe, p. 445, suggests *heah-brædu* for the MS. *hearr brædu*. Grein and Assmann read *on heare brædu*, taking *heare* as dative singular feminine of *heah*. But Grein-Köhler, p. 309, proposes taking this word as a substantive (in the form *hean?*) and supplying *ond* to connect it with *brædu*. But the most plausible explanation is that *hearr* is merely a scribal error for *heare*. The Latin reads *et exaudiuit me in latitudine*. 117,26,1–3] Grein and Assmann treat *þu eart min* of l. 3 as a half-line, placing it as the second half-line of 1.2. But the phrase is too short for a half-line, and the parallelism with l. 1 of this verse does not permit such a division. The phrase *hælend god* would also be too short for a half-line. See Tschischwitz, p. 8. 118,2,4 heortan] The Latin reads *in toto corde exquirunt eum*. 118,15,1 on] Grein, Germania X, 426, and Assmann supply *on* before *þine*. The Latin reads *In mandatis tuis exercebor*. 118,21,3 bebodu] See Psalm 110,5,3, note. Grein suggests *æbebodu*, but does not place this in his text. So Assmann. 118,38,2 þine] Grein suggests *þinre*. 118,40,2 wis wylle] Kock, Anglia XLVII, 272, takes *wis wylle* as a compound, translating, "I even wished to keep thy biddings well and with a wise desire." As the text stands, *wis* is adjective and *wille* instrumental or dative, "wise in will." The Latin reads *Ecce concupiui mandata tua*. 118,45,1 on bealde brædu] Thorpe, Grein read *bealde* without comment. Assmann emends to *bealde*. The Latin reads *Et ambulabam in latitudine quia mandata tua exquisiui*. See Psalm 117,5,2, note. 118,67,3 þine] Grein suggests *þinre*; see verse 38, l. 2. But see also verse 82, l. 2. 118,69,3 minre] Thorpe, Grein and Assmann place *minre* in l. 2*b*, but the word is needed in l. 3*a* to complete this half-line metrically. See Tschischwitz, p. 9. 118,74,1–2] Kock, Anglia XLVII, 272, would place *geseoð* in l. 2*a*, and would have no punctuation after *blissiað*, but a comma after *þu*. Holthausen, Anglia Beibl. XXXV, 277, rejects this reading, and reads as in the text, except *on me* instead of *me on* in l. 1*b*, or he suggests omitting *on* altogether. 118,82,2 þær] Grein suggests *þe ær* for *þær*. 118,94,1 hold] More correctly *holda*, Thorpe, p. 445. 118,114,2 and andfenga] Grein and Assmann omit *and*. 118, 147,2–3] Kock, Anglia XLVII, 272, places a comma after *cynelice* and one after *wel*, making the adverbs parallel. 118,153,1 min] Grein changes to *mine*, but Assmann reads *min*. 118,157,2–3] As l. 2*a* of this verse, Grein supplies *and me cnyssedon*, his l. 2*b* being *nolde ic cwic æfre swa þeah*. So also Assmann. Kock, Anglia XLVII, 273, suggests that *ic cwic* is a corruption of *ic þec*, but otherwise as in the text. The Latin merely reads *Multi persequentes me et tribulantes me, a testimoniis tuis non declinaui*. 118,175–176] These two verses are in the Benedictine office, see Feiler, p. 63, with the following variants: verse 175, l. 1, *sawul* for *sawl*, *ðe* for *þe*; verse 176, l. 2, *þæt ðe* for *þætte*, *forwurðan* for *forweorðan*, l.3, *sec* for *sece*, l.4, *ðinra* for *þinra*. 119,5,5 þe] Thorpe and Grein retain the MS. reading *he*, with a full stop at the end of l. 4. But Grein, Germania X, 426, emends to *þe*, and so Assmann.

121–128

121,1,2 þæt] Grein and Assmann change to *þe*. The Latin reads *Letatus sum in his que dicta sunt michi*. 121,7] This verse is in the Benedictine office, see Feiler, p. 70, with the following variants: *Sy* for *Si*, *ðe* for *þe*, *ðinum* for *þinum*, *mægne* for *mægene*.   123,4,3–5] The equivalent Latin reads *forsitan pertransisset anima nostra aquam intolerabilem*.   125,6,1 cuðe mid blisse] Kock, Anglia XLVII, 273, would place a comma after *cuðe*, making here two parallel adverbial expressions, i.e. an asyndetic parataxis.   126,1,2 winnað] So Grein, Germania X, 426, and Assmann. 126,2,3 wæccende] Thorpe reads *wæccend* with the MS. and indicates a loss after this word.   Grein and Assmann read *wæccende*, which satisfies the requirements of grammar, but still leaves l. 3a too short metrically.   127, 5,2–3 ege, drihten] Parallel objects of *forhtað*, see Kock, Anglia XLVII, 269.   Or perhaps one should read *drihtnes*, parallel to *metodes*.   128,6,2 hæbben] For *habban*, as Grein suggests.   This verse is expanded from the Latin *Et non dixerunt qui praeteribant, benedictio domini super uos, benediximus uobis in nomine domini*.

131–140

131,2,1 ic] Grein suggests *he* for *ic*.   131,11,3 ær] Grein suggests *her* for *ær*.   131,17,1 Ec] Grein suggests *Ic* for *Ec*.   134,8,1 þe] Grein and Assmann change to *He*, but the Latin has *Qui* as the corresponding word and the translator was translating literally.   In l. 3, *se* also corresponds to *qui*.   The phrase *godra manegum*, l. 2, has no equivalent in the Latin. 134,18,3 feala gangan] See Psalm 113,15,3.   134,21,5 lifes hus] Grein suggests *Leues hus*, and the Latin has *domus leui benedicite dominum*. 135,12,1–3] Grein suggests *mærre* for *mære*, and *ealre nihte* for *eall mihte*, but in Germania X, 427, he rejects *ealre nihte* in favor of the MS. reading. 135,25,1 feondum of handa] See Psalm 106,2,2, *laðum of handa*.   136,3,2 woh] Grein and Assmann supply *inwit* as object of *meldedan*, but the alliteration should be on *w*.   136,7,5 geceosan] Thorpe, p. 446, questions this reading, and Grein suggests *geteoran* for *geceosan*.   The Latin reads *qui dicunt exinanite, exinanite quousque ad fundamentum in ea*.   137,6,1 þin wuldur] So Thorpe, p. 446, Grein and Assmann.   The Latin reads *Quoniam magna est gloria domini*.   137,6,4] Thorpe, p. 446, suggests that something has been lost after *eadmodra*, i.e. an object for *locast*.   Grein suggests that *locast* takes *eadmodra* as a genitive object.   Should one read *ealle* for *ealra* and construe *eadmodra* with *on heofonhame*?   138,3,3 me] Supplied by Thorpe, p. 446, Grein and Assmann.   138,11,5 of modur hrife minre] So Thorpe (except that he takes *modur hrife* as a compound), Grein and Assmann.   139,1,1–2] These two lines are in the Benedictine office, see Feiler, p. 68, except *men* for *menn*.   The third line is not in the Benedictine office.   139,3,4 is gewunad] Grein notes this unusual construction "*is gewunad* (consuetum est) c. Acc." Perhaps one should read *gewunað*, parallel to *serwað*, l. 2, and omit *is*.   The Latin merely says *uenenum aspidum sub labiis eorum*.   139,5] The Latin text reads, *Qui cogitauerunt supplantare gressus meos, absconderunt superbi laqueos michi et funes extenderunt in laqueum pedibus meis.* **139,7,2** heafod] Supplied by Thorpe, Grein and Assmann. **139,11,4** oþþe] Grein reads *oð þe,* "until that," Thorpe and Assmann read *oþþe.* The Latin has *Uir linguosus non dirigetur super terram, uirum iniustum mala capient in interitum.* **140,2**] This verse is in the Benedictine office, see Feiler, p. 76, the variants being as follows: l. 1, *ðinre* for *þinre, gesihðe* for *gesihþe,* l. 2, *ricene* for *recene, recels* for *ricels, bið* for *byð.*

142-150

142,5,3 on mode ealle] Thorpe retains *hu* of the MS. but Grein and Assmann as in the text, though Grein suggests *on* for *hu.* **143,4,3** hit] Grein suggests *his* for *hit.* **143,11,3** ombihtmæcg] So Thorpe, Grein and Assmann, but Grein suggests *ombihtmæcgan.* Reading *ombihtmæcg* the line is short metrically, and Grein's suggested emendation would add the required syllable. **143,14,1** bogum] Thorpe, Grein and Assmann retain the MS. reading *be gað.* Grein suggests that this is for *beginnað,* but in Grein-Köhler, p. 41, the word is derived from *began,* "insistere?," a meaning not otherwise found in Anglo-Saxon. A verb *be-gað* would also not meet the requirements of alliteration. In Grein-Köhler, p. 875, a verb *boian* is assumed, *bogað* being then for *boiað,* but no definition or defense of such a verb is given. A noun is clearly indicated here, corresponding to the Latin *Quorum filii sicut nouellae plantationes.* The dative *bogum* is governed by *anlice,* l. 2. **144,19,4** ege] Grein and Assmann read *ege,* as the meaning and alliteration require. **145,2,1** ane] Grein suggests *a ne.* **145,3,1** onwendeð] Grein suggests *onwendað.* **146,5,1** Micel] Grein and Assmann read *Micel* for the MS. *Rice.* This secures an alliteration and is closer to the Latin, *Magnus dominus noster et magna uirtus eius.* **146,6,1** Milde mode] Grein makes a compound *Milde-mode,* but in Germania X, 427, separates as two words, *Milde,* acc. pl., and *mode,* instrumental. and manþwære he onfehð] So Grein and Assmann, Thorpe as in the MS. **146,9,2** hig] So Grein and Assmann. The Latin has *Qui producit in montibus foenum et herbam seruituti hominum.* **146,11,1** to manna mægene] Grein, Germania X, 427, remarks that according to the Latin, one would expect *to meara mægene.* The Latin reads *Non in uiribus aequi uoluntatem habebit.* **146,12,1** licað] Grein and Assmann change to *liciað,* although Grein, Sprachschatz II, 180, reads *licað* with the MS., and so also Grein-Köhler, p. 421. Retaining the singular *licað,* the construction is impersonal. **147,2,1** he] Grein suggests supplying *þe* after *he.* **147, 3,2**] Grein and Assmann supply *þæt* before *þu,* but there is no result clause in the Latin, *Qui posuit fines tuos pacem, et adipe frumenti satians te.* **147,9,1** eldran] Grein changes to *elran,* as in Beow. 752, but in Sprachschatz II, 225, he gives *eldran,* recorded under *elra,* the *d* regarded merely as a phonetic variation, and so Grein-Köhler, p. 160. Assmann places *eldran* in his text, presumably accepting Grein's explanation. The Latin has *Non fecit taliter omni nationi.* Bos.-Tol., p. 245, glosses the word under *eldre*, defined as "omne," but in Supplement, p. 185, the form *eldre* is removed, with a reference to *ildra*, and in Supplement, p. 589, *ildra* is glossed, "belonging to an earlier time," i.e. as a comparative adjective. This seems the best explanation, though "elder, former" does not correspond closely to Latin *omni*, but the antithesis to the preceding verse readily suggested the idea to the translator.   148,3,1 sunna] Thorpe and Grein read *sunne*, but a form *sunna* is to be accepted, see Dan. 369, and Grein-Köhler, p. 647. Assmann follows the MS.   148,9,3 ciið] Grein reads *cið*, taking *cuð* of the MS. as meaning *ciið*, and Assmann reads *ciið*, see Grein-Köhler, p. 88, *cið*, "germen, crementum."   This line is merely an amplification of l. 2 and. has nothing in the Latin directly corresponding.   The verse in the Latin reads *Montes et omnes colles, ligna fructifera et omnes caedri.* 148,11,4 demeð] Grein suggests *demað.*   149,2,2] Grein and Assmann supply *on sylfra cyninge* as a second half-line in this line, *symble hihtan* being taken as the first half of the next line.   The Latin indicates that little, if anything, has been lost, *Lętetur Israhel in eo qui fecit ipsum, et filiae Sion exultent super regem suum.*   149,6,3 swylce] Grein suggests *swiðe* for *swylce.*   149,8,2 campum] For this word Holthausen, Anglia Beibl. XXIII, 87, suggests *clammum*, citing the Latin *in compedibus.*   149,8,3 on] Supplied by Grein and Assmann.   149,9,3 wuldor] Supplied by Grein and Assmann.   150,3,1] On the missing parts of this Psalm, see Introd., p. viii.

NOTES ON THE METERS OF BOETHIUS

PROEM

Proem] This Proem survives only in J, and according to Junius, no title or heading was present in the Cotton MS. from which he made his copy. Junius has a brief introductory note, however, in which he speaks of *hujus Procœmii sensum*, and later edd. have usually supplied this heading.   The first four Meters likewise are preserved only in J.   **Proem 3** leoðwyrhta] Krämer reads *leoðwyrhtan*, a genitive singular. This is an improvement, since it makes *leoðwyrhtan list* merely an equivalent of *cræft*, l. 2. Kern, Museum XII, 94, approves *leoðwyrhtan.*   **Proem 5** myrgen] Trautmann, in Krämer, would change to *mængum*, presumably = "to many men." As it stands, *myrgen* must be taken as adj. limiting *leoð.*   **Proem 8** gilpe] Krämer changes to *gliwe.*   giet] Grein suggests *gied* for *giet.*

1–10

1,5 Gotena] Grein suggested *Gotena* for J's *Gotene*, and so Krämer in his text.   **1,7** Rædgod] Grein alters to *Rædgot.* See l. 19.   **1,8** Muntgiop] A mistake, according to Grein-Köhler, p. 485, for *munt-giof* (*-giow*), "mons Jovis," the Alps. See also l. 14.   **1,12** ealle] J has *ealla*, but Grein, fol-

lowing Fox, alters to *ealle*, and so Assmann, Sedgefield and Krämer.   **1,16**
mærsað] Krämer, on Trautmann's suggestion, alters to *weardað*, but Kern,
Museum XII, 94, and Anglia XXVIII, 394–396, rightly defends *mærsað*,
citing *gemærsode* in the prose Boethius, Sedgefield, p. 80, l. 12, the passage
corresponding to Met. 20,89, in the sense "marked out."   **1,21** Grecas] J
reads *Grecas* here, but the edd. read *Crecas* without comment, and it is
probable that Junius was merely unsettled in the spelling of this word.
1,25 Wæs gehwæðeres waa] With *him* omitted, "it was to them a woe in
both respects," see Kern, Museum XII, 96, and Neophilologus VIII, 296.
1,30 þæt þe] J has the abbreviation for *þæt*, followed by *þe*, as in An. 1602.
1,37 gewunigen] For *gewunigan*, and for similar spelling see Met. 11,28;
11,73; 14,4. See l. 43, note.   **1,38** Gotena] Grein and later edd. read
Gotena, and J's *Godena* is probably merely a recollection of *god* in l. 38*a*.
1,43 beheawon] For *beheawan;* see l. 71, and elsewhere in this text. See
l. 37, note.   **1,44** Eac þam] Krämer alters to *Eac þa*, and Trautmann, in
Krämer, suggests *Eac þær*. But *Eac þam* = "moreover," and see Kern,
Museum XII, 95.   **1,51** weorðmynða] Grein, Assmann and Krämer alter
to *weorðmynda*, and *-mynða* may have been a scribal inadvertence of Junius.
1,59 ymbe] Sievers, Beitr. X, 518, would read *ymb* for *ymbe*, for metrical
reasons, and so Krämer.   **1,66** lete] Grein suggests *leten* here and in l. 68,
and Krämer takes the word to be in intent plural; but it is singular, "he
would let."   **1,69** Amuling] Kern, Neophilologus VIII, 296, notes the
statement of Sievers, Beitr. XXIX, 309ff., that *Amulinga* would be the
correct form here, and that *Amuling* is an anomaly occasioned by the
demands of the meter.   **1,73** carcernes] So Grein, Assmann and Krämer,
but Kern, Museum XII, 95, prefers *carcerne clustre*.   **1,75** Boetius]
Krämer alters to *Boeties*.   **1,84** gyddode þus] Krämer changes to *þus
gyddode*, citing Trautmann, Bonner Beitr. II, 125.   **2,2** sanc] Ettmüller,
Grein and Assmann change to *sang*.   **2,4** hafað] Krämer places this word
at the beginning of l. 5*a*, and suggests that the words *ðes geocsa* are a scribal
interpolation. But see Kern, Neophilologus VIII, 297.   **2,12** þa] Grein
omits without comment.   **2,13** þe ic] Krämer changes *þe* to *þa*, citing the
prose, Sedgefield, p. 8, l. 11, *þa ða ic him æfre betst truwode*. But *þe ic him*
is also good syntax.   **2,18** soð] For metrical reasons, Sievers, Beitr. X,
518, would read *soðe* or *soðu*, for *soð*, as Late West Saxon neuter plurals.
3,1 Æala] Grein changes to *Ea la*, and Assmann to *Eala*. So also Met. 4,1.
3,6 mid uua forgit] Presumably *uua* was intended by Junius to stand for
wā, "woe," and it is so glossed as a dative by Sedgefield, p. 312, with *forgit*
as third singular present of *forgietan*. This is possible grammatically, but
the line lacks alliteration. Grein, Assmann and Krämer read *mid nu a*
for *mid uua*, which is awkward both stylistically and metrically. Kern,
Neophilologus VIII, 297, suggests hesitatingly *anū* = *anum* for *uua*. Ett-
müller suggested *mid ealle* for *mid uua*, which would be satisfactory except
for the difficulty of deriving *ealle* from *uua*. The equivalent passage in the
prose reads as follows, Sedgefield, p. 9, l. 12, *Gif hit þonne forget his ahgen
leoht, þæt is ece gefea*.   **3,8** þissum] Kern, Neophilologus VIII, 297 would

change to *þisum* for metrical reasons.   **4,12** þæt swa] Krämer suggests adding *hi* after *þæt*.   **4,29–32**] The corresponding passage in the prose reads as follows, Sedgefield, p. 10, ll. 15–17, *Eala þu ælmihtiga scippend and rihtend eallra gesceafta, help nu þinum earmum moncynne*. See Met. 4, 57*b*.   **4,39** firum uncuð] Ettmüller suggests adding *is* after *firum*.   **5,3** beorhtost] J reads *beorhtost*, and so the earlier editors, but Sedgefield and Krämer read *beortost* with C.   **5,12** æspringe] Grein suggests *æspring* for *æspringe*, but metrically *æspringe* is better,   **5,15** irneð] Krämer suggests *irnð* as a metrical improvement, citing Sievers, Beitr. X, 469–470.   **5,36** wiðerwearda] Sedgefield and Krämer change to *wiðerweardra*.   **5,40** gedrefnesse] Grein and Assmann alter to *gedrefednesse*.   **6,5** ofir] Grein, Assmann and Krämer change to *ofer*.   **6,6** auht] Krämer changes to *awuht* here, but not in l. 16*b*.   **6,9** weaxeð] Grein, Assmann and Sedgefield change to *weaxað*, but *weaxeð* may stand as a late spelling variant.   **6,11** cymð] Krämer alters to *cymeð*. Ettmüller's reading *stronge* for *strong* would do equally well metrically.   **6,14** gebædeð] Grein, Assmann, Sedgefield and Krämer read *gebædeð*. The earlier edd. read *gebæded*, following C and J.   **7,2** æfter] Grein, following Fox, interpreted J's reading here as *æt*, but later edd. as *æfter*. Ettmüller proposed *gid ecte spelle*, suggested by the prose, Sedgefield, p. 26, ll. 22–23, *ecte þæt spell mid leoðe*.   **7,23** sigan sond æfter rene] Krämer suggests omitting *sigan*, but Kock, JJJ., p. 56, thinks *sond* should be omitted as a mechanical recollection from l. 20*b*.   **7,25** hi] Grein and later edd. emend J's *he* to *hi*.   **7,27** hi] Fox, Grein and later edd. read *hi* for *hit* in C and J.   **7,33** unigmet] Recorded by J as *unig met fæstne*. Fox read *ungemetfæstne*, and Grein, Assmann read *ungemet fæstne*. Sedgefield and Krämer read *unigmet fæstne*. See Met. 10,9.   **7,38** eadmetta] Grein and Assmann change to *eaðmetta*. wunigað] Krämer alters to *wunað*.   **7,45** good] For the spelling, see also Met. 20,32; 26,37; 29,73.   **7,49** þeah hine se wind] Krämer alters to *þeah se wind hine*.   **8,21** steape] Grein changes to *sceape*, but *steap* occurs also Psalm 74,7,2, and Sievers, Beitr. X, 454, says that *steape* should be retained here.   **8,30** wearod] See Met. 1,14, *wearoð*, and perhaps one should read *wearoð* here, as Krämer does.   **8,31** scealcas] Grein retained *sæ-tilcas* in his text, but in Germania X, 427, altered to *scealcas*. So Sievers, Beitr. X, 518, Assmann, and Krämer. Sedgefield retains *sætilcas* in his text, with a form *sætilce*, "seaman?" in his glossary, but he also suggests reading *scealcas* with Grein. Bos.-Tol., p. 812, cites Grein and notes l. 21*b*. In spite of the agreement of C and J it seems impossible to retain a form *sætilcas*.   **8,34** þe hine bill rude] So clearly in J, but not legible in C. This is the reading followed by Grein, Assmann and Krämer. Fox separated *hine* into two words *hi ne*, and he combined *bill* and *rude* into a compound, *bill-rude*, "bloody steel." Sedgefield follows Fox, glossing *billrudu*, "red sword-dye, blood?" and taking *billrude* as an accusative, parallel in syntax to *wundne wer*. But the interpretation of *rude* as a verb, see Grein-Köhler, p. 550, seems less forced. The prose version is not close enough to help, see Sedgefield, p. 34, ll. 3–4, *Ne seo eorðe þa get besmiten mid ofslægenes monnes* *blode, ne mon furðum gewundod.* 8,39 þær] Fox, Grein and Assmann change to *þæt.* 8,54 forbærnð] Sievers, Beitr. X, 469, says the metrically correct form would be *forbærneð,* and that *forbærnð* was merely carried over mechanically from the prose, and Krämer places *forbærneð* in his text. 9,11 eðelstol] Grein suggests *æðelstol* for *eðelstol.* 9,28 on uppan] Sedgefield combines as one word, glossing, p. 278, as adverb, "besides." Krämer supplies *eac* after *on uppan.* 9,29 mid] An adverb, "likewise." See Met. 26,15. Ettmüller supplied *eac* before *mid.* 9,33 morðres] J reads *morðres,* and so the editors. 9,42 secgea sitlu] For the *secg ge* of C, J reads *secge.* Grein and Assmann read *secga sitlu.* Sedgefield has *secggea sitlu,* and Krämer reads *secggesitlu,* but suggests *secga gesitlu* in his notes. 9,58 liban] Grein, Assmann and Krämer change to *libban,* but C and J agree in the spelling *liban,* and see *habað,* Ex. 1. 10,7 mæg] Grein and Sedgefield place this word at the beginning of l. 8*a.* 10,9 unigmet] See Met. 7,33, note. 10,28 geweorðad] So Grein and later edd. 10,43 hi hlæwa] Grein and later edd. read *hi* for J's *in.* 10,45 se aroda] The corresponding prose reads, Sedgefield, p. 46, l. 22, *se aræda Romwara heretoga, se wæs haten Brutus.* The form *aroda* is presumably a weak adjective noun from *arod.* Krämer, p. 105, suggests *arian,* "honor." 10,52 Hi wæron gefyrn] Krämer changes to *Hi gefyrn wæron.* 10,54 hiora here] The corresponding prose, Sedgefield, p. 46, l. 26, reads, *Hwæt is heora nu to lafe, butan se lytla hlisa,* and Krämer emends l. 54*a* to read *Hwæt is hiora her nu.* Retaining *hiora here,* Sedgfield, p. 252, glosses *here* as "host, multitude," but with a question. Fox supposed a noun *here,* "fame." The passage is only in J, and it is probable that there is some error in transcription, though the reading *here,* "multitude," "power" is possible. 10,66 nane] Krämer alters to *nanne.* 10,70 þissum worulde] Kern, Neophilologus VIII, 297, would omit *worulde* as unnecessary to the meaning, as unmetrical, and as ungrammatical, since *woruld* is feminine in the Meters. The reading in the text is J's, but in C also the first letter of a word following *þissum,* which may have been *worulde,* is still visible. This word ended the prose translation of this Meter, and therefore it went with *þissum.* It seems necessary therefore to retain *worulde.*

11–20

11,3 heare sæ] Sievers, Beitr. X, 519, would read *heare sæ* to regularize the meter, and so Krämer. Grammar also requires a genitive. The reading *heah* rests only on J. 11,13 unawendende] Grein, Assmann and Sedgefield, in his text, read *unawendendre,* but in his glossary Sedgefield, p. 307, reads *unawendendne,* as an accusative, though he indicates no noun for it to agree with, unless it be the feminine *sibbe.* Reading *unawendendre* the word would be a feminine genitive agreeing with *sibbe,* but it is better to take *sibbe gecynde* as accusative, parallel to *sido* and *þeawas.* Kock, Anglia XLIV, 111, retains *unawendendne,* agreeing with *sibbe,* and he translates, "a constant peace according to our nature." Krämer reads as in the text

The corresponding prose, Sedgefield, p. 48, ll. 27–30, reads: *Se ilca gesette unawendendlicne sido and þeawas and eac gecyndelice sibbe eallum his gesceaftum, ða þa he wolde, and swa swa he wolde, and swa lange swa he wolde; þa nu sculon standan to worulde.* In the prose *unawendendlicne* may agree with *sido* alone, as an accusative masculine, but it would seem that in the verse, the accusative inflection was carried over mechanically.   **11,17** wunian] So Fox, following Lye-Manning, and later edd.   **11,20** onwend] A past participle, see Met. 26,104.   **11,27** him] So Grein and later edd. **11,28** onlæten] For *onlætan*, and Grein, Assmann and Sedgefield so alter. But *-en* for *-an* occurs a number of times in the text.   **11,38** þe æt frymðe] Krämer adds *him* after *þe*, a grammatical and metrical improvement, though not a necessity.   **11,45** widan] So Fox and later edd.   **11,52** hwæthwugu] Sievers, Beitr. X, 519, says *-hwugu* is incorrect here and a survival from the prose text. But though the word *hwæthwugu* is common in the prose, it does not occur at this place. Kern, Neophilologus VIII, 298, would omit *-hwugu*. Krämer also omits *-hwugu*. The form in J is *hwæthwugu*, and so probably in C.   **11,58** hrest] Third singular present of *hreosan*, and Krämer suggests reading *hreoseð*, citing Sievers, Beitr. X, 469–470.   **11,68** hio] Grein suggests *he*, and Krämer places *he* in his text. But Kern, Neophilologus VIII, 298, points out that though the antecedent of *hio* is the masculine *merestream*, the form *hio* is here probably a mechanical survival from the prose, where the antecedent is the uncompounded feminine *sæ*—another indication of the somewhat mechanical versifying in the Meters. **11,70** foldes] Grein suggests *feldes*, and in Germania X, 427, he reads *flodes*; so Assmann and Krämer.   **11,91** gesamnað] J reads *gesamnað*, and so the editors.   **11,97** wære] So Grein and later edd. See l. 101*b*.   **11,92** clænlice lufe] Kern, Neophilologus VIII, 298, would read *clænlicre lufe*, "with pure love," as parallel to *mid freondscipe*, l. 90. The prose reads, Sedgefield, p. 50, l. 1, *mid clænlicre lufe*. A plausible, but not necessary emendation.   **12,9** bibread] Krämer alters to *biobread*.   **12,13** weðres] Grein, Assmann and Krämer change to *wedres*, and as the reading *weðres* depends only on J, it may be a scribal error.   **12,20** þy] The three words of l. 20*a* are written in C at the foot of fol. 40*a*, in Junius' hand, with the form *ðy* instead of the *þy* which appears in J. The form of J has been followed in the text.   **13,2** ealla] So Grein, Assmann and Krämer, but Sedgfield retains *ealra*. See l. 7*b*.   **13,9** "That they should ever slip it (viz. the chain) off," Kern, Neophilologus VIII, 298.   **13,12** him] So Grein and later edd. The reading *hi* rests only on J.   **13,18** þeah] Krämer suggests adding *he* or *mon* after this word. This implies that *gemete* is a verb, "meet with." But it is improbable that *gemete* is a verb. The corresponding prose, Sedgefield, p. 57, ll. 9–10, reads, *seo leo, þeah hio wel tam se, and fæste racentan habbe and hire magister swiðe lufige.* Sievers, Beitr. X, 519, points out that metrically the radical vowel of *gemete* must be long. Sedgefield, p. 267, records *gemete* in this passage as a verb, but with question. It seems better to take the word as adjective or adverb, parallel to *atemede*, l. 19*b*. **13,20** hire] Krämer, following Sievers, Beitr. X, 519, adds *þe* before *hire*,

a change necessitated by taking *gemete*, 1. 18*b*, as a verb.   **13,44** getede]
According to Kern, Neophilologus VIII, 298, the Kentish form of West
Saxon *getȳde*, preterite of *getȳn*, "educate, train up." The same verb there-
fore as *tydon*, 1. 39*a*.   **13,48** agne] Grein and Krämer change to *agene*.
13,52 hit] Krämer changes to *hi*, but the change from plural to singular is
probably intentional.   **13,53** boh] Krämer adds *nu* after *boh* for metrical
reasons.   **13,54** forlætst] Grein, Assmann and the earlier edd. read *forlætest*,
and this is the form in J. But C has *forlætst*, and so Sedgefield and Krämer.
Sievers, Beitr. X, 470, had previously pointed out that *forlætst* is the form re-
quired by the meter.   **13,57** merecondel scyfð] Grein suggests *mære*, adj.,
instead of *mere-* as an element in a compound. Grein, Assmann and the
earlier edd. read *scyft*, following J, but Sedgefield and Krämer follow C's read-
ing *scyfð*. Grein and Sedgefield place this word in 1. 58*a*, but Assmann and
Krämer in 1. 57*b*.   **13,60** oteweð] Grein and Assmann change to *oðeweð*, a
more correct form, see Met. 29,33.   **13,64** Swa swa] Krämer suggests omit-
ting one *swa*, but both are in C and J.   **13,70** to þam earde] Trautmann, in
Krämer, p. 66, note, would add *eft* before *to*. Krämer places *þe* in 1. 70*a* for
metrical reasons.   **13,71–72**] Since there is nothing in J corresponding to
the partly legible words *si...weoroda ge* in C, it is impossible to construct
what is missing in J, probably one full line. The corresponding prose,
Sedgefield, p. 57, ll. 29–31, reads, *Nis nan gesceaft gesceapen ðara þe ne
wilnige þæt hit þider cuman mæge þonan þe hit ær com, þæt is to ræste and to
orsorgnesse. Seo ræst is mid Gode, and þæt is God.*   **14,4** erigen] For
erigan, see Met. 1,37, note.   **14,8** eall] See Met. 17,24, note.   **14,11**
hiðer] Grein changes to *hider* without comment, and Krämer as emendation.
The reading *hiðer* rests on J, and see *weðres*, Met. 12, 13.   **15,7** fierenfull]
This half-line is short metrically, and Sievers, Beitr, X, 519, suggested read-
ing *fah ond firenfull*. Krämer reads *firenlustes full*, noting the prose, Sedge-
field, p. 64, 1. 27, *firenlustes full*.   **16,4** eall] See Met. 17,24, note.   **16,7–
8**] The equivalent prose, Sedgefield, p. 67, 1. 29, reads *and forlæte þa seofunga
his eormþa*. On the basis of the prose, Sievers, Beitr. X, 519, reads for ll.
7*b*–8*a* þa siofunga ‖ ermða sinra, and so Krämer. Grein, Assmann and
Sedgefield follow C and J in reading *siofunga ‖ and ermða þinra*. The
abbreviation for *and*, in J, but written out as *and* in C, was, according to
Kock, JJJ., p. 56, a scribal error for *an*, and Kern, Neophilologus VIII, 299,
would read *ana* for *and*, as in the text, or as alternative *þa siofunga an*.
This supposes a verbal construction *an* or *ana lætan*, corresponding to the
prose *forlæte*.   **16,19** þeah he nu þæt eall] Krämer reads *þeah he eall nu
þæt*, for metrical reasons.   **17,1** Hwæt] That *Hwæt* is the proper word
here is indicated by the corresponding prose, Sedgefield, p. 69, 1. 17.   **17,6**
woruld] Krämer alters to *worulde*.   **17,11–12**] All edd. take from *monan*
to *eorðan* as constituting one full line, except Ettmüller, who supplies *mid
his mihte* after *Se* and takes *Se mid his mihte gesceop men on eorðan* as one
line. Fox and later edd. change J's reading *þys* to a dative plural form,
except Sedgefield, who retains *þys*, but in his glossary, p. 303, groups it
with the dative plurals. The corresponding passage in the prose, Sedge-

field, p. 69, ll. 21–23, reads *Se selð þære sunnan leoht, and þam monan, and
ealle tungl a geset.* *He gesceop men on eorþan; gegaderode þa saula,* etc.
Ettmüller's emendation is in the right direction, but *milda metod,* see Met.
29,67, seems a more plausible addition. For lines like *monan and þyssum,*
see Met. 21,17; 24,3; 29,42 and 29,80. The passage rests only on J, who
reads ·*se gesceop·men on eorðan*· **17,18**] The thought of this line requires
a negative, "since there is no one who is not noble," see the prose, Sedge-
field, p. 69, l. 26, *nu ge nanne ne magon metan unæþelne.* Rawlinson and Fox
read *ænig ne,* which is J's reading. Ettmüller supplied *ne* after *ænigne.*
Grein and Assmann retain the reading *ænigne* without a negative. Krämer
ænige ne. Kern, Neophilologus VIII, 299, suggests *ænne ne.* Sedgefield
reads *nænigne* for *ænigne,* and this seems the simplest emendation. **17,20**
nu] Grein, Assmann and Sedgefield place *nu* at the end of l. 19*b,* with a
question mark following, and begin a new sentence with l. 20. But it
seems more probable that the construction here is a repetition of that in l.
18*a.* **17,24** underðieded] Sievers, Beitr. X, 470, note, would add *eall*
before *underðieded,* for metrical reasons, and he cites Met. 14,8; 16,4 in sup-
port. Assmann and Krämer place *eall* in their text. Kern, Neophilologus
VIII, 299, notes that this repeats *mid ealle* in l. 23*b,* and prefers to place the
blame for whatever metrical irregularity there may be in l. 24 on the shoul-
ders of the versifier. **17,26** þe] Krämer places this word at the end of l.
27*a,* but suggests as alternative reading for l. 27*a, and þone fæder eac,* follow-
ing Ettmüller. **18,2** wohhæmetes] Grein, Assmann and Krämer alter
to the more usual spelling *wohhæmedes.* The spelling with *t* is in both C
and J. See l. 10*a.* **18,5** þeah] Krämer suggests adding *hio* after *þeah.*
18,10 unrihthæmcdc] Krämer suggests *unrihthæmde.* **19,3** gedwæleð]
Sievers, Beitr. X, 469, notes that this word is for *gedwěleð,* from *gedwellan,*
"lead astray," not from *gedwælan,* as assumed by Grein, see Grein-Köhler,
p. 133. **19,4** alæded] For *alæded,* only in J, Grein suggests *alædeð,* and
so Krämer in his text. **19,20** eaofrum] A compound *ea-ofrum.* **19,26**
weoruldwelena] Krämer reads *weorulde welena.* **19,32** gehydda] Grein
and Assmann change to *gehydde.* **19,41** hi] Fox and later edd. read *hig,*
except Krämer, *hi.* **19,44** weorðscipes] Krämer alters to *weorðscipe.*
20,11 totældes] So in C, but *todældes* in J. Grein reads *todældest* without
comment, and Assmann reads *todældes.* Sedgefield and Krämer follow C.
20,13 ær, eft] See the prose, Sedgefield, p. 79, l. 14, *ægþer þe forð farað ge eft
cumað.* Grein reads *ge an farað,* which he defines as "weggehen," and so
Assmann. **20,16** wunæst] Grein, Assmann and Krämer change to
wunast. **20,18** ne nan mærra] Sievers, Beitr. X, 519, would read *ne
mærra nan* to regularize the alliteration, and so Krämer in his text. **20,19**
þa] Krämer omits *þa.* **20,30** his] Fox and later edd. read *nis,* for *his,*
the reading of both C and J, but Kern, Neophilologus VIII, 299, points out
that *his* is correct here, though the word order is a little forced. He trans-
lates, "for nothing of it has come to thee from without." **20,34** þa]
Grein, Assmann and Krämer change to *þe.* Kern, Neophilologus VIII,
300, points out that if any change were made it would have to be to *þæt,*

not *þe.* **20,41** æror ðe] C and J read here *aworðe.* Fox emended to *æror þe,* and so all later edd. The prose, Sedgefield, p. 79, ll. 26–27, supports the emendation, *Ne bisnode þe nan man, forþamþe nan ær þe næs þara þe auht oððe nauht worhte.* **20,44** ælmihtig] For the MS. reading *æl ælmihtig,* Grein and Assmann read *an ælmihtig.* **20,49** weorada] Grein and Assmann change to *weoruda.* **29,72** geþweorod] Krämer alters to *geþwērod.* **20,89** gemengdest] The negative *ne* in C and J contradicts the intent of the whole passage and is not in the prose, Sedgefield, p. 80, ll. 11–12, *ge þa gesceafta gemærsode betwux him, ge eac gemengde þa drigan eorðan* etc. Grein, Assmann and Krämer read *gemengdest,* but Sedgefield retains *ne.* See l. 112, where *ne* is required by the sense. **20,102** weorðað] Changed by Grein and later edd. to *weorðeð,* and so also l. 105b. geþawened] Changed to *geþwēned* by Krämer, who cites Cosijn, Beitr. VII, 455. See also Grein-Köhler, p. 732. **20,111** fyre] Krämer suggests *fyr,* for metrical reasons. **20,112** ne] See l. 89, note. Here J supplies *ne,* and so the editors. **20,120** þæt þæt] The abbreviation twice in C. Krämer suggests omitting one *þæt.* **20,122** eagorstreames] J reads *eagorstreames,* and so the editors. **20,134** geþuren] The reading of J is *geþruen,* and this is followed by all edd. But the record of C indicates *geþuren,* and the same manuscript form appears in Beow. 1285 and Rid. 91,1. forðæm] J reads *forðæm,* omitting the other *þæm,* and so the editors. **20,135** under niðemæst] Grein, Germania X, 427, Assmann and Krämer combine these two words into one. **20,138** oðrineð] For *oðhrineð,* "touches." **20,149** sindan] So Grein, Assmann and Sedgefield. Krämer changes the manuscript reading *sint* to *sindon* and retains *an,* reading therefore *sindon an.* **20,178** stihtest] Grein and the earlier edd. read *tihtest,* with J, but Grein suggests *stihtest,* and so the later edd. **20,186** irsung sie] The misreading in J, *yrsungere,* was emended to *yrsung wære* by Fox and Grein, but Assmann and the later edd. have the correct reading of C. **20,189** hit] Krämer changes to *hi.* **20,195** þæs] Krämer changes to *þæt.* **20,208** rineswifte] Grein suggests *ryne-swift,* and Krämer reads *rineswift* in his text. The spelling *rine-* is for *ryne-.* **20,211b** Sievers, Beitr. X, 470, regards this line as metrically incorrect, the proper form of the verb being *hwærfð,* as in l. 217b. **20,214** ymb] Supplied by Grein and later edd., except Sedgefield. **20,216** sceppend] Krämer supplies *and* before *sceppend.* **20,218** gescead] Krämer reads *gesceade* to gain a metrical syllable. **20,223** þæs] Krämer changes to *þas.* **20,239** hion] The reading of C is *hion,* of J, *hi on.* Fox, Grein and Assmann change to *hiona,* "hence," and Krämer to *hionan.* Sedgefield retains *hion = hionan.* **20,261** hal] An adjective, see the prose, Sedgefield, p. 82, l. 10, *hale eagan ures modes.* **20,263** todrif] Grein and Sedgefield place this word at the beginning of l. 264a as the beginning of a new sentence. **20,280** þe] Grein and Assmann add *we* after *þe.*

21-31

21,2 fundie to] For similar mechanical lines, see ll. 17, 42, and Met. 22,41; 22,46; 22,57, etc. Krämer places *þæm*, l. 3*a*, at the end of l. 2*b*. Ettmüller supplies *georne* after *fundie*, and begins l. 3*a* with *to*.   **22,1** æfter] Grein, Germania X, 427, and Assmann alter to *æfre*. But the prose, Sedgefield, p. 94, l. 28, has *æfter ryhte*.   **22,2** æfter] Krämer changes to *æfre*. Sedgefield combines with the verb, *æfterspyrian*.   **22,10** ælcne] So Fox and later edd.   ðy] Grein, Assmann and Krämer change to *ðe*.   **22,13** mode] So Grein, Germania X, 427, and later edd.   **22,21** he] So Grein and later edd.   **22,25–39**] Grein, Assmann and Sedgefield place a period after *rihtwisnesse*, l. 28*a*, and no further full stop until *lice*, l. 39.   Krämer has a comma after *rihtwisnesse*, and a semicolon after *ahte*, l. 36, and a period after *lice*.   The subject of the singular *fortihð*, l. 34, may be *hefignes*, l. 29, or the versifier in the progress of this long sentence may have forgotten his grammatical connections and by the time he reaches l. 34, be thinking only of the body. See Kern, Neophilologus VIII, 300.   But Kern is wrong in saying that *mod* in l. 34 is parallel to *sefan*, l. 33, for *mod* goes with *foran*, and *sefan* is object of the verb. See Met. 5,43.   **22,37** þeah] Krämer supplies *and* before *þeah*, for metrical reasons.   **22,41** mid] The edd., except Krämer, place this word at the beginning of l. 42*a*, and Sievers, Beitr. X, 519, following this reading, supplies *ond* before *eac*, l. 41*b*.   **22,48** rihtwisnesse] So Sedgefield and Krämer, but the earlier edd. *rihtwisnesses*. **22,56** hræðe] Krämer changes to *ræðe* = *hræðe*, to regularize the alliteration.   **22,60** ferhte] Grein, Assmann and Krämer change to *ferhðe*. **24,9** lacan] Fox (1864) and Sedgefield give the reading of C as *onlacan*, but, as suggested by Assmann, the marks resembling *on* are merely part of *bioð* showing through from the prose passage on fol. 87*a*.   **24,13** for] Kock, JJJ., p. 48, would place *for* at the end of l. 12*b*, reading *lange betweox* for l. 13*a*. So also Sedgefield in his text.   **24,16** faran betweox] All the edd. place *faran* at the end of l. 15*b*, except Fox and Sedgefield, who read as in the text. Placing *faran* in l. 15*b*. Grein supplies *uppe* in l. 16*a*, and so Assmann. Sievers, Beitr. X, 519, says that this is "falsch ergänzt," but does not correct the passage metrically. Krämer supplies *ufan feor* at the beginning of l. 16*a*. For l. 15*b*, *mid ðære sunnan* is a metrically possible, if somewhat mechanical line, and for l. 16*a*, *faran betweox*, one may assume a metrical type $\underline{/} \times \times \underline{/}$, or take *betweox* as metrically equivalent to *betweohes*. This leaves the alliteration of l. 16 still irregular, but it is extremely probable that this passage must be regarded merely as an example of loose versifying. In J a metrical point occurs before *faran* and after *betweox*, though J's testimony on such points is not of great value.   **24,17** recen] Sievers, Beitr. X, 519, would read *recene* for metrical reasons, and so Krämer in his text. **24,25** a hafast] All edd. take *a* as an element in a compound, except Sedgefield and Krämer, who read as in the text.   So also Kock, JJJ., p. 56, who takes *ðonne..a..forð* as equivalent to *a forð siððan*, Met. 13,40, and translates, "when thou hast, after, travelled ever further up o'er this star."

In Met. 27,13, the words *a bið* in C, *a bit* in J were written close together and were taken as one word by the earlier edd., but as two by Grein and later edd. **24,30** siððan] Though *siðða* is the reading of both C and J, and is retained by the earlier edd. and Sedgefield, it is an extremely improbable form, which occurs nowhere else in the Meters, and should be emended with Grein, Assmann and Krämer, to *siððan*. **24,37** ymbebæted] J reads *ymbebæted*, and so the editors. **24,44** weorðest] Grein, Assmann and the earlier edd. read *wyrfst*, as for *hwyrfst*, but this is not a satisfactory explanation. Sievers, Beitr. X, 469, suggests that *wyrfst* for *hwyrfst* was put into the text after the word that originally bore the alliteration had fallen out. There is nothing in the prose directly corresponding to ll. 43–46, see Sedgefield, p. 105, ll. 20–22, *Ac gif þu æfre cymst on þone weg and to þære stowe þe ðu nu geot forgiten hafst, þonne wilt ðu cweþan: þis is min riht eðel.* Krämer emends to read *Ac gif ðu weorfest*, taking *weorfest* as for *hweorfest*. Sedgefield reads *wyrst*, glossed under *weorðan*, p. 315, as second singular present indicative. But a reading *weorðest* satisfies meter and sense. A disyllabic form of the third person is frequent in the Meters, see Met. 18,9; 20,102; 20,105; 28,76, though not of the second person, because a second person is infrequently used. For the use of *weorðan...on*, "arrive at," see Met. 13,36; 24,18. **25,12** ælc] Krämer reads *æghwilc*, to gain a syllable metrically. him] Krämer places a period after him. **25,14** ymbsittenda] An accusative plural, not a genitive plural, as given by Sedgefield, p. 325. **25,18** wedehunde] The earlier edd. read *reðe*, following J, but Grein surmised *wede-*, and so later edd. on the basis of C. **25,25** ær] C and J have *her*, but alliteration and sense are improved by *ær*, as in Grein, Assmann and Krämer. The earlier edd. and Sedgefield retain *her*. **25,29** ne] Krämer suggests omitting *ne*. **25,34** ænig þara] Krämer changes to *þara ænig*. **25,40** weaxað] Grein, Assmann and Krämer change to *weaxeð*. **25,45** gebolgene] So J and all editors. **25,46** hraðre] So in C and l, for the more common form *hreðre*, and emended by Fox and later edd. to *hreðre*. On the other hand, in the MS. reading *hreðe* for *hræðe, hraðe*, l. 47, the opposite occurs, and Grein and Assmann emend to *hræðe*, Sedgefield to *hraðe*, and Krämer retains *hreðe*, though he had emended *hraðre* to *hreðre*. It seems best to let these spellings stand as possibly of some significance as to the phonetic quality of *a, æ*, and *e*. **25,48** geræped] So Grein and later edd. **25,65** hæftedome] So J and all editors. **26,2** andreccan] C has the ordinary abbreviation for *and* before *reccan*, and J writes the word out as *andreccan*. Sedgefield and Krämer omit *and* and read only *reccan*. **26,12** Troia] The edd. follow J's reading *Troiana*, except Fox (1864), who reads *Trioia*, and Sedgefield, who reads *Troia*. **26,14** campsted] Ettmüller, Grein, Assmann and Krämer alter to *campstede*, but Sedgefield retains *campsted*. **26,19–20**] Krämer places these two lines within parentheses, with no punctuation after hæfdon, l. 18*b*, and a comma after *gesiðum*, l. 20*b*. **26,26** famigbordon] Grein, Assmann and

Krämer change to *famigbordan*. The word is glossed as an adjective in Grein-Köhler, p. 178, but as a weak noun by Krämer, p. 112, and Sedgefield, p. 235. Bos.-Tol., p. 270, emends to *famigbordum*, "with foamy banks." **26,63** liðmonna] Krämer alters to *lidmonna*. Grein and later edd. read *frean* for *frea* in C and J. **26,70** ðegna] The *r* in *ðegnra* in C and J is in unconscious anticipation of *sinra*. **26,84** ryn] See Met. 13,29. C writes the following *a* close to *ryn*, i.e. *ryna*, and so J. Grein changes this to *rynan*, and so Assmann. Grein also adds *ā*, "ever," after *hi*, l. 84*b*, following Ettmüller, but changes to *ō* in Germania X, 427, and Assmann also supplies *ō* after *hi*. **26,99** longe gelyfdon] Grein, Assmann and the earlier edd. followed J in omitting *ge-* in *gelyfdon*, but Fox (1864), Sedgefield and Krämer read *gelyfdon*, "believed." For *longe*, J has *long*, and C has *lo* still visible, with space for three letters before the end of a line. The adverb form *longe* was suggested by Sievers, Beitr. X, 519, and so Krämer. **26, 115** mæge] In J *mæg* is added above the line after *æfre*, l. 116*b*, to supply a main verb for this passage. For l. 115*a*, Grein and Assmann read *þæt modgemynd, -gemynd* being supplied, and retain *mæg* of J in l. 116*b*. Ettmüller supplies *mihtum* after *mod* in l. 115*a*. Sedgefield reads *þæt mod monna æniges mæge* for l. 115, and does not accept J's *mæg* in l. 116*b*. Krämer reads as in the text. There is no place in C where *mæg* or *mæge* could plausibly have stood, and the addition of *mæg* after *æfre* by J seems to have been due to J alone and to have been made in the wrong place. **27,5** þæt] Grein suggests *þæs* for *þæt*, but Krämer notes the prose, Sedgefield, p. 124, l. 5, *þæt hio nan geweald nah*. **27,13** a *bi*ð] See Met. 24,25, note. **27,15** gehede] Grein altered to *gehende*, but in Germania X, 427, he returned to *gehede*, and so later edd. Sedgefield, p. 251, glosses under *hēdan* and defines as "catch, seize." Krämer, p. 116, glosses under *gehȳdan*, with the same definition, apparently as extended from *hȳdan*, "hide." The prose, Sedgefield, p. 124, l. 9, *ær he gefehð*, puts the meaning "seize" beyond doubt, but the verb to which *gehede* in this passage belongs is debatable. Kock, Anglia XLVII, 268, proposes *geheðe* for *gehede*, from *hēðan* = *hȳðan*, "ravage, seize." **27,19** foran to] So Krämer, following Bos.-Tol., p. 1005. All other edd. make a compound verb *tosciotan*. But the meaning requires *foran to* = *to foran*, "in anticipation," "before it is necessary," as in Ælfric's Preface to Genesis, see Bright's Reader, 109,5. **27,24** færðe] For *ferðe*, *ferhðe*. **27,27** weorc] Grein and Assmann read *weorð* for *weorc*. **27,30** ær] Supplied by Fox and later edd., except Sedgefield. **28,1** unlærdra] Sievers, Beitr. X, 519, reads *unlæredra* with the caesura after *nu*, and so Krämer. **28,3** swifto, tunglo] The spelling *swifto* = *swiftu*, "swiftness," may be unintentionally echoed in *tunglo* = *tungla*, but the distinction between *o* and *a* is not strictly maintained in this text. Grein emends to *tungla*, and so later edd. Sievers, Beitr. X, 519, supplies *ond* before *ryne* for metrical reasons, and so Krämer. **28,4** ymbhwerfeð] Grein, Assmann and Sedgefield alter to *ymbhwerfað*, but the ending *-eð* for plurals is frequent in this text. So also l. 13, and *ymbcerreð*, l. 14. **28,11** scriðe] Sedge-field reads *scride*, a misreading of C, which has *scriðe*, and so also J. *fær-elt*] Krämer supplies *eac* after *færelt*. **28,22–24**] The line division in the text is that of Krämer, and so also Kern, Neophilologus VIII, 300. The other edd. make one line of *læsse... ende*, and another line of *oððe... ymbe*. For *læsse* in l. 22, Krämer reads *læssan*, and for *mare*, l. 24, he reads *maran*. **28,59** wind] J reads *wind*, and so the edd. **28,61** wlitetorht] J reads *wlitetorht*, and so the edd. **28,62** sunna] Grein and Krämer alter to *sunne*. See Met. 29,36, note. **28,65** mægge] All edd. normalize the spelling to *mæge*, except Sedgefield, *mægge*. **28,70** Unstaðolfæste] J's reading here is *understaðolfæste*, and in C,...*rstaðolfæste* is visible (Krämer), though Sedgefield does not report an *r* as visible to him. The corresponding word in the prose is *ungestæððige* (MS. *ungesæððige*), Sedgefield, p. 126, l. 21. Perhaps the reading in C was *ungestaðolfæste*, transcribed incorrectly as *under-* by Junius. In his text Grein has *understaðolfæste*, without comment, but in Germania X, 427, he surmises *unstaðolfæste*. Assmann has *understaðolfæste*, Sedgefield and Krämer have *unstaðolfæste*. **28,73** weas] See Met. 25,31. **28,80** ðæt] Krämer changes to *ðe*, suggested also by Grein. **28,83** wæfðo] So in Sedgefield and Krämer, the earlier edd. following the manuscript reading *wærðo*. Sedgefield, p. 312, defines the word as "marvel," and the same word occurs in the prose, though not in a corresponding passage, in the form *wæfðe*, Sedgefield, p. 104, l. 11. Kern points out, Neophilologus VIII, 300, that the emendation *wæfðo* was first suggested by his father, H. Kern, in Taalkundige Bijdragen I, 210 (1877). **29,1** weorulddrihtnes] So all edd., except Krämer, who reads *weorulde drihtnes*. **29,3** gem almægne] The earlier edd. read *gemal-mægene*, but Grein and later edd., *gem almægene*. **29,7** ne] Supplied by Sedgefield, p. xliv, and Krämer. **29,8** sunne gesecan] Grein reads *sunne ne gesecan*, but in Germania X, 427, he returns to the manuscript reading *sunne gesecan*. Grein also suggests *-cealdne* for *-cealdes* in l. 8*b*, making an adjective of the word. **29,9** monan] All edd. follow C and J in reading *monna*, except Sedgefield, p. xliv, and Krämer, both citing Leicht, Anglia VI, 151. **29,12** gestigan] Rieger, Zeitschrift für deutsche Philologie VII, 32, proposes *gesigan* for *gestigan*. See l. 15*a*. **29,17** fæst] So Fox and later edd. Kern, Neophilologus VIII, 300, says that *fæst* for *east* is wrong, that the constellation in question is hardly *wundrum fæst*. Yet this is what the versifier says, *he ana stent*. Kern supports his reading *east* by citing the prose, Sedgefield, p. 135, l. 29, *Ursa ne cymð næfre on þam westdæle*. But the passage in the verse corresponds to what follows this statement, Sedge-field, p. 135, l. 31, *Nis hit nan wundor, forþam he is swiðe neah* etc. The statement in l. 17*b* seems to be merely a bit of poetic elaboration. **29,26** ær for sunnan] In C, *ær* stands at the end of a line, the first letter fairly clear, the *r* not clearly distinguishable, but the line quite certainly ends with this letter, whatever it is. The statement of Kern, Neophilologus VIII, 300,

that *st* may have stood after *æ* is extremely improbable.   In C, *for* appears
clearly at the beginning of the next line.   In J the reading is *æst ror*, with
æst written above *ærst* crossed out.   Following Fox, Grein and Assmann
read *ærror sunnan*, which might be justified as *ær* from C and *ror* from J.
Sedgefield and Krämer read *ær for sunnan*.   The attempt of Kern, l.c., to
justify *æst for sunnan* is not convincing.   See l. 20.   **29,28** his] Grein
and Sedgefield place *his* at the beginning of l. 29*a*.   **29,32**] Retaining *is*,
as in J, and supplying *eft* after *eastan*, Grein makes two lines of l. 32,
of irneð...tungol for the first, and *oðþæt...weorðeð* for the second.   So
also Assmann and Sedgefield.   Krämer reads as in the text, a reading
proposed by Sievers, Beitr. X, 469, 519.   **29,36** sunna and mona] The
reading of C and J is *sunna* and *mone*, which probably indicates the loose
sense of the values of inflectional endings, elsewhere frequently exemplified
on the part of the scribe of this manuscript.   Fox, Grein, Assmann and
Krämer emend to *sunne* and *mona*, but Sedgefield retains *sunna* and *mone*.
The form *sunna* at least may be allowed to stand, see Met. 28,62, but *mone*
may be emended to *mona* to satisfy the modern grammarian's feeling for
regularity.   **29,37** getiohhode] Krämer changes to *getiode*, citing Met.
11,38; 24,14.   **29,46** softa] Grein, Germania X, 427, Assmann and Krä-
mer change to *softe*.   The word is undoubtedly adverbial, but see l. 36, note.
29,48 he gemengeð] Krämer emends to read *hine mengeð*.   The pronoun
he is supported by the prose, Sedgefield, p. 136, l. 12, *hwilum he gemengeð
þæt fyr wið þam cile*.   The subject in both passages is God.   The words
metodes cræfte, l. 48*b*, are merely metrical padding, see l. 54*b*.   **29,51**
leoht on lyfte] Sievers, Beitr. X, 519, and Krämer supply *to* as completing
this half-line metrically and providing a governing word for *lyfte*, but *on*
is better Anglo-Saxon idiom and makes *on lyfte* parallel to *on uprodor*, l. 50*a*.
So Kock, Anglia XLVII, 268.   **29,55** gehwæt] Retaining *gehwæm*, Grein
supplied *lencten* after *cymeð* and made *Be.. lencten* one line.   He then
supplied *gumena bearnum* as the first half of a following line, the second half
being *geara gehwæm*.   So also Assmann.   But there is no reference in the
prose to correspond to *lencten*, Sedgefield, p. 136, l. 15.   Sedgefield makes
no additions, but retains *gehwæm*, glossed as a dative, p. 255, but with no
further explanation of the syntax.   Krämer emends to *gehwæt*, for which see
Met. 20,24.   **29,61** ripa] Sievers, Beitr. X, 519, would read *rip āreceð*.
This would make *rip* a noun, object of *areceð*, and so in Grein-Köhler, p.
556.   But the form *ripa* is justified here by the prose, Sedgefield, p. 136, l.
16, *hærfest bryngð ripa bleda*, *ripa* being an adjective modifying *bleda* in
both prose and verse, though the word order is somewhat mechanical in the
verse.   **29,70** hit] Grein places this word at the end of l. 69*b*, and so
Sedgefield and Krämer, but Krämer satisfies his metrical requirements by
reading *brengð* for *brengeð*.   Sievers, Beitr. X, 469, proposed the arrange-
ment in the text, and so also Assmann.   **29,75** þonan waldeð] J reads
þone anwaldeð, and so the early editors.   Grein reads *þonan waldeð*, and

so Assmann, Sedgefield and Krämer. **29,76** geweltleðrum] Grein changes to *gewealdleðrum*, the usual form of the word in this text, and so Krämer. But *geweltleðrum* is a credible variant. **29,82–83]** The correct reading of this passage is indicated by the prose, Sedgefield, p. 136, ll. 25–26, *He sent ealla gesceafta on his ærendo, and he het ealle eft cuman.* Krämer reads as in the text, and so Sedgefield, except that for l. 82*b* he reads *on hærendo = on ærendo.* Sedgefield thinks that the *þ* in *þæt* in C was altered from *h*, and the form of the letter strongly suggests this. The original form of the word would then have been *hæt = het.* Grein emends this passage by adding *heofona dryhten ‖ and hi ealla gecigð* after *sendeð,* followed by *þæt eft cumað.* He also alters *ne* before *sendeð* to *on,* combining with the verb, *onsendeð.* For l. 82*b* Grein reads *on his ærendo.* Assmann follows Grein. **29,89** þa] Grein and Assmann change to *þe.* **29,92** wealdeð] C has here pretty definitely *wea...ð,* though Sedgefield and Krämer both read *waldeð.* **30,7** æðelo] Not a genitive, Kern, Museum XII, 95, but an accusative parallel to *cræftas.* This is also the opinion of Kock, JJJ., p. 56, and both cite the prose in support, Sedgefield, p. 141, ll. 13–14, *Omerus...swiðe herede þære sunnan gecynd and hiore cræftas and hiore biorhto.* But the versifier may have changed the syntax slightly when he changed from *gecynd* to *æðelo.* **31,1** meaht ongitan] Krämer changes to *ongitan meaht.* **31,4** fær, bu] Grein and the earlier edd. combined as one word *færbu,* "color," but Cosijn, Beitr. VII, 456, separated as two words, as in the text, noting the prose, Sedgefield, p. 147, ll. 3–4, *ungelices hiwes and ungelice farað.* All later edd. follow Cosijn. Reading *færbu,* Grein also supplied *brygdum* after this word. **31,5** cynna] So Fox and later edd. **31,9** brucan] Grein, Germania X, 427, suggests *brucað,* and so Krämer in his text. **31,18** þæt] Krämer suggests adding *he* after *þæt.* **31,21** Nis] So Fox and all later edd., though C's *is* might be retained if the sentence were taken as a rhetorical question. But the equivalent passage in the prose, Sedgefield, p. 147, ll. 9–10, is not a question.